Biblioteca Universale Laterza
633

Prima edizione 2010

Valerio Magrelli

Nero sonetto solubile

Dieci autori riscrivono una poesia di Baudelaire

Editori Laterza

Proprietà letteraria riservata
Gius. Laterza & Figli Spa, Roma-Bari

Finito di stampare nel gennaio 2010
SEDIT - Bari (Italy)
per conto della
Gius. Laterza & Figli Spa
ISBN 978-88-420-8124-1

Premessa

Dieci reincarnazioni

> Aveva preso coscienza di una condizione nuova: le pareva che la sua anima si fosse liberata da un terribile conflitto; non lottava più contro il dolore, ma sedeva con lui come con un eterno compagno col quale condividere i propri pensieri[1].
>
> *George Eliot*

I

La stesura di questo studio è nata da una lunga serie di incontri avvenuti nel giro di circa vent'anni. Tutto ebbe inizio nel 1989, durante il mio primo corso universitario. La scelta del campione da studiare cadde su *Recueillement* di Charles Baudelaire, e ciò per due motivi: da un lato le numerose e attente analisi del testo disponibili a livello critico e didattico, dall'altro il lipogramma (ossia la riscrittura in una sorta di francese rettificato) che Georges Perec aveva proposto con il romanzo *La disparition* (*La scomparsa*). Nacque così un primo saggio, nel quale cercai di tracciare la fortuna critica del sonetto a partire dalla controversa presa di posizione che assunse Valéry nei suoi confronti. Credevo d'aver concluso tali indagini, quando, con

[1] G. Eliot, *Middlemarch*, Edinburgh-London, Blackwood, 1871 (trad. it. *Middlemarch*, Milano, Mondadori, 1983, p. 807).

mia grande sorpresa, ritrovai di lì a poco un verso della stessa lirica in *Fin de partie* (*Finale di partita*) di Samuel Beckett.

Trascorse poco tempo, e sopravvenne una nuova scoperta, seguita da un ricco, inatteso susseguirsi di rinvenimenti: improvviso, imprevisto, *Recueillement* continuava a irradiarsi, comparendo sulle pagine dei libri più diversi. Prima fu la volta di Céline, quindi di Nabokov, Queneau e Houellebecq. Un caso a sé fu quello rappresentato da una poesia di Michaux, l'unico in cui abbia dovuto ipotizzare l'influsso di Baudelaire senza il ricorso ad altri puntelli interpretativi. Ma la questione fondamentale era un'altra, e riguardava il fatto che tutte le citazioni e le allusioni individuate si trovavano all'interno di testi letterari, e non di lavori critici (con la sola eccezione, oltre al già menzionato Valéry, di Prévost, che tuttavia sottopose la lirica a un trattamento estremamente spregiudicato e inventivo). Insomma, più che formulare riflessioni di tipo analitico, gli scrittori nei quali mi imbattevo avevano inserito la composizione nel vivo delle loro opere, procedendo a interventi di autentica riattivazione. Tratto dal patrimonio letterario, *Recueillement* tornava dunque a incrementarlo; innestati sul tronco di nuovi testi, i suoi versi riprendevano a fiorire.

Ultimo in ordine di tempo, quando ormai i materiali sembravano esauriti, giunse un racconto breve di Colette. Lo lessi di ritorno da quello che ritenevo essere stato il sopralluogo conclusivo presso la Biblioteca Nazionale di Parigi. Evidentemente mi sbagliavo: il sonetto continuava a ronzarmi intorno, sotto forma, oramai, di allucinazione... Tutto ciò spiega come, almeno virtualmente, il presente studio non possa escludere l'esistenza di nuove ramificazioni, di sviluppi ulteriori, di segnali latenti. Pertanto la sua conclusione (o meglio, la sua interruzione) dovrà essere intesa alla stregua di un gesto arbitrario, eppure indispensabile per fare il punto su un arco tanto ampio di ricerche, ricerche cui oltretutto si era aggiunto, in maniera del tutto accessoria ma piuttosto inquietante, un fatto di cronaca che aveva scosso l'opinione pubblica francese.

Mi riferisco all'omicidio dell'attrice Marie Trintignant, figlia di Jean-Louis, compiuto in Lituania, nel luglio 2003, dal suo compagno Bertrand Cantat, voce del gruppo rock Noir Désir. Nel corso del processo, la stampa diffuse alcune notizie che gettarono una macabra ombra su Baudelaire (davvero degna del *Corvo* cantato dal suo maestro, Edgar Allan Poe). Durante un interrogatorio, la madre della vittima rivelò alla polizia l'esistenza di un sms: Marie Trintignant lo aveva inviato due settimane prima della morte, sopraggiunta a causa delle percosse ricevute. Firmato «ta fi-fille battue» («la tua figlioletta malmenata»), questo sms conteneva il primo verso di *Recueillement*: «Sois sage, ô ma Douleur, et tiens-toi plus tranquille», ovvero: «Fa' la brava, o mia Pena [per conservare il genere femminile del sostantivo francese], e sta' più tranquilla».

Si tratta, com'è ovvio, di un aneddoto che nulla aggiunge alla conoscenza del sonetto, la cui notorietà, d'altronde, si spiega facilmente con la sua elezione nel ristretto novero dei modelli poetici adottati dal sistema scolastico d'Oltralpe. Non per nulla, sottoponendolo alla metamorfosi lipogrammatica, Perec lo aveva già definito, sin dal 1969, come uno di quei componimenti arci-conosciuti che ogni lettore impara a memoria dall'età di dieci anni. Niente di strano, insomma, e ciononostante, sullo sfondo del lungo percorso letterario, la notizia giornalistica finì per acquistare una strana risonanza, malgrado la sua evidente estraneità alle indagini critiche (o forse, a ben vedere, proprio grazie ad essa).

In effetti, l'affaire Cantat aveva funzionato da reagente, provando come, agli occhi del grande pubblico, *Recueillement* fosse diventato, sin dal suo celebre *incipit*, l'emblema di una particolare situazione psichica, caratterizzata da una sorta di rovesciamento degli opposti. Siamo infatti di fronte a un ossimoro, che nel prosieguo delle strofe porta a una completa riformulazione del senso comune: mentre la *Douleur* viene eletta a interlocutrice del poeta e presentata come una figura cui indirizzare tutto l'affetto possibile, il *Plaisir* («Piacere») è invece considerato alla stregua di un «boia senza pietà». Appunto a questa sconcertante inversione dell'abituale tonalità emotiva, si riferisce il messaggio di Marie Trintignant, tragica testimone di una irradiazione che ha attraversato quasi un secolo e mezzo di storia.

Certo, si tratta di uno stato d'animo che è stato colto anche da altri autori. Lo dimostra l'esergo di George Eliot da cui siamo partiti, riferito al momento nel quale l'eroina del romanzo *Middlemarch*, dopo aver rinunciato a lottare contro il dolore, gli si siede vicino. Per la grande narratrice inglese, il dolore è un compagno che, in un clima di fervida amicizia e complicità, condivide ogni pensiero della protagonista. Il prototipo di una tale attitudine va probabilmente individuato nella *Twelfth Night* (*La dodicesima notte*), laddove Shakespeare descrive un personaggio femminile in questi termini: «Essa sedeva come la Pazienza su un monumento, / Sorridendo al dolore»[2]. Se tutto ciò è vero, occorre comunque sottolineare che solo Baudelaire ha saputo ridurre la rappresentazione di questo sentimento all'assoluto rigore di uno stemma. Lo ribadì magistralmente Walter Benjamin, affermando che forse non gli riuscì mai qualcosa di così perfetto come in *Recueillement*, ossia allorquando, sopraffatto dalle forze ostili, sembrò cedere alla rassegnazione.

Al raggiungimento di un simile vertice espressivo contribuiscono due precise scelte: da un lato, lo si è detto, l'uso dell'ossimoro; dall'altro, come ha mostrato Hans Robert Jauss, un esuberante impiego di sostantivi con l'iniziale maiuscola. Infatti, opponendosi al mito dell'immediatezza, lottando contro la pretesa romantica di poter esprimere direttamente i sentimenti, le *Fleurs du mal* (*I fiori del male*) seppero riconquistare alla lirica una nuova capacità di materializzazione dell'astratto. Di più: secondo Jauss, le personificazioni adottate da Baudelaire avrebbero addirittura preparato l'avvento del pensiero freudiano, mettendo in scena, sotto forma di emozioni allegorizzate, un'autentica «battaglia dell'anima». Si delinea così il modello poetico di una moderna *psychomachia*, in grado di contendere all'io autocosciente il primato nel governo delle pulsioni.

Eccoci al punto. È qui che va cercato il nucleo radiante di *Recueillement*. Recepito e rielaborato da tanti scrittori del Novecento, il sonetto continua a esercitare un potente influsso su ogni tipo di lettore, da Paul Valéry fino a Marie Trintignant, che gli affidò la propria confessione per dare nome e forma a un tragico rapporto amoroso. Infatti, dopo aver separato il soggetto dai suoi due sentimenti antagonisti, trasformando questi ultimi in figure autonome (*Douleur* e *Plaisir*), Baudelaire effettua un inatteso scambio di segno, tale per cui la «Pena», da nemica ed estranea, diventa un'amica trepida e bisognosa di cure, mentre il «Piacere», lungi dal dover essere perseguito, si rivela un feroce persecutore.

È questo il motivo per cui si è scelto di menzionare un semplice reperto di cronaca giudiziaria fra tanti prestigiosi documenti letterari: se al capo estremo della vastissima parabola interpretativa relativa a *Recueillement* troviamo la povera traccia di un sms, se dopo ro-

[2] «She sat like Patience on a monument, / Smiling at grief» (W. Shakespeare, *Twelfth Night*, atto II, scena IV, vv. 115-116).

manzi, poesie, saggi e opere teatrali il nostro viaggio approda al display di un cellulare, è appunto perché il testo ha acquisito nel tempo un valore per così dire araldico, ed è ormai percepito come il prototipo di una particolare costellazione psichica.

II

Questo per quanto riguarda l'orientamento complessivo della ricerca. Venendo alla struttura del presente volume, si impone invece una precisazione circa la disposizione dei materiali. Per un criterio di linearità espositiva, ci si è attenuti all'ordine cronologico, così da ripercorrere la graduale penetrazione della lirica nella letteratura di lingua francese (sola eccezione, *Lolita*). Al contributo in certo modo fondante di Valéry recensore (1924-1939), fa dunque seguito una poesia di Michaux (1930) e una pagina di Céline (1932). A poco più tardi risalgono il singolare esame di *Recueillement* proposto da Prévost in sede critica (1943), e il malinconico divertimento narrativo trattone da Colette (1944). Si collocano invece negli anni Cinquanta le minime allusioni di Nabokov (1955) e la cruciale citazione di Beckett (1957), mentre la riscrittura di Queneau risulta perfettamente contemporanea a quella lipogrammatica dell'amico Perec (1969). Infine, sul limitare del millennio, vediamo l'irruzione del sonetto nel più famoso romanzo di Houellebecq (1998).

Naturalmente, data l'ampiezza dei riferimenti, uno studio del genere non sarebbe stato possibile senza le continue, indispensabili indicazioni di amici e colleghi. Desidero pertanto ringraziare Delia Gambelli, Isabelle Lavergne, Michele Napolitano, Carlo Pasi e Luca Pietromarchi, i cui avvistamenti mi hanno consentito di perseguire le ricerche su un territorio così ampio.

Questo lungo itinerario ha prodotto una serie di reperti diversi per origine, natura, portata e incidenza, ma accomunati dall'intenzione di rendere omaggio all'autore delle *Fleurs du mal*. Ciò spiega bene perché sussultai quando, leggendo Joris-Karl Huysmans, scorsi la pagina di *A rebours* (*A ritroso*) in cui il protagonista, Des Esseintes, confessa di tenere in bella mostra sul proprio caminetto tre sonetti di Baudelaire. Tanto più grande fu la delusione, allorché constatai come, su questo eccentrico altare letterario, «tra due ostensori, in cuoio dorato, di stile bizantino, provenienti dall'antica Abbaye-au-Bois di

Bièvre»[3], *Recueillement* non fosse stato ammesso. Ben presto, tuttavia, compresi che tale esclusione non vanificava il mio progetto; in un certo modo, anzi, ciò accresceva il piacere provato nello scoprire i molteplici echi della lirica. Infatti, pur non rientrando nel mannello delle poesie predilette dall'eroe di Huysmans, essa aveva finito per catalizzare l'attenzione di alcuni fra i massimi autori del Novecento, decisi a rilanciarla nei propri testi all'insaputa gli uni degli altri.

La diffusione di *Recueillement*, in effetti, risulta sotto vari aspetti eccezionale. Sottoposti a un intenso, prolungato regime di antologizzazione e scolarizzazione, mandati a memoria da molte generazioni di studenti francesi, considerati da scrittori e studiosi come un campione ideale per riflessioni di ordine stilistico, linguistico, estetico, i suoi versi hanno impercettibilmente ricevuto uno straordinario ascolto, per così dire «ri-creativo», all'interno di opere narrative, poetiche e teatrali. Ho detto «impercettibilmente», poiché, salvo alcune pagine di Jean Robaey, non mi risulta che sia mai stato eseguito un sistematico lavoro di campionatura circa le sue riprese in area letteraria. Muovendo da tale assenza di precedenti, e abbandonando il salotto di *A rebours*, la presente indagine ha dunque provato a misurare il raggio dell'ascolto riservato al sonetto, per seguire in che modo esso sia stato inserito all'interno di alcuni fra i testi più significativi del secolo passato.

Con ciò si arriva al cuore del progetto. Al di là dell'innegabile sorpresa provocata dalla convergenza di tanti autori intorno a un'unica scaturigine, quel che più conta è notare le disparate modalità di annessione e inclusione dispiegate. Più che alla ricerca delle fonti, questo libro ha mirato a un altro scopo: più che nel tentativo di individuare chi attinse al sonetto baudelairiano, il suo obiettivo è consistito nell'esame di alcune strategie di assimilazione. Proveremo a riassumerle sommariamente.

Si è già detto della particolare posizione assunta in questo contesto da Valéry e Prévost, entrambi convocati in qualità di critici, oltre che uniti da un esplicito rapporto di filiazione intellettuale. Potrà sembrare un paradosso, eppure il capitolo con cui si apre l'analisi delle riscritture di *Recueillement* è il solo a non parlare di una riscrit-

[3] J.-K. Huysmans, *A rebours*, in *Oeuvres complètes*, vol. VII, Paris, Crès, 1929, p. 26.

tura. Il motivo di tale singolarità si spiega facilmente. Pur non avendo mai cercato di trasformare, variare o manipolare la composizione di Baudelaire all'interno di una propria opera, Valéry dimostrò nei suoi confronti un interesse senza eguali, da un lato svalutandola in maniera addirittura brutale, dall'altro elevandola a insuperato modello artistico. Dopo aver biasimato alcuni dei suoi versi intermedi, egli non esitò a indicare in quelli iniziali e finali l'esempio più alto, anzi lo *specimen* stesso del fare poetico. Così facendo, tali indicazioni risultarono determinanti per la ricezione del sonetto. Non sembra quindi eccessivo affermare che la sua fortuna prese avvio da questa lettura inconsueta, provocatoria, e almeno in apparenza contraddittoria, al contempo restrittiva ed encomiastica.

Quanto al secondo scrittore, l'operazione cui egli sottopose la nostra lirica costituisce una vera e propria aberrazione. Ci troviamo nell'ambito della critica, ma di una critica assai spregiudicata ed eterodossa. Mi riferisco alla trasposizione in ottosillabi che Prévost operò sugli alessandrini di *Recueillement*, unico caso di transmetrizzazione integrale in un libro completamente dedicato a Baudelaire. Un intervento del genere (che venne via via definito spiritoso o crudele) aveva lo scopo di svelare per via retrospettiva lo splendore del testo di partenza, in modo da dimostrarne l'assoluta intangibilità. A parere di Prévost, cioè, quel che sembra un difetto per la retorica classica (ad esempio i pleonasmi e le lungaggini), costituirebbe parte inseparabile del valore di una poesia. Ebbene, la lezione che ci giunge da un simile esercizio, trae valore, in un certo senso, proprio dalla sua sfrontatezza. Siamo di fronte, ha notato Hartmut Köhler, a una riscrittura dell'originale così scheletrica da mettere i brividi. La sconcertante disinvoltura di cui lo studioso dà prova con il suo «falso» metrico, dischiude la possibilità di un rapporto fra lettore e autore talmente intimo da apparirci imbarazzante, scandaloso, aperto all'esistenza di versioni potenziali (questo il parere di Laurence Richer).

Fin qui le riflessioni di Valéry e Prévost. Abbandonato l'ambito della saggistica, con i restanti otto autori entriamo finalmente nel campo della creazione letteraria vera e propria. Nell'unico caso di accostamento congetturale, quello relativo a Michaux, ci troviamo di fronte a una poesia che sembra riprendere la struttura, l'assetto, le componenti stesse di *Recueillement*, per ribadirne la folgorante intuizione ossimorica (un atteggiamento di affetto e protezione verso il dolore). Infatti, con *Repos dans le Malheur* (*Riposo nel Tormento*), lo scrittore belga coglie perfettamente quella topologia delle pulsioni cui si è già accennato, ossia la riformulazione dello spazio emotivo in base all'inversione fra le polarità positive e negative. Alla *Douleur* subentra qui il *Malheur* («Sciagura», «Sventura», ma in francese di genere maschile, come l'italiano «Tormento»), a cui la voce narrante non si indirizza, come sarebbe prevedibile, con astio o con livore, bensì su un tono premuroso e familiare.

Assai diverso da questo esorcismo poetico è il gioco di citazioni organizzato da Céline in una pagina di *Voyage au bout de la nuit* (*Viaggio al termine della notte*). Tutto parte dall'allusione a un verso del sonetto, puntualmente rilevata da Henri Godard. L'aspetto più notevole del brano, però, risiede altrove. Proprio nel punto in cui, a citazione finita, avremmo dovuto congedarci dal testo delle *Fleurs du mal*, l'autore compie una mossa inattesa e, anziché abbandonare i versi di Baudelaire, torna a riproporli sotto una nuova angolatura. L'apparizione della poesia ottocentesca nella prosa novecentesca avrebbe potuto a buon diritto dirsi compiuta, invece, con un inatteso *coup de théâtre*, Céline la ripropone per esibire il suo acquisto più vistoso, ossia una inattesa parodia del passo di *Recueillement* che recita: «Viens par ici» («Vieni qui»). Se la destinataria dell'invocazione baudelairiana è una figura angelica, incarnata dal sostantivo femminile *Douleur*, nella scena del *Voyage*, giusto al contrario, chi prende la parola è una donna ordinaria, una negoziante frettolosa, che esorta il marito a chiudere bottega con uno sbrigativo, imperioso «Vieni!» («Tu viens!»). In tal modo, il cambiamento subìto dall'interlocutrice sul piano enunciativo (da ricevente a emittente), e l'abbassamento inflittole su quello rappresentativo (da musa protettrice a commerciante), completano il processo ironico che informa tutta l'economia della citazione céliniana.

E siamo giunti a Colette, quella Colette che, come è stato detto, non indietreggia mai davanti ai *calembours*. Lo dimostra il suo racconto breve *Noces*, venato da presentimenti cupi e tuttavia pervaso da arguti giochi di parole. Mentre si festeggia il matrimonio della protagonista, gli ospiti si intrattengono scherzando su alcune poesie. L'ultima fra le prescelte, *Recueillement*, va incontro a un beffardo processo di degradazione. La burla è elementare: il sostantivo «Sera», evocato nel secondo verso, viene riletto come se corrispondesse al titolo di un giornale («Tu chiedevi *La Sera*; essa scende; eccola...»). Altrimenti detto, il poetico arrivo del tramonto si trasforma nella prosaica uscita di un periodico. Sembrerebbe una facile *boutade*, ma anche in questo caso c'è da osservare la presenza di un supplemento interpretativo. Come già in Céline (benché in misura più lieve), il richiamo al sonetto eccede la semplice citazione, andando incontro a un impiego aggiuntivo. I suoi versi, cioè, oltrepassano il fragile spunto di partenza, per attecchire all'interno della narrazione e trasmetterle un senso ulteriore. Una volta inoculati, è come se gli alessandrini delle *Fleurs du mal* proseguissero la loro azione, fino a lasciare traccia di sé nelle pagine successive. Colette, infatti, chiosa: «La lunga sera scendeva, senza acquietare il calore fuori stagione». È appena un cenno, ma inequivocabile, con sostantivo e verbo uguali a quelli di *Recueillement*. Messi da parte tutti i passatempi, il Tempo ritorna sovrano, e ciò che cala, adesso, è solo la splenetica, inconfondibile Sera baudelairiana.

Tutt'altro spirito anima il saggio su Nabokov, che va inteso piuttosto come un intermezzo. In effetti, rispetto agli altri casi esaminati, le spie di *Recueillement* rinvenibili in *Lolita* risultano davvero molto labili. Ciononostante la loro presenza non può certo dirsi casuale, e questo per almeno due motivi. Innanzitutto, come è stato osservato, in tutti i libri dello scrittore proliferano le allusioni, le citazioni (testuali o deformate), i *pastiches*, le parodie: in un certo senso, leggere Nabokov significa percorrere tutta la letteratura occidentale. In secondo luogo, cosa ancora più significativa, il protagonista di *Lolita*, di ritorno da un intenso soggiorno parigino, si dedica alla redazione di un manuale di letteratura francese per studenti anglofoni. Logico dunque che questo romanzo risulti gremito fino all'inverosimile di richiami a quella tradizione, Baudelaire incluso. Muovendo da tale assunto, la ricerca individua la comparsa di *Recueillement* prima per vaghi cenni, poi, in modo meno generico, nell'esortazione che a più riprese il professore di francese rivolge all'amata, il cui nome risulta essere un'abbreviazione dello spagnolo Dolores. Nel suo ripetuto «Fa' la brava, Dolores» sembrerebbe difatti riecheggiare il baudelairiano «Sois sage, ô ma Douleur»... Inutile nascondere l'esilità del riferimento: resta comunque il fatto che questo esempio di miraggio, più ancora che di omaggio, si inquadra perfettamente nella poetica di un autore che ha fatto della citazione criptata un autentico marchio di fabbrica.

Dopo le speranze fallite di individuare nel narratore russo un ammiratore dichiarato del nostro sonetto, con Beckett torniamo a registrare un riconoscimento esplicito: ci riferiamo all'azione che i suoi versi esercitano su *Fin de partie*. La scena ripercorre la faticosa estrazione dell'originale dalla memoria di Hamm, uno dei protagonisti. L'alessandrino in questione, un tempo conosciuto a menadito, adesso pare sfuggirgli di mente. Per ben due volte l'interprete incespica, ed è costretto a rettificare i verbi usati. Lo spettatore, quindi, diventa partecipe di un lento restauro del testo, volto al ripristino di quella versione corretta da cui, alla fine, potrà erompere il canto «ricostruito» dell'originale. Ma c'è dell'altro. *Fin de partie*, infatti, termina nella scena in cui Hamm si copre il volto con un fazzoletto, evocando così, ha notato Theodor W. Adorno, l'immagine della morte. Ebbene, non sembra azzardato suggerire che Beckett abbia voluto citare ancora una volta *Recueillement*, indicando in quel *mouchoir* l'estrema metamorfosi del sudario con cui la Notte incede negli ultimi due versi di Baudelaire. Il meccanismo, insomma, è simile a quello già riscontrato in Céline e Colette: il prelievo di un testo (rappresentato in tutti gli autori dal medesimo sonetto) sollecita un suo secondo impiego mascherato. Altrimenti detto, dopo una prima menzione di immediata riconoscibilità, il materiale della stessa fonte tende a comparire di nuovo, non sappiamo se coscientemente o meno, in forma dissimulata.

Nulla di tutto ciò nella briosa imitazione analizzata con il capitolo successivo. Se gli scrittori sinora convocati avevano in genere ripreso Recuillement sul piano stilistico, tematico, pulsionale, per Queneau il suo richiamo fu invece minimo e circoscritto. Malgrado i rapporti con Baudelaire si rivelino più ricchi del previsto (con una spiccata preferenza verso procedimenti di tipo ironico-mimetico), il punto di contatto con la nostra poesia si limita a una quartina, recante lo stesso titolo dell'originale e segnata dalla presenza di due grandi motivi comuni a entrambi i poeti: il mare da un lato, il ricordo dall'altro. Per il resto, la piccola lirica che chiude la raccolta *Fendre les flots* (*Fendere i flutti*) ha la forma di un ammiccante saluto, che l'autore rivolge ai suoi lettori e contemporaneamente a se medesimo. Mentre la navicella del volume tocca felice il termine del viaggio, egli rivendica un atteggiamento di amorosa tutela nei riguardi delle proprie creazioni. È questo il senso del verbo usato nell'ultimo verso, quel «raccogliere» che sta appunto a indicare la cura con cui il poeta si volge alle composizioni appena terminate, per accudirle e proteggerle.

Proprio lo stesso anno in cui veniva pubblicata la quartina di Queneau, Perec offrì a Baudelaire uno fra i più fervidi omaggi mai ideati. Con il capitolo a lui dedicato, passiamo infatti a un paradossale esempio di riscrittura «dal francese al francese». L'indagine sugli stadi di ricezione e assimilazione di *Recuillement* ci porta adesso a un esito estremo e per così dire circolare: la particolare, inaudita «traduzione» del testo nella sua stessa lingua d'origine. La sede di un simile esperimento è il romanzo *La disparition*, interamente composto in un francese amputato della sua vocale più frequente, vale a dire la «e». Riversato sotto forma di lipogramma, ossia in una lingua sfornita di una lettera, il sonetto riappare uguale ma diverso, sfigurato e insieme riconfigurato. L'operazione, però, non si esaurisce in un mero gioco, ma affonda le proprie radici in una lacerante necessità testimoniale, in quanto la *contrainte*, l'autolimitazione, si riferisce a una mancanza ben più profonda, insieme individuale e storica: la Shoah. La scomparsa della vocale, cioè, allude sia alla morte del padre, deceduto durante l'infanzia dell'autore, sia a quella della madre, scomparsa nei campi nazisti. Non per niente, in un altro suo libro, Perec indicò i propri genitori con la sigla «e», trasposizione fonetica di *eux*, vale a dire «loro». Da qui l'illuminante deduzione di Warren Motte: così come poté sopravvivere alla perdita della famiglia, il romanziere riuscì nell'impresa di scrivere con un alfabeto privo di un suo elemento fondamentale, un alfabeto mutilato al pari della sua stessa vita. Emblema di un *tour de force* artistico e biografico, la vocale abolita (la stessa che nutre i sostantivi *père* e *mère*, nonché il nome «Georges Perec») rinvia dunque a qualcosa di più intimo e immedicabile: quel pronome di terza persona plurale, «e» – *eux* – «loro», annidato dentro l'unico *enjambement* presente nel sonetto di Baudelaire.

Ultimo in ordine di tempo, ecco infine *Les particules élémentaires* (*Le particelle elementari*), romanzo che conferma l'esistenza di uno stretto legame fra Houellebecq e Baudelaire. La scena esaminata è quella in cui uno dei due protagonisti, l'insegnante, legge *Recueillement* alla sua classe. La scelta si rivela assai felice, almeno fino al momento in cui, con un'osservazione cruda ma pertinente, uno studente spezza l'incantesimo. Quale è stata la causa della sua intromissione? La probabile risposta sta nel contrasto fra l'atteggiamento di Bruno, un professore distratto, superficiale, approssimativo, e le convinzioni estetiche dello stesso Houellebecq, maniaco della punteggiatura e perfezionista fino all'ossessione, come si evince (ancora una volta in sede giudiziaria) dalla deposizione resa il 17 settembre 2002 in un tribunale che lo aveva convocato per alcune dichiarazioni sull'Islam. Senza forzare l'interpretazione, potremmo ritrovare in questa pagina il malizioso zampino dello stilista, che punisce la sua creatura letteraria per una inammissibile infrazione. Difatti, il personaggio del professore si rende colpevole di un delitto di lesa maestà (o meglio, di lesa testualità), inconcepibile per il suo autore: l'interruzione di un *enjambement* – lo stesso, per inciso, che aveva motivato la scelta traduttoria di Perec. Invece di «scavalcare» il verso, assecondando il fenomeno di sfasamento che caratterizza tale procedimento compositivo, Bruno si interrompe alla fine dell'alessandrino, si blocca a metà strada, scruta le allieve, pensa ai fatti suoi. Ebbene, sarà proprio tale atteggiamento, altamente irresponsabile verso le esigenze dell'oggetto poetico, a scatenare la reazione del giovane avversario, che rimprovererà all'insegnante di avere in testa il «principio di morte».

Siamo di fronte a un caso di perfetto contrappasso: chi interrompe la corretta lettura, verrà a sua volta interrotto. Ma sembra anche vero l'inverso: la mancanza di ascolto da parte del docente si rovescia in un ascolto sin troppo attento da parte del discente. Tanto il primo si mostra inadatto a comprendere il sonetto, quanto il secondo si rivela acuto nel coglierne l'essenza funeraria, la quale, giusto in coda al nostro itinerario, appare dunque come il suo distillato ultimo, se è vero che, secondo quanto sostenuto da Bernard Weinberg, non pare eccessivo definire *Recueillement* come una poesia sulla morte.

III

Proviamo a riformulare quanto esposto sin qui. Perché, prima d'essere uccisa dal compagno, l'attrice Marie Trintignant invia alla propria madre un sms con l'inizio di *Recueillement*? Perché, prima di cadere in un'imboscata nazista, Prévost riscrive lo stesso sonetto in un nuovo metro? Perché Perec lo traduce in una lingua priva della lettera «e», eleggendolo tra i pochi testi sopravvissuti a un'amputazione causata dalla Shoah? Perché Céline e Beckett sentono il bisogno di citarlo in due loro capolavori? Perché, malgrado disprezzi alcuni dei suoi versi, Valéry ne addita altri come supremo esempio di poesia? Perché la medesima lirica compare sotto la penna di Michaux, Colette o Queneau, fino a balenare in *Lolita* di Nabokov? Perché infine, in una scena delle *Particules élémentaires* di Houellebecq, uno studente della *banlieue* parigina scorge nelle sue strofe il «principio di morte»?

Dopo tante ricerche, confesso di non avere ancora trovato una risposta esaustiva. Resta però un'impressione tenace: la logica che informa l'irradiazione di *Recueillement* mi pare simile a quella secondo cui il termine *pharmakon* (in greco chiamato a designare l'erba, la pianta medicinale, il semplice) si riferisce tanto al veleno, quanto al suo antidoto, tanto a ciò che causa il male, quanto a quel che procura la guarigione[4]. Nella stessa maniera in cui salvezza e distruzione appaiono come due valenze inscritte in un unico segno, così la lettura del sonetto sembra soddisfare ora una pulsione autodistruttiva, ora una reazione curativa: lo si evoca nel pieno dello sconforto, vi si ricorre come un rimedio allo sconforto. La sua fortuna, insomma, potrebbe derivare proprio da una natura costitutivamente ambigua, tale da permettere non soltanto la coesistenza delle opposte polarità, ma anche la loro possibile inversione.

Altrimenti detto, e ricorrendo a un termine tratto dalla psicologia della percezione, *Recueillement* mi appare come un oggetto bistabile, suscettibile di letture differenti. Sotto il profilo della ricezione, un simile discorso può spiegare le varie «reincarnazioni» del sonetto, avvenute attraverso l'intero Novecento presso autori di generazioni intensivamente sottoposte alla sua azione. Ma viene comunque da chiedersi: perché questa poesia? Cosa fa sì che essa si sia trasformata in una specie di attrattore, tanto sul piano psichico, quanto su quello stilistico? Diversi testi, e non solo di Baudelaire, potrebbero ovviamente rivelare un percorso altrettanto ampio e variegato. È un fatto, tuttavia, che una composizione del genere abbia acquisito una portata ormai pressoché proverbiale. Grazie alla forza delle sue personificazioni (autentiche passioni allegorizzate), grazie al cortocircuito attivato dal suo procedimento ossimorico (amare la pena, odiare il piacere), *Recueillement* appare capace di veicolare, in forma memorabile e memorizzabile, la quintessenza di alcuni stati psichici.

[4] Cfr. J. Derrida, *La pharmacie de Platon*, in Id., *La dissémination*, Paris, Seuil, 1972, e R. Girard, *La violence et le sacré*, Paris, Grasset, 1972.

Per tale motivo, ritengo che il commento più toccante resti quello di Marcel Proust, secondo cui l'esortazione che Baudelaire rivolge al dolore con il suo sonetto esprimerebbe il linguaggio trattenuto, scosso dai singhiozzi, percorso dai brividi, di qualcuno che trema per aver pianto troppo. Difficile spiegare meglio l'acerba, traumatica violenza testimoniale da cui prende le mosse sia la fortuna critica del testo, sia il suo ascolto presso il grande pubblico.

Ciò detto, dovrò aggiungere qualcosa di più personale. Nel corso delle indagini, più che approfondire lo studio dei versi baudelairiani in una direzione per così dire centripeta, ho tentato di seguirne gli sviluppi verso l'esterno, in forma decisamente centrifuga. Ho cioè ripercorso il modo in cui essi si sono dissolti nei testi di altri poeti, drammaturghi o narratori. Ecco perché, parafrasando l'André Breton di *Poisson soluble* (*Pesce solubile*), mi è venuto spontaneo parlare di un «sonetto solubile». Ecco perché, nell'ultimo capitolo, ho tentato di immaginare la sua influenza sul lettore francese come quella di una sostanza a rilascio lento o lentissimo, attivata grazie al massiccio protocollo di assorbimento scolastico. Quanto al colore «nero» cui allude il titolo del presente volume, mi pare non servano altri chiarimenti. Per spiegare questo indissolubile, tenebroso legame fra ricordo e sofferenza, potrebbe tutt'al più tornare utile un aforisma di Nietzsche, dalla *Genealogia della morale*, secondo cui a rimanere impresso nella memoria è solo quel che non cessa di dolorare. Ho dunque tentato di ricostruire la maniera in cui questi versi sono stati via via messi in scena, in opera, in circolo, in abisso, quasi che l'obiettivo di tanti autori fosse stato semplicemente quello di «accogliere *Recueillement*».

L'esame della sua diffusione, però, non può ovviamente essere avviato che sulla base di una dettagliata analisi testuale. Sarà dunque opportuno soffermarsi sul luogo da cui ha preso le mosse il nostro racconto, per rendere visibili quei passaggi destinati a essere ripresi e variati nel corso di un secolo e mezzo; poiché, in effetti, solo scrutandoli a fondo potremo cercare di ricostruire le ragioni del loro immenso potere trasmissivo.

Nero sonetto solubile

Dieci autori riscrivono una poesia di Baudelaire

1

Il sonetto di Baudelaire: tra personificazione e ossimoro

Invece di perseguire non si sa bene dove l'ineffabile, non è meglio interrogarsi sulla persistenza del sonetto?[1]

Georges Perec

I

Iniziamo col presentare la poesia da cui nasce questo viaggio nel Novecento, la pasticca d'uranio che alimenta il motore dell'intera ricerca, il nucleo radioattivo le cui tracce si ritroveranno all'interno di tanti diversi organismi testuali. Incluso in molte antologie della lirica francese, *Recueillement* ha goduto di una fortuna rilevante, al punto che il suo primo emistichio («Sois sage, ô ma Douleur») è stato accolto nella ristretta cerchia delle frasi canoniche della lingua[2]. Si tratta di un sonetto, ossia della forma di cui Baudelaire vantò la «bellezza pitagorica», paragonandola a quella «del metallo e del minerale

[1] G. Perec, *Histoire du lipogramme*, in Oulipo, *La littérature potentielle*, Paris, Gallimard, 1973, p. 76.

[2] J.-M. Viprey, *Analyses textuelles et hypertextuelles des «Fleurs du mal»*, Paris, Champion, 2002, p. 21. Si veda anche il parere di Roger Van Rogger, che ha paragonato Baudelaire a Poe, affermando che «il 'Sois sage, ô ma Douleur' o il 'nevermore' sono parole della lingua stessa» (R. Van Rogger, *La poésie c'est la réalité*, in AA.VV., *Balises. Crise de vers 2*, «Cahiers de poétique des Archives et Musée de la Littérature», 2003-2004, nn. 5-6, p. 25).

ben lavorati»[3]. Tutti i suoi versi sono alessandrini, ma su un impianto irregolare, con rime che seguono lo schema *abab abab ccd ede*. Redatto nel 1861, *Recueillement* apparve sulla «Revue européenne» il 1° novembre dello stesso anno, a qualche mese di distanza dalla seconda edizione delle *Fleurs du mal*. Avrebbe quindi dovuto fare parte della terza edizione, che tuttavia l'autore non riuscì a completare. La sua importanza è confermata dal fatto d'essere stato ospitato in diversi periodici (per Pierre Louÿs, esso rappresenterebbe addirittura il miglior sonetto di Baudelaire[4]). Rispetto alla prima versione fu introdotta una sola variante: già a cominciare dal testo pubblicato il 12 gennaio 1862 su «Le Boulevard», il verbo «se coucher», collocato al dodicesimo verso, venne sostituito con «s'endormir»[5].

Quanto alla collocazione della lirica all'interno della raccolta, mentre le attuali edizioni si limitano a situarla fra i materiali destinati all'edizione del 1868, i curatori dell'edizione postuma l'avevano inserita, con il numero 104, fra i testi di *Spleen et Idéal*. Diversa l'opinione di Robert-Benoït Chérix, che propose di farla figurare nei *Tableaux parisiens*, tra *Le crépuscule du soir* e *Le jeu*[6]. In effetti, con le sue antitesi *Douleur/Plaisir* e *Solitude/Multitude*, *Recueillement* ricorda il tema dominante di quella sezione, e si riallaccia per diversi aspetti alle due composizioni fra cui lo si pensava di inquadrare. La tesi, tuttavia, è stata rigettata da più parti[7].

Per il momento è tutto: soltanto un'avvertenza. Quella che si propone, è una semplice traduzione di servizio, tale da risultare, almeno sotto l'aspetto lessicale e sintattico, il più aderente possibile al francese. L'unica, rilevante eccezione risulta costituita dal sostantivo *Douleur*, reso con l'italiano «Pena», invece che con il più immediato «Dolore»: come si è già visto, la scelta è dovuta alla necessità di conservare il genere femminile, e dunque la personificazione che sta alla base dell'intera poesia.

[3] C. Baudelaire, *Correspondance*, texte établi, présenté et annoté par C. Pichois, «Bibliothèque de la Pléiade», vol. I, Paris, Gallimard, 1973, p. 676.

[4] Cfr. Bo Liu, *Les «Tableaux parisiens»*, I, *Genèse et expérience poétique*, Paris, L'Harmattan, 2003, pp. 153-154.

[5] A. Adam, *Notes* a C. Baudelaire, *Les Fleurs du mal*, édition de A. Adam, Paris, Garnier, 1961, p. 447.

[6] R.-B. Chérix, *Commentaires des «Fleurs du mal»*, Genève, Pierre Cailler, 1949, p. 348.

[7] Cfr., ad esempio, Bo Liu, *Les «Tableaux parisiens»* cit., I, pp. 153-155.

Ecco dunque l'originale e la nostra versione italiana:

Recueillement

Sois sage, ô ma Douleur, et tiens-toi plus tranquille.
Tu réclamais le Soir; il descend; le voici:
Une atmosphère obscure enveloppe la ville,
Aux uns portant la paix, aux autres le souci.

Pendant que des mortels la multitude vile,
Sous le fouet du Plaisir, ce bourreau sans merci,
Va cueillir des remords dans la fête servile,
Ma Douleur, donne-moi la main; viens par ici,

Loin d'eux. Vois se pencher les défuntes Années,
Sur les balcons du ciel, en robes surannées;
Surgir du fond des eaux le Regret souriant;

Le Soleil moribond s'endormir sous une arche,
Et, comme un long linceul traînant à l'Orient,
Entends, ma chère, entends la douce Nuit qui marche[8].

Raccoglimento

Fa' la brava, o mia Pena, e sta' più tranquilla.
Tu invocavi la Sera; essa scende; eccola:
Un'atmosfera oscura avvolge la città,
Agli uni portando pace, agli altri affanno.

Mentre dei mortali la moltitudine vile,
Sotto la sferza del Piacere, questo boia senza pietà,
Va a cogliere rimorsi nella festa servile,
Mia Pena, dammi la mano; vieni qui,

Lontano da loro. Guarda affacciarsi i defunti Anni,
Dai balconi del cielo, in vesti antiquate;
Sorgere dal fondo delle acque il Rimpianto sorridente;

[8] C. Baudelaire, *Oeuvres complètes*, texte établi, présenté et annoté par C. Pichois, «Bibliothèque de la Pléiade», vol. I, Paris, Gallimard, 1973, p. 140.

Il Sole moribondo addormentarsi sotto un'arcata,
E, come un lungo sudario trascinato verso Oriente,
Ascolta, mia cara, ascolta la dolce Notte che cammina.

II

Prima di esaminare il testo, si impongono alcuni chiarimenti. Come si è detto, la nostra ricerca tenterà di ricostruire la presenza di *Recueillement* nell'opera di dieci scrittori. Essendo concentrate in area francese (tranne che per il «francofilo» Nabokov), le indagini non hanno riguardato quegli autori di altre lingue che pure hanno attinto al sonetto sotto forma di prestiti o imitazioni. Su tale argomento si è ampiamente soffermato Jean Robaey, allestendo una rassegna di quasi trenta poeti debitori ai suoi versi, tra i quali gli italiani Carducci, D'Annunzio, Marinetti, Ungaretti, Luzi e Sereni[9].

Del pari, si è deciso di tralasciare completamente un ulteriore filone di studi, che si potrebbe definire in termini di trasposizione intersemiotica. Mi riferisco a quegli interventi nei quali il testo di partenza viene dislocato in un'altra sfera espressiva, come ad esempio nel passaggio dalla letteratura alla musica. Anche in questo caso, si è preferito sospendere ogni approfondimento, benché sia possibile contare almeno undici adattamenti di *Recueillement*. Da uno spoglio di Lila Maurice-Amour emerge addirittura che, fra tutti i testi delle *Fleurs du mal*, questo sarebbe il più frequentato dai compositori, insieme a *La cloche fêlée*, *Harmonie du soir* e *La mort des amants* – un risultato tanto più sorprendente considerando come la lista (in cui compare il nome di Debussy) non annoveri le composizioni di Villiers de l'Isle-Adam o di Léo Ferré, che pure lo musicarono[10].

[9] J. Robaey, *Un'inarcatura e una rima. Intorno a «Recueillement» di Baudelaire*, in *La tradizione dell'antico. Tre studi su Mallarmé, Proust e Baudelaire*, Amsterdam, Adolf M. Hakkert, 2001, pp. 65-120. A integrazione del saggio, si veda almeno, sempre in area italiana, P.M. Gathercole, *G. Ungaretti and Charles Baudelaire*, «Italica» (New York), XXXV, I, 1958, pp. 1-10. Da segnalare inoltre *Preghiera ad Amore* di Giuseppe Conte, una poesia del 2001 inclusa in *Ferite e rifioriture* (Milano, Mondadori, 2006, pp. 10-11), il cui *incipit* ha richiamato quello di *Recueillement* (G. Pontiggia, *G. Conte, «Ferite e rifioriture»*, «Poesia», 169, anno XVI, febbraio 2003, p. 65).

[10] Lila Maurice-Amour, *Musiques inspirées par «Les Fleurs du mal»*, «Revue de sciences humaines», n. 89, 1958, pp. 167-180. Tra le altre versioni musicali da ag-

Un ulteriore genere di indagini che si dovrà purtroppo trascurare è quello relativo alle fonti. Se i nomi più ricorrenti sono quelli di Théophile Gautier, Edgar Allan Poe, Théodore de Banville, Henry Wadsworth Longfellow e Sarah Helen Power Whitman (ma senza dimenticare Thomas Gray, George Byron, Jules Lefèvre-Deumier, Marceline Desbordes-Valmore o George Sand), non si può escludere che la composizione tradisca il riflesso, cosciente o meno, di certi accorati appelli al dolore presenti nelle *Contemplations* di Victor Hugo, oppure di quei *Recueillements* con cui Alphonse de Lamartine terminò, verso il 1839, la sua carriera poetica. Anche su questo campo, ampiamente setacciato dalla critica, si è preferito sorvolare, condividendo le osservazioni di Antoine Fongaro circa l'enorme «massa di cultura e di lettura presente [...] dietro ogni verso del sonetto»[11]. Dunque, senza affrontare l'esame di simili materiali, la nostra ricerca si dedicherà piuttosto ad alcune specifiche «riapparizioni» del testo baudelairiano, ravvisabili in altrettante opere di autori novecenteschi.

III

Come si è detto, a partire dalla versione pubblicata nel 1862 su «Le Boulevard», il verbo «se coucher», collocato al dodicesimo verso, venne sostituito con «s'endormir». Si tratta di una mossa significativa, che può spiegarsi in almeno due modi. Il primo riguarda la paronomasia complessa, fra «moribond» e «s'endormir», introdotta da tale modifica[12]; il secondo, molto più carico di implicazioni, attiene invece alla decisione di seguire un particolare procedimento, grazie al quale accentuare l'icasticità dell'immagine strappandola dall'ambito idiomatico. Ci riferiamo alla cosiddetta rottura della catacresi, ossia alla rivitalizzazione di una figura ormai spenta e «cicatrizzata»[13]. L'in-

giungere al suo elenco, si segnalano quelle di Luís de Freitas Branco (1909), Kees van Baaren (1947), Anthony Hopkins (1952) e Bruce Christian Bennett (1996-1997).

[11] A. Fongaro, *Aux sources de «Recueillement»*, in *Hommage à W.T. Bandy*, «Etudes baudelairiennes», III, *Le poète en son temps: thèmes et exégèses*, a cura di J.S. Patty e C. Pichois, 1973, p. 169. Per una panoramica sull'argomento, cfr. anche C. Pichois e J. Dupont, *L'atelier de Baudelaire: «Les Fleurs du mal». Edition diplomatique*, t. I, Paris, Champion, 2005, pp. 793-794.

[12] J.-M. Viprey, *Analyses textuelles* cit., p. 34.

[13] Sulle metafore come «fossili guida di uno strato arcaico del processo della curiosità teoretica», cfr. H. Blumenberg, *Schiffbruch mit Zuschauer. Paradigma ei-*

tervento che Baudelaire opera sulla versione originaria mira cioè a spezzare una metafora che, entrata nell'uso comune per indicare il tramonto, non viene più avvertita dai parlanti. Per ridarle freschezza, si infrange lo stampo linguistico abituale, in modo che il tradizionale «coricarsi del sole» diventi un nuovo, sensibile e plastico «addormentarsi». La personificazione è infatti descrivibile come «l'atto di prendere alla lettera delle metafore ridotte a *cliché*»[14], o come «una variante di realizzazione dell'allegoria (*fictio personae* [...], *prosopopoeia*), che consiste nell'introdurre cose concrete [...] e concetti astratti e collettivi [...] come persone che agiscono e che parlano»[15].

Per quanto riguarda *Recueillement*, assistiamo quindi a un'autentica opera di riattivazione figurativa, tale per cui, come è stato osservato, «il Sole, la cui maiuscola già segnala la personificazione, è malato, agonizza, muore. Invece di *se coucher*, come farebbe il sole naturale, *s'endort* (nel sonno della morte)»[16]. Sul piano del testo, tutto ciò si traduce in un particolare uso dei segnali tipografici, vale a dire nel ricorso alle maiuscole, ricorso che, nelle *Fleurs du mal*, risulta talmente diffuso da far pensare a una vera e propria ipertrofia. Ricordando come nel nostro sonetto ne compaiano addirittura nove (compresa quella, impiegata due volte, di *Douleur*), Sandro Genova-

ner Daseinsmetapher, Frankfurt am Main, Suhrkamp, 1979 (trad. it. *Naufragio con spettatore. Paradigma di una metafora dell'esistenza*, Bologna, Il Mulino, 1985, p. 116), che riprende le tesi già esposte in H. Blumenberg, *Paradigmen zu einer Metaphorologie*, Bonn, H. Bouvier und Co., 1960 (trad. it. *Paradigmi per una metaforologia*, Bologna, Il Mulino, 1969).

[14] M. Riffaterre, *L'étude stylistique des formes littéraires conventionelles*, «French Review», XXXVIII, octobre 1964, pp. 3-14; poi in *Essais de stylistique structurale*, Paris, Flammarion, 1971, p. 185. Le conclusioni di Riffaterre sono riprese in G. Antoine, *Classicisme et modernité de l'image dans les «Fleurs du mal»*, Baudelaire, Actes du colloque de Nice, 25-27 mai 1967, Paris, Minard, 1968, pp. 5-12.

[15] H. Lausberg, *Elemente der literarischen Rhetorik*, München, Max Hueber Verlag, 1949 (trad. it. *Elementi di retorica*, Bologna, Il Mulino, 1969, pp. 236-237). Altrove è l'allegoria a essere descritta come «la personificazione di una astrazione» (AA.VV., *Le langage*, sous la direction de B. Pottier, Paris, Denoël, 1973, p. 19). A tale definizione fa specificamente riferimento G. Maurand, *Lecture d'un poème de Baudelaire par la construction des champs lexicaux*, «Versants», n. 18, 1990, pp. 83-98.

[16] H. Nuiten e M. Geelen, *Baudelaire et le cliché*, «Zeitschrift für französische Sprache und Literatur», Beiheft 17, Stuttgart, Franz Steiner Verlag, 1989, p. 25. Per l'immagine del sole, cfr. M. Eigeldinger, *Le soleil de la poésie*, «Etudes baudelairiennes», XIII, nouvelle série, V, 1991, pp. 103-104.

li ha indicato in questi solenni elementi allegorizzanti una precisa scelta di poetica, ma con una riserva, in quanto, a suo parere, le tre maiuscole dell'ultima terzina risulterebbero prive di un'autentica funzione: «Viene fatto di congetturare che Baudelaire, da ultimo, e a posteriori, abbia voluto porre il suo marchio di fabbrica, o unificare il tono ambiguo, estendendo l'uso della maiuscola a tutto il sonetto»[17]. Il testo, redatto in due tempi, finirebbe insomma per presentare (sia pure all'interno di quel tono medio che unifica e cementa tutte le *Fleurs du mal*) un duplice strato stilistico.

Su questo argomento, la discussione è stata assai ampia. Limitiamoci a segnalare il contrasto fra Gérard Gasarian, secondo cui l'impiego delle maiuscole spingerebbe il sonetto verso l'astrazione, e John E. Jackson, per il quale tale rischio verrebbe invece scongiurato dalla cura con cui Baudelaire riesce a legare ogni personificazione a un epiteto, un sostantivo o un verbo concreti[18]. Ciò conferma comunque come l'allegoria corrisponda a un aspetto centrale della nostra composizione. L'osservazione si deduce da una pagina nella quale Walter Benjamin, per insistere sulla violenza con cui le forze ostili si manifestarono all'autore delle *Fleurs du mal*, collocò il suo sonetto in una posizione di assoluto rilievo: «Mai, forse, gli è riuscito qualcosa di così perfetto come quando, sopraffatto da esse, sembra cedere alla rassegnazione. Il *Recueillement* disegna, sulle profondità del cielo, le allegorie degli anni trascorsi: «'Vois se pencher les défuntes Années / Sur les balcons du ciel, en robes surannées' ['Guarda affacciarsi i defunti Anni, / Dai balconi del cielo, in vesti antiquate']. In questi versi Baudelaire si accontenta di rendere omaggio, all'immemorabile che gli è sfuggito, nella forma del *suranné* ['antiquato']»[19].

[17] S. Genovali, *Baudelaire, o della dissonanza*, Firenze, La Nuova Italia, 1971, p. 209.

[18] Cfr. rispettivamente G. Gasarian, *De loin tendrement. Etude sur Baudelaire*, Paris, Champion, 1996 e C. Baudelaire, *Les Fleurs du mal*, édition établie par J.E. Jackson, Paris, Livre de Poche, 1999. A tale riguardo, va ricordato che il celebre saggio di Erich Auerbach su *Spleen* si apre constatando come, nel sonetto, appaiano alcune allegorie «scritte con la lettera maiuscola» (E. Auerbach, *Vier Untersuchungen zur Geschichte der französischen Bildung*, Bern, A. Francke AG Verlag, 1951; trad. it. *«Les Fleurs du mal» e il sublime*, in C. Baudelaire, *I fiori del male*, Milano, Feltrinelli, 1964, p. XV).

[19] W. Benjamin, *Über einige Motiven bei Baudelaire*, in *Gesammelte Schriften*, I, II, Frankfurt am Main, Suhrkamp Verlag, 1972-1982 (trad. it. *Di alcuni motivi in*

Abbiamo qui un giudizio estremamente elogiativo, a partire dal quale Hans Robert Jauss ha notato che *Recueillement* risulta addirittura l'unica poesia della raccolta in cui «il procedimento della personificazione allegorica non è introdotto per fini di straniamento, ma di trasfigurazione di una situazione data»[20]. Ciò porta a una considerazione cruciale: «Baudelaire – come già indica l'impiego esuberante di sostantivi con l'iniziale maiuscola – ha riguadagnato alle tanto disprezzate personificazioni una 'sostanziale maestà', mobilitandosi contro la pretesa della poesia romantica di poter esprimere direttamente i sentimenti. Con ciò egli ha riconquistato alla lirica moderna una nuova capacità di materializzazione dell'astratto, e ha creato il modello poetico di una moderna *psychomachia* che contendeva all'io autocosciente – come entro breve tempo avrebbe fatto la psicoanalisi di Freud – il primato nel governo dell'anima»[21]. Opponendosi al mito dell'immediatezza tipico del romanticismo, le personificazioni adottate nelle *Fleurs du mal* preparerebbero dunque l'avvento del pensiero freudiano, mettendo in scena una «battaglia dell'anima» sottratta al controllo della razionalità e delegata a un insieme di pulsioni allegorizzate.

È questo il presupposto dell'analisi condotta da Gasarian, secondo cui nei versi di *Recueillement* «la depressione viene rappresentata [*jouée*] per poter essere elusa [*déjouée*]»[22]. Altrimenti detto, Baudelaire mette in scena la propria sofferenza per distaccarsene. Allegorizzando la propria pena, trasformandola (insieme agli oggetti che la provocano, come ad esempio la Notte) in una prosopopea di cui può muovere i fili, il poeta perviene infine a neutralizzarla. Il significato apotropaico e terapeutico di una simile operazione emergerebbe pienamente nell'ottavo verso, dove la locuzione avverbiale *par ici* («qui»), con cui la voce narrante invita la *Douleur* a raggiungerla, sembrerebbe designare, a mo' di deittico, il testo stesso, ossia

Baudelaire, in W. Benjamin, *Angelus Novus. Saggi e frammenti*, Torino, Einaudi, 1976, pp. 115-116).

[20] H.R. Jauss, *Der poetische Text im Horizonwandel der Lektüre (Baudelaires Gedicht: «Spleen II»)*, «Romanistische Zeitschrift für Literaturgeschichte», n. 2-3, 1980, pp. 222-274 (*Il testo poetico nel mutamento d'orizzonte della lettura (la poesia di Baudelaire «Spleen II»)*, in AA.VV., *Teoria della ricezione*, a cura di R.C. Holub, Torino, Einaudi, 1989, p. 242).

[21] Ivi, p. 239.

[22] G. Gasarian, *De loin tendrement* cit., p. 251.

la scrittura quale luogo di risoluzione di ogni conflitto: come se Baudelaire indicasse nei versi il porto dove accogliere la propria sofferenza[23]. Insomma, alla stregua di un mantra, *Recueillement* consisterebbe in un protocollo verbale volto alla cura della sofferenza, a ciò che Antonio Prete ha definito una «sospensione dell'affanno», o meglio, un «incantamento del dolore»[24].

Naturalmente, tornando alla pratica della personificazione, bisogna precisare che la scelta di Baudelaire si riconnette a una ricchissima tradizione letteraria (di proliferazione allegorica parla ad esempio Paul Zumthor già a proposito di Charles d'Orléans)[25]. Limitandoci al nostro sonetto, possiamo comunque affermare che queste notazioni, partite da un'analisi retorica, conducono direttamente al suo autentico centro compositivo, che ora è venuto il momento di affrontare: il tema della coabitazione col Dolore.

IV

In nessun altro momento della sua vita Baudelaire si sentì tanto solo come quando compose *Recueillement*. Dal momento in cui aveva smesso di vivere con Jeanne Duval, le condizioni economiche erano peggiorate, e la salute appariva sempre più minata. Lo si legge in una lettera alla madre del 6 maggio 1861: «Sono solo, senza amici, senza amante, senza un cane e senza un gatto con cui lamentarmi»[26]. Ciò spiega perché il sonetto sia stato definito come un vero e proprio grido di dolore e solitudine, se non addirittura come l'ultimo, maestoso bagliore nel tragico crepuscolo della creazione poetica baudelairiana[27]. Si tratta di osservazioni incontrovertibili, che tuttavia, stabilendo un nesso immediato tra testo e biografia, scorgono in quello

[23] Ivi, p. 68. Gasarian valuta in modo analogo la funzione dell'avverbio «là» nell'*Invitation au voyage*.

[24] A. Prete, *I fiori di Baudelaire. L'infinito nelle strade*, Roma, Donzelli, 2007, p. 20. Del pari, secondo Emmanuel Adatte, «Baudelaire non vuole più subire il proprio dolore, ma tenta al contrario di domarlo e dominarlo» (E. Adatte, *«Les Fleurs du mal» et «Le Spleen de Paris». Essai sur le dépassement du réel*, Paris, Corti, 1986, p. 72).

[25] P. Zumthor, *Langue, texte, énigme*, Paris, Seuil, 1975.

[26] C. Baudelaire, *Correspondance* cit., vol. II, p. 152.

[27] Le due affermazioni si devono rispettivamente ad Antoine Adam e Bo Liu.

un'illustrazione di questa. Rispetto a tutto ciò, ben più efficace suona la lettura che Proust avanzò in un articolo del 1921.

L'intervento, strutturato in forma di risposta a Jacques Rivière, affronta l'analisi del sonetto rifiutando l'ipotesi, attribuita a un amico, secondo cui il suo primo verso ne riecheggerebbe uno del *Cid*, ossia: «Pleurez, pleurez mes yeux et fondez-vous en eaux» («Piangete, piangete, occhi miei, e scioglietevi in acque»)[28]. Dopo aver ipotizzato che l'*incipit* di *Recueillement* andrebbe semmai avvicinato a un altro alessandrino della stessa tragedia (quello dell'Infanta sul «rispetto» della nascita[29]), Proust finisce per rifiutare anche un simile parallelo, replicando: «In fondo, l'esortazione che Baudelaire rivolge al suo dolore non ha nulla dell'apostrofe alla Corneille. È il linguaggio trattenuto, percorso dai brividi [*frissonnant*], di qualcuno che batte i denti [*grelotte*] per aver pianto troppo»[30].

La corrente di simpatia umana che attraversa queste parole le rende un contributo critico assai particolare. Il lettore non può restare indifferente di fronte alla forza con cui il commento illustra il modo in cui il poeta seppe rendere «l'intimità sofferente del suo cuore e del suo corpo». Rifiutando il paragone con il grande teatro del Seicento, Proust preferisce interpretare *Recueillement* ricorrendo sì alla semiotica della passione, ma di una passione violentemente inscritta nella carne, dove è questione di febbre e di spasmi nati dalle lacrime. E la sua analisi non si ferma qui. Infatti, l'intensità con cui il poeta dà voce al «sentimento della sofferenza, della morte, di un'umile fraternità» spinge l'autore della *Recherche* a giudicare le *Fleurs du mal* come un'opera ancora più significativa di quella del pur popolarissimo Hugo. Ai suoi occhi, Baudelaire rivela tutta la propria grandezza nel presentarsi come «l'impuro devoto, casuista, inginocchiato, con il volto contratto in una smorfia, maledetto». Lontano dall'enfasi classica, come da tanto «baccano» romantico (l'espressione è rivolta sempre a Hugo), *Recueillement* torna così ad acquistare una nuova, acerba, traumatica violenza testimoniale. Per questo, malgrado le tante differenze, la lettura di Proust può far pensare, sotto alcuni aspetti, a quella proposta da Jean-Paul Sartre, il quale, an-

[28] P. Corneille, *Le Cid*, III, 3.

[29] Ivi, V, 2.

[30] M. Proust, *Sur Baudelaire, Flaubert et Morand*, Paris, Complexe, 1987, pp. 128-129.

che senza citare mai il sonetto, ha dedicato grande attenzione al plesso figurativo rappresentato dal dolore nelle *Fleurs du mal*.

In molte parti del suo saggio emergono, specialmente a livello lessicale, vari elementi attivi nella lirica. Basti pensare alle riflessioni sul verbo *fouetter* («frustare») o sul concetto di *ville* («città») e *fête* («festa»)[31], riconducibili ai versi 6, 3, 7 e vicini a quei passi di *Les aveugles* dove la capitale appare «éprise du plaisir jusqu'à l'atrocité»[32] («posseduta dal piacere fino all'atrocità»). Non per nulla, nella corrispondenza, Baudelaire sostiene che le feste posseggono il malefico privilegio di ricordare crudelmente agli uomini la fuga e lo sperpero del tempo, anzi, di un tempo intriso di dolore. È proprio ciò ad attirare l'interesse di Sartre, secondo cui quest'ultimo sentimento costituirebbe per il poeta uno stato psicologico permanente, equivalente a una sorta di tensione: la sua intensità permette infatti di stabilire una gerarchia in base alla quale l'uomo felice, ossia colui che ha perso tale tensione, risulterà «caduto». Dato che la felicità (*bonheur*) è intimamente immorale, e che l'infelicità (*malheur*) è la più rara qualità esistente, Baudelaire ha dunque scelto di soffrire, cioè di essere per sempre insoddisfatto. Ma se l'insoddisfazione risulta dalla coscienza che l'uomo ha della sua stessa trascendenza, allora sarà solo attraverso il dolore che egli si porrà come non appartenente a questo mondo. Al pari di Lucifero, l'uomo si erge di fronte alla creazione come un rimprovero vivente, e così facendo la oltrepassa. Ecco perché l'immagine miltoniana di Satana si rivela, in definitiva, come il tipo ideale della bellezza dolorosa.

Ciò scioglie, per inciso, un'apparente incongruenza fra due poesie delle *Fleurs du mal*. È infatti curioso notare come l'incipit di *Madrigal triste* sembri drasticamente smentire quello di *Recueillement*, recitando: «Que m'importe que tu sois sage? / Sois belle! Et sois triste!»[33] («Che m'importa che tu faccia la brava! Sii bella! E sii triste!»). A rafforzare ulteriormente questa impressione di contraddittorietà, sta il fatto che in entrambi i testi l'invito è diretto a un'inter-

[31] J.-P. Sartre, *Baudelaire*, Paris, Gallimard, 1963, pp. 53, 81, 103 e 98. Per l'immagine del «fouet» si veda anche P. Labarthe, *Baudelaire et la tradition de l'allégorie* (Genève, Droz, 1999, p. 51), mentre alla nozione di «fête» come «part maudite» accenna Georges Bataille nel suo commento al *Baudelaire* sartriano (G. Bataille, *La littérature et le mal*, Paris, Gallimard, 1957, p. 43).

[32] C. Baudelaire, *Oeuvres complètes* cit., vol. I, p. 92.

[33] Ivi, p. 137.

locutrice femminile. In verità, tutto ciò si spiega con il fatto che le due situazioni descritte risultano completamente diverse: a differenza che in *Recueillement*, il verso di *Madrigal triste* non si indirizza alla *Douleur*, bensì alla donna desiderata. Ecco perché al «Sois sage» della prima poesia la seconda risponde con un brusco «Que m'importe que tu sois sage?». Dovendosi rivolgere alla propria amante, il poeta, lungi dall'invitarla ad acquietarsi, la esorta piuttosto a essere attraente e malinconica, secondo i canoni della sua estetica dolorista.

La lettura di Sartre, lo si è detto, ripercorre le *Fleurs du mal* senza alcun riferimento a *Recueillement*. Dalle sue parole, però, emerge distintamente un atteggiamento che culminerà appunto in quel sonetto. Stiamo parlando del fatto che la *Douleur*, definita in *Bénédiction* «la noblesse unique»[34] («l'unica nobiltà»), venga qui eletta a interlocutrice del poeta, e riceva una descrizione sorprendentemente affettuosa, tanto da essere contrapposta a un *Plaisir* considerato come un «bourreau sans merci» («boia senza pietà»)[35]. L'algofilia che ispira questi versi percorre l'intera raccolta, come dimostra un passo delle *Petites vieilles* dedicato alle creature che si consacrano al pianto «faisant de la douleur un miel»[36] («facendo del dolore un miele»). Eppure *Recueillement* va ancora oltre. Nelle sue strofe, infatti, ha luogo un'ulteriore metamorfosi: ora, quel distillato di dolcezza, quell'autentica ambrosia della sofferenza, diventa addirittura un essere vivente. Il dolore, cioè, prende vita, trasformandosi in una creatura indifesa, da rassicurare e proteggere.

Appunto sulla base di tale rovesciamento del senso comune si è giunti a definire il nostro testo come segnato da un'insistita, esplicita coesistenza dei contrari, e dunque posto nel segno dell'ossimoro. Se questa forma appare dominante lungo l'intero arco delle *Fleurs du mal*, è perché essa non rappresenta solamente l'unione di due parole di senso opposto, bensì, lo ha ribadito Luca Pietromarchi, la ferita che l'una arreca all'altra per contaminarne il senso: «L'ossimoro baudelairiano, figura retorica e diabolica, non fonde i contrari, né

[34] Ivi, p. 9. Cfr. anche *L'ennemi*: «- Ô douleur! ô douleur» (ivi, p. 16).

[35] Secondo Riffaterre, in una poesia gremita di ben sette allegorie, solo sei risulterebbero originali, essendo appunto quella del *Plaisir*, qualificata in modo inatteso e pleonastico, «l'unica [...] a non risultare deconvenzionalizzata» (M. Riffaterre, *Essais de stylistique structurale* cit., p. 185).

[36] C. Baudelaire, *Oeuvres complètes* cit., vol. I, p. 90.

concilia gli opposti: esso esprime la fragilità e la vulnerabilità di un'immagine che agglutina i contrari per esprimere una realtà intessuta di contrasti e priva di unità»[37].

Come si è detto, *Recueillement* inverte i consueti campi semantici, associando la Pena all'affetto, e il Piacere alla malvagità. Così, mentre la prima è presentata come una figura amabile e familiare, il secondo viene invece paragonato a un «boia senza pietà». Insomma, «il valore dei sentimenti deve essere rovesciato [...] tutto è ambiguo, e ogni opposizione risulta fittizia»[38]. Proprio per spiegare tale profondo senso di spaesamento, Giovanni Cacciavillani ha fatto ricorso ad alcune parole di Michaux. Riferendosi alla coesistenza di amore e odio, sottolineando l'effetto di fusione fra due diversi sistemi di riferimento, egli ha cioè voluto illustrare la natura ossimorica del nostro sonetto tramite un passo di *Les grandes épreuves de l'esprit* centrato sul concetto di coesistenza degli opposti: «I pensieri gli venivano a coppie, l'uno suscitando l'altro, l'uno accompagnandosi all'altro (tanto simile o analogo, quanto antagonista). Strane coppie, ogni pensiero con il suo contrario, il sì con il no, il pro con il contro, l'affermazione con la negazione, [...] la tesi con l'antitesi»[39].

Ma non è tutto. A ribadire l'opposizione baudelairiana tra *Douleur* e *Plaisir*, concorre anche il diverso genere grammaticale francese delle due personificazioni. Si tratta di un dettaglio che non è sfuggito a molti traduttori italiani, attenti a conservare un simile divario tra i sostantivi femminile e maschile. L'ultimo contributo al riguardo si deve a Giancarlo Pontiggia, che ha avvicinato la *Douleur* alla «doglia» utilizzata da Cavalcanti e Cino. Il suo studio segnala come tale dilemma sul genere dei sostantivi risalga al titolo stesso della raccolta, ossia a quelle *Fleurs* femminili che in italiano danno come esito «Fiori» (sebbene la nostra poesia duecentesca presenti una variante femminile singolare del termine, nella «alta Fior sempre granata» di

[37] L. Pietromarchi, *Introduzione e commento*, in C. Baudelaire, *I fiori del male*, trad. di G. Caproni, Venezia, Marsilio, 2008, p. 31.

[38] M. Richter, A. Capatti, *Meridiennes. Histoire et anthologie de la littérature française*, avec la collaboration de M.E. Raffi et L. Stecca, Milano, Edizioni Scolastiche Bruno Mondadori, s.d. [1987], p. 1093.

[39] H. Michaux, *Oeuvres complètes*, édition établie par R. Bellour avec Y. Tran et la collaboration de M. Cardot, «Bibliothèque de la Pleíade, vol. III, Paris, Gallimard, 2004, pp. 322-323 (citato in G. Cacciavillani, *Negli anni profondi. Studio sull'opera di Baudelaire*, Roma, Donzelli, 2006, p. 170).

Guittone[40]). D'altronde, volgendosi a un altro nome presente nel sonetto, come tradurre il maschile *Soir* se non con «Sera»? Pur evitando di rispondere a tante domande (che in parte torneranno nel capitolo su Perec), si impone un chiarimento preliminare: se è vero che nel passaggio dal francese all'italiano diversi sostantivi di *Recueillement* sollevano inevitabilmente il problema del genere, cionondimeno solo con *Douleur* la questione diventa imprescindibile, in quanto, fra le diverse personificazioni del testo, questa risulta l'unica cui la voce narrante si rivolge apertamente.

A tale proposito, due sono le congetture formulate circa la sua identità. La prima vede nella destinataria del discorso una figura infantile. In base a questa illazione, l'uso del «tu», come pure l'impiego di espressioni quali «Sois sage» e «tiens-toi plus tranquille» («Fa' la brava» e «sta' più tranquilla»), suggerirebbe l'esistenza di una relazione genitoriale segnata da un misto di compiacenza e dolce comando[41]. Per dirla ancora con Cacciavillani, si stabilirebbe cioè «un rapporto di 'maternage', intimo, affettuoso, ricettivo, attento alle proiezioni che il bambino-Dolore esporta nella figura del poeta-madre»[42]. Così facendo, quest'ultima presenza apparirebbe chiamata a prendersi cura del proprio oggetto d'amore, riuscendo finalmente a superare la posizione depressiva.

All'immagine della *Douleur* come di un essere infantile cui il poeta si rivolge in forma genitoriale (non solo materna, ma anche e anzi soprattutto paterna[43]), si oppone chi preferisce scorgere in essa una donna, una compagna, forse un'amata, alla quale il soggetto si indirizza per cercare una pace interiore. Letto in tal senso, il sonetto sem-

[40] G. Pontiggia, *Selve letterarie*, Milano, Moretti & Vitali, 2006, p. 113. Peraltro l'italiano «dolore» conosceva un tempo il plurale femminile in -a di «dolora» (S. Battaglia, *Grande dizionario della lingua italiana*, vol. IV, Torino, Utet, 1966, *ad vocem*). Sul femminile singolare di *Douleur* e plurale di *Années* si sofferma anche F. Orlando, *Le costanti e le varianti*, Bologna, Il Mulino, 1983, p. 213.

[41] B. Weinberg, *The Limits of Simbolism. Studies of Five Modern French Poets*, Chicago, The University of Chicago Press, 1966, pp. 53 e 55. La tesi è ripresa fra gli altri da Jean Pellegrin: «La Pena [*Douleur*]? quella ragazzina a cui il poeta chiede di dargli la mano» (J. Pellegrin, *Réversibilité de Baudelaire*, Paris, Aux Amateurs de Livres, 1988, p. 63), e ancora: «In *Recueillement*, [Baudelaire] invita a una passeggiata una bambina allegorica» (ivi, p. 169).

[42] G. Cacciavillani, *Negli anni profondi* cit., p. 169.

[43] Di «rimproveri paterni» parla ad esempio M. Zimmerman, «*Visions du monde*»*: Baudelaire et cie*, Paris, Nizet, 1991, p. 147.

bra riconfigurare al femminile la tradizione topica del colloquio con il dolore (o meglio, con il proprio io attraverso il dolore), come essa si è venuta delineando nella lirica occidentale da Marco Aurelio a Petrarca, su su fino a Leopardi e, lo vedremo, a Michaux. A confermare l'ipotesi sta il fatto che tutto ciò corrispose a una moda ampiamente diffusa nella prima metà dell'Ottocento francese. Se nelle *Fleurs du mal* troviamo esempi simili con *Le goût du néant* («Résigne-toi, mon coeur»[44] [«Rassegnati, mio cuore»]), o *Le crépuscule du soir* («Recueille-toi, mon âme»[45] [«Raccogliti, mia anima»]), la stessa costruzione si rintraccia anche altrove, «in Sainte-Beuve: 'Tu te plains donc, mon âme' ['Tu ti lamenti dunque, anima mia'] e nel *Vallon* di Lamartine: 'Repose-toi, mon âme' ['Riposati, mia anima']»[46].

Ma esiste anche una terza congettura, dopo quelle che vedono nel dolore ora un bambino, ora un'immagine muliebre. Infatti, dietro l'apostrofe di Baudelaire, potremmo intravedere l'evolversi di un'altra costellazione testuale, quella cioè dell'invocazione che il poeta rivolge alla propria musa. Tale interlocutrice verrebbe a costituire, per dirla con Iosip Brodskij, una sorta di creatura essenzialmente linguistica, quell'«angelo del linguaggio» che incarnerebbe l'amore per la parola stessa[47]. La mossa di *Recueillement* possiederebbe allora il merito d'aver indicato, nel sodalizio tra Musa e Dolore, lo stemma dell'estetica baudelairiana.

Certo è che, in ogni caso (ossia considerando la *Douleur* come un essere infantile, una creatura femminile o una presenza ispiratrice), l'atteggiamento della voce poetante resta il medesimo: un richiamo alla calma, un invito affinché la compagna abbandoni ogni inquietudine, per isolarsi dal resto del mondo e stringere la mano che le è tesa. Ciò spiega il particolare clima verbale che regna sull'intera composizione, caratterizzato da una catena di ingiunzioni, o piuttosto di esortazioni (*Sois sage*, *tiens-toi*, *donne-moi*, *viens par ici*, *vois*, *entends* [...] *entends*), simile a quella che si dispiega nell'*Invitation*

[44] C. Baudelaire, *Oeuvres complètes* cit., vol. I, p. 76.

[45] Ivi, p. 95.

[46] Bo Liu, *Les «Tableaux parisiens»* cit., I, p. 56.

[47] Si veda al proposito S. Pavan, *About the Concept of «Muse» in Brodsky's Poetics*, in AA.VV., *Contributi italiani al XIII Congresso internazionale degli slavisti* (Ljubljana, 15-21 agosto 2003), a cura di A. Alberti, M. Garzaniti, S. Garzonio, Pisa, Associazione italiana degli slavisti, pp. 515-539.

au voyage[48]. Come avremo modo di osservare, questa forma di tenera, straniante imperatività, contribuirà a determinare l'eccezionale fortuna del sonetto.

V

Da quanto detto sinora, personificazione e ossimoro emergono come le principali figure di *Recueillement*. Accanto a esse, la critica ha comunque additato molti altri spunti cui converrà accennare, sia pure rapidamente, per individuare i centri nevralgici della composizione. La quantità e la varietà di lavori accumulatisi su questo testo nel corso di un secolo e mezzo lo hanno reso un vero e proprio campo di battaglia, e solo l'elencazione dei rilievi effettuati richiederebbe uno studio a sé stante. Dopo essere stato esaminato alla luce della fittissima rete di rimandi interni al canzoniere baudelairiano, il sonetto è addirittura diventato oggetto di specifiche trasposizioni fonetiche e prosodiche[49]. Senza spingerci tanto in là, cerchiamo di riassumere questa congerie di analisi nella maniera più lineare, ossia seguendo il semplice snodarsi della lirica.

Cominciamo da una veduta d'insieme. René Galand ha mostrato che il sostantivo del titolo, «raccoglimento», ha per antonimo «dissipazione», termine sotto molti aspetti prossimo a quel fondamentale concetto di «vaporizzazione dell'io»[50] tanto caro a Baudelaire. Il raccoglimento, insomma, può essere inteso come un movimento verso la profondità intima, «verso il centro, verso l'anima, verso l'unità dell'io»[51]. Una volta chiarita questa direttrice psicologica di massima, proviamo a riprodurre lo schema del sonetto dal punto di vista delle sue figure allegoriche. Mentre la Pena anela alla Sera, il poeta (dopo un rapido accenno ai pochi fortunati che ottengono la pace dalle tenebre) descrive il sadico imperversare del Piacere sul resto dell'umanità. Mettendo da parte il sostantivo Oriente (la cui maiuscola, usuale nel francese, in realtà non sembra corrispondere a una

[48] M. Zimmerman, *«Visions du monde»* cit., p. 147.

[49] Si vedano i due modelli proposti in J.-M. Viprey, *Analyses textuelles* cit., pp. 26 e 33.

[50] C. Baudelaire, *Oeuvres complètes* cit., vol. I, p. 676.

[51] R. Galand, *Baudelaire, poétiques et poésie*, Paris, Nizet, 1969, p. 454.

personificazione vera e propria), notiamo che l'io poetante torna a invocare la *Douleur* e la chiama a sé, invitandola a concentrarsi su altre quattro personificazioni, questa volta di segno positivo: gli Anni defunti, il Rimpianto sorridente, il Sole moribondo e la dolce Notte.

Possiamo dire allora che in *Recueillement* si passa da uno stato di turbamento (rappresentato dalle prime due strofe) a uno di appagata armonia (affidato alle rimanenti). Abbiamo insomma una netta separazione fra due quadri: quello esteriore, violento, convulso dei versi 1-8 (ma meglio sarebbe forse dire 2-8, visto il tono pacato dell'*incipit*), e quello più assorto, intimo, quieto, dei versi 9-14. Parallelamente a tutto ciò, possiamo constatare che gli imperativi delle quartine corrispondono a verbi di stato (*sois*, *tiens-toi*) o di movimento (*donne*, *viens*), mentre quelli delle terzine equivalgono a verbi di percezione (*vois*, *entends*). Altrimenti detto, se le prime due parti descrivono un paesaggio prima attentamente fissato, poi precipitosamente fuggito, le ultime illustrano piuttosto una sorta di estasi visiva e auditiva[52].

Sulla base di questa semplice intelaiatura, passiamo adesso a esaminare le singole strofe, integrando quanto detto sinora. Riguardo al celeberrimo inizio, ci atterremo a un unico rilievo, che permette intanto di accennare al sofisticato sistema di rimandi fonici caratteristico del sonetto. Come ha spiegato Jean-Marie Viprey, la quartina iniziale viene delimitata da una discreta allitterazione in «s», chiamata a unire l'*incipit* del primo alessandrino (*Sois sage*) all'*explicit* dell'ultimo (*souci*). Un accorgimento del genere contribuisce a rendere più omogenea la descrizione del tramonto, la stessa che peraltro ritroviamo in altre liriche delle *Fleurs du mal*, quali *Le crépuscule du soir* e *Harmonie du soir*.

Ben più complesso il discorso riguardo alla seconda quartina, che venne fatta oggetto di pesanti riserve, come vedremo distesamente nel capitolo su Valéry. Definendo *Recueillement* come una delle più belle composizioni della raccolta, Riffaterre volle rivendicare il valore di questi versi, che anche altri lettori, insieme all'autore di *Monsieur Teste*, avevano aspramente condannato[53]. Secondo lo studioso,

[52] J.-M. Viprey, *Analyses textuelles* cit., p. 32. Cfr. anche Bo Liu, *Les «Tableaux parisiens»* cit., II, *L'expérience esthétique*, p. 621.

[53] Cfr., ad esempio, H. Peyre, *Connaissance de Baudelaire*, Paris, Corti, 1951, p. 123, e Aristide, *Petit memento de l'écrivain*, «Figaro Littéraire», avril 30-mai 6, 1964, p. 6.

avversari e sostenitori sembrano almeno accordarsi su due punti: da un lato la strofa è controversa perché convenzionale, dall'altro l'aggettivo «convenzionale» viene inteso in senso esclusivamente negativo, in quanto contrassegno di uno scadimento stilistico. L'analisi ravvicinata rivela invece una realtà ben diversa: se i versi 5-7 del sonetto formano un polo capace di attrarre l'attenzione in modo irresistibile («Mentre dei mortali la moltitudine vile, / Sotto la sferza del Piacere, questo boia senza pietà, / Va a cogliere rimorsi nella festa servile,»), ciò significa che la loro presunta ovvietà non ne inibisce affatto il potenziale espressivo. In altre parole, il barbaro risveglio serale del Piacere risulta indispensabile affinché il *tête-à-tête* con la Pena si trasformi in rifugio. Da qui l'assunto finale: «Davanti a una simile tensione, come è possibile dire, con Valéry, che la magia dell'inizio e della fine [di *Recueillement*] permette di considerare questo passo 'nullo e inesistente'? oppure che qui si avrebbe a che fare con un aspetto neutro dello stile?»[54].

Non solo. Per Riffaterre, la seconda quartina tenderebbe a evocare l'idea della morte. Attraverso l'accumulo di termini quali *fouet*, *bourreau*, *sans merci* («frusta», «boia», «senza pietà»), l'allegoria acquisterebbe il movimento di una sfrenata danza macabra. Lo stesso sottintende anche Viprey, quando rileva che il sostantivo *mortels* del verso 5, privo com'è della maiuscola, costituirebbe l'unico denominatore non allegorico della poesia[55]. Condivisa anche da Bernard Weinberg (che è giunto, lo si è visto, fino a leggere *Recueillement* come «una poesia sulla morte»[56]), quest'idea diventerà l'asse portante del capitolo su Houellebecq. Per il momento, comunque, soffermiamoci su un altro aspetto della lirica, ovvero la velata presenza di modelli pascaliani ravvisabile nei versi 5-7.

Riffaterre ha osservato che le due espressioni in posizione di rima (*multitude vile* e *fête servile*) sembrano ispirarsi, oltre che al *vulgum pecus* oraziano, al clima spirituale che domina le *Pensées* del filosofo francese. Anche Melvin Zimmerman ha approfondito questa linea interpretativa, segnalando in particolare i pensieri 160 e 171 dell'edizione Brunschvicg, dove si indica il divertimento come la più grande delle miserie umane, e si depreca la vergogna di soccombe-

[54] M. Riffaterre, *Essais de stylistique structurale* cit., p. 187.
[55] J.-M. Viprey, *Analyses textuelles* cit., p. 23.
[56] B. Weinberg, *The Limits of Simbolism* cit., p. 59.

re al piacere. L'accostamento non può certo sorprendere, visto che Baudelaire stesso dedicò all'autore delle *Pensées* i versi di *Le gouffre* («Pascal avait son gouffre, avec lui se mouvant»[57] [«Pascal aveva il suo baratro, che si portava dietro»]), e lo citò nel poema in prosa *La solitude*, ritraendolo nel chiuso della sua «cellule de recueillement»[58] («cella di raccoglimento»). Zimmerman, tuttavia, indica anche altre possibili relazioni, avanzando un paragone fra il nostro sonetto e alcuni poemi in prosa quali *Les veuves* e il già citato *Le crépuscule du soir*. Pur senza menzionare le due terzine «pascaliane» di *Les hiboux*, egli arriva a definire la conclusione del quinto capitolo del *Poème du haschisch* come una specie di doppione di *Recueillement*[59]. La formula è un po' forte, ma indubbiamente un'espressione quale «la troupe des humains, la bande des ilotes»[60] («la truppa degli umani, la banda degli iloti») sembra davvero cogliere il senso profondo della quartina che stiamo esaminando. Come è stato giustamente affermato, da questa opposizione fra il soggetto contrito e la folla corrotta emerge un forsennato desiderio di isolamento, dovuto sia al terrore di un contagio, sia a «un'autentica ossessione della purezza»[61].

Il riferimento a Pascal appare dunque inconfutabile. Proprio facendo leva sui suoi scritti, Baudelaire scardina il concetto convenzionale di peccato, tradendo l'aspettativa del lettore. Rispetto alla prevedibile descrizione di un desiderio che sferza l'uomo costringendolo alla ricerca del piacere, abbiamo infatti il piacere che spinge le sue vittime a procurarsi, ossia a «cogliere», rimorsi (laddove sarà da notare che il verbo usato, *cuellir*, è il solo termine della composizione a condividere l'etimo del titolo, *Recueillement*). Lo spostamento risulta significativo, e colloca l'intera composizione in un registro di tipo espiatorio, in linea con quel senso di caduta cui si è già accennato. Ma ascoltiamo ancora una volta il commento di Sartre: «Avendo optato per il male, [Baudelaire] ha scelto di sentirsi colpevole. È attraverso il rimorso che egli realizza la sua unicità e la sua libertà di colpevole. Per tutta la vita, il sentimento della propria colpevolezza non

[57] C. Baudelaire, *Oeuvres complètes* cit., vol. I, p. 142.

[58] Ivi, p. 314. Nello stesso testo viene riportata la frase di La Bruyère sul «grand malheur de ne pouvoir être seul» («la grande disgrazia di non poter stare soli»; *ibid.*).

[59] M. Zimmerman, *«Visions du monde»* cit., p. 145.

[60] C. Baudelaire, *Oeuvres complètes* cit., vol. I, p. 441.

[61] E. Adatte, *«Les Fleurs du mal»* cit., p. 77.

lo abbandonerà mai. Non si tratta di una conseguenza importuna della sua scelta: il rimorso ha in Baudelaire un'importanza funzionale. È questo, a fare dell'atto un peccato; un crimine di cui non ci si pente, non è più un crimine, ma tutt'al più un infortunio. In lui, sembra addirittura che il rimorso abbia preceduto la colpa»[62].

Da tale punto di vista, si rivela prezioso il contrappunto prosodico, semantico e allitterativo che viene a istituirsi tra i versi 7 e 11, ossia rispettivamente:

> Va cueillir / des remords / dans la fête servile

e

> Surgir / du fond des eaux / le Regret souriant.

Secondo Viprey, si tratterebbe di un aspetto cardinale di *Recueillement*, sancito dalla relazione antinomica fra i sostantivi «rimorsi» (*remords*), plurale e minuscolo, e «Rimpianto» (*Regret*), singolare e maiuscolo. A ribadire il rapporto fra questi versi interverrebbero anche altre due forme di parallelismo, la prima verbale (*cueillir/surgir*), la seconda aggettivale (*servile/souriant*). Da qui la conclusione: «Il vocabolo REMORDS è impiegato 21 volte nelle *Fleurs du mal*, senza contare il titolo *Remords posthume*. È la parola-chiave dell'*Irréparable* (unica poesia dove appare dotato – per le sue 3 occorrenze – di un'iniziale maiuscola). REGRET è molto più raro (3 occorrenze, più il gerundio «en regrettant» di *Chant d'automne*). In tutti i casi, REMORDS implica significati morali negativi [...] che REGRET non veicola mai»[63].

Siamo insomma di fronte a una decisa polarizzazione, che conferma quanto si è detto circa il passaggio tonale che porta dal turbamento delle quartine (con i *remords* al verso 7) all'armonia delle terzine (con il *Regret* al verso 11). Occorre tuttavia mettere in guardia da alcune interpretazioni poco convincenti e alquanto forzate, come quella proposta da Gasarian. A suo parere la poesia rappresenterebbe il teatro di una contraddizione insanabile, nella quale il soggetto esprimerebbe il desiderio di punire la propria anima per averlo allontanato da quel Piacere al quale, viceversa, egli avrebbe voluto ab-

[62] J.-P. Sartre, *Baudelaire* cit., pp. 102-103.
[63] J.-M. Viprey, *Analyses textuelles* cit., p. 28.

bandonarsi. La seconda quartina arriverebbe addirittura a esprimere un modo di pensare estraneo al poeta, il quale rinuncerebbe al Piacere soltanto al fine di assecondare l'imperativo di un'anima che gli intima di fuggirlo. Per una sorta di «ironia vendicatrice», quest'ultima, però, finirebbe per ottenere un «raccoglimento» più funebre che sereno, anzi, altrettanto mortifero del piacere di cui essa ha privato il soggetto[64]. In tale prospettiva, *Recueillement* rappresenterebbe insomma la storia di una frustrazione, di un conflitto interno all'io poetante, permettendo di leggere come un sintomo isterico l'ambivalenza di Baudelaire rispetto alle sue pulsioni.

Gasarian coglie bene il processo di dissociazione fra l'individuo e le sue manifestazioni psichiche, ossia *Douleur* e *Plaisir*, tanto potenti da acquistare un'esistenza completamente autonoma. Pure, il suo errore consiste nel fraintendere il tipo di relazione che si istituisce fra i tre soggetti, in particolare fra l'io narrante e la *Douleur*. Descrivere il primo nell'atto di «aizzare quella stessa pena a cui si va offrendo la pace», significa misconoscere il senso stesso dell'invocazione con cui si apre il sonetto. Baudelaire, in verità, sta dicendo tutt'altro. Colui che intona il «Sois sage» non intende affatto pungolare o punire, ma proteggere e lenire, non con accanimento, bensì con tenerezza.

Una volta chiarito questo fraintendimento (di cui ritroveremo un'eco nel capitolo su Michaux), una volta specificato il tipo di opposizione che caratterizza lo snodo fra quartine e terzine, è finalmente giunto il momento di affrontare il fulcro dell'intera composizione. Stiamo parlando dell'*enjambement* fra i versi 8 e 9, un luogo testuale che appare dotato della massima importanza strategica:

> Ma Douleur, donne-moi la main; viens par ici,
>
> Loin d'eux.

Ossia, ponendo estrema attenzione allo spazio bianco che divide i due versi (l'ultimo della seconda strofa e il primo della terza):

> Mia Pena, dammi la mano; vieni qui,
>
> Lontano da loro.

[64] G. Gasarian, *De loin tendrement* cit., p. 69.

Ebbene, proprio nel punto strutturalmente più delicato del sonetto (dove avviene il passaggio fra quartine e terzine), Baudelaire inserisce l'unico *enjambement*. Ganglio vitale di *Recueillement*, questo sfasamento metrico-sintattico testimonia in maniera fortemente mimetica di una frattura al contempo formale e psicologica. Attraverso la scissione del periodo, il poeta e la sua interlocutrice vengono infatti a essere irrimediabilmente separati dalla sfera degli altri mortali. In tal senso, mentre l'avverbio *loin* rinvia sia ai versi di *A une passante* sia alle martellanti riprese di *Moesta et errabunda*, l'espressione *loin d'eux* («lontano da loro») potrebbe essere accostata al luogo spirituale designato da un'altra poesia di Baudelaire, ossia *Bien loin d'ici*. All'interno di *Recueillement*, però, questo elemento di distanziazione risulta ancora più efficace, in quanto l'*enjambement* finisce per realizzare, sul piano del verso, lo stesso addio descritto a livello tematico. Assistiamo cioè a un doppio congedo: quello dei due protagonisti, divisi dalla folla cittadina, e quello delle due terzine, scisse dalle quartine che le hanno precedute.

Stando a Jean Pommier, in questo passo Baudelaire si sarebbe ricordato delle *Cariatides* di Banville, laddove la Morte, afferrando la mano del protagonista, esclama: «È mia! Oh! [...] vieni da me [...] Lontano dal mondo»[65]. Robert Vivier vi ha invece colto un richiamo al *Watteau* di Gautier, con l'immagine del dolore che tende la mano all'io narrante[66]. Ma invece di indugiare sulle fonti, sentiamo in che maniera Bruce Lawder spiega il senso di questo snodo cruciale: «Il poeta invita la destinataria ad allontanarsi dalla *multitude vile* per stabilire una nuova armonia [...]. L'*enjambement* strofico rompe l'unità tradizionale del sonetto e lega sì le due parti tradizionalmente separate, le due quartine e le due terzine, ma le lega per marcare di nuovo una separazione: *Loin d'eux* ['Lontano da loro']. La frase *par ici* ['qua'] si applica al programma di immagini della poesia e al movimento del verso; l'*enjambement* strofico che segue ci allontana non solo dalla *atmosphère obscure* ['atmosfera oscura'] della città, ma anche dalle due quartine: ci presenta così, in opposizione, un altro luo-

[65] J. Pommier, *Dans les chemins de Baudelaire*, Paris, Corti, 1945, p. 200.
[66] R. Vivier, *L'originalité de Baudelaire*, Bruxelles, Académie Royale de langue et de littérature françaises, 1926, p. 202.

go, le due terzine»[67]. Secondo quanto abbiamo già osservato, la caratterizzazione positiva degli ultimi sei versi si oppone a quella negativa dei primi otto, in un contrasto che acquista infine il senso di una vera e propria liberazione.

Di tutto ciò si parlerà ampiamente nei capitoli dedicati a Perec e a Houellebecq, ma concludiamo l'analisi dei versi 8 e 9 constatando un'altra loro particolarità, cioè il fatto che essi, dal punto di vista della scansione, risultano i più irregolari del testo. La loro speciale configurazione spicca ulteriormente nel confronto con gli unici tre tetrametri canonici di *Recueillement* (corrispondenti ai versi 6, 7, 12), la cui scansione impeccabile, in quattro blocchi di tre unità ciascuno, si offre immediatamente alla lettura (3 + 3 + 3 + 3):

> Sous-le fouet / du-Plai-sir, / ce-bour-reau / sans-mer-ci
> Va cue-illir / des re-mords / dans la fê- / te ser-vile,
> Le So-leil / mo-ri-bond / s'en-dor-mir / sous une arche,

Rispetto a tanta regolarità, qual è il motivo dell'anomalia riscontrabile nei versi 8 e 9? Perché proprio questi due alessandrini, a cavallo fra quartine e terzine, presentano «una metrica da prosa»[68]? Il fenomeno è stato rimarcato senza alcun commento. Pare comunque lecito avanzare un'ipotesi: nella faglia che corre lungo l'*enjambement*, ovvero sulla cerniera del sonetto, ha luogo una sorta di frizione, tale per cui i versi 8 e 9 arrivano a deformarsi. In qualche modo è proprio come se, nel punto di giunzione «vertebrale» fra quartine e terzine (o, come è stato detto, fra *huitain* e *sixtain*, vale a dire fra una strofa di otto e una di sei), la struttura prosodica cedesse sotto la pressione di due forze contrapposte.

Siamo così arrivati alle ultime strofe del testo, dalle quali vediamo dipartirsi un ricco filone di commenti. Osservandole nel loro insieme, Weinberg ha notato ad esempio come esse contrappongano «quanto è stato visto a Ovest» a «quanto viene udito ad Est»[69]. A uno scorcio visivo verso Occidente (dove tramonta il Sole moribon-

[67] B. Lawder, *Vers le vers*, Paris, Nizet, 1993, pp. 32-33. Cfr. anche R.-B. Chérix, *Commentaires* cit., p. 348.

[68] A. Cassagne, *Versification et métrique de Charles Baudelaire*, Paris, Hachette, 1906, pp. 34-42. Cfr. anche J.-M. Viprey, *Analyses textuelles* cit., p. 34.

[69] B. Weinberg, *The Limits of Simbolism* cit., p. 57.

do), seguirebbe cioè una notazione acustica verso Oriente (dove si dirige il frusciante sudario della Notte). Assistiamo pertanto a una specie di doppia contrapposizione fra le terzine. Nel giro di quattro versi, all'imperativo «guarda» (*vois*, riconducibile al campo propriamente ottico) rispondono tre verbi all'infinito: «affacciarsi» (i defunti Anni), «sorgere» (il Rimpianto sorridente) e «addormentarsi» (il Sole moribondo). Retta dall'imperativo «ascolta» (*entends*), la parte legata alla sfera uditiva si limita invece a un unico verso (essendo il penultimo affidato a un semplice raffronto). In questa maniera, la contrapposizione fra la sfera dello sguardo e quella dell'ascolto risulterebbe alquanto sfasata.

In un contesto simile, è importante osservare che l'autore, quasi a ristabilire l'equilibrio, abbia sentito la necessità di ripetere l'unico verbo appartenente all'ambito acustico, facendolo rintoccare per due volte (*entends* [...] *entends*). Non per nulla, insieme al sostantivo *Douleur*, è questo l'unico termine della composizione a essere replicato. Di conseguenza, secondo lo stesso criterio di bilanciamento, possiamo osservare come ai tre infiniti della prima parte (quella di taglio visivo) corrisponda una proposizione relativa («che cammina»), chiamata a indicare l'origine del rumore prodotto dal lenzuolo funebre.

Ma il verbo *entendre*, in quanto riferito al rumore della notte che si approssima, racchiude anche altre implicazioni, come dimostrano i suoi possibili riferimenti a *Tamerlan* di Poe, *Summer's Call* della poetessa americana Sarah Helen Power Whitman, e *Hymn to the Night* di Henry Wadsworth Longfellow (modello peraltro indicato dallo stesso Baudelaire). Questi ultimi due testi in particolare aderiscono a un *topos* assai diffuso in quel periodo, ossia la personificazione della «Notte»-*Night* come di una donna che indossi un vestito con lo strascico. A partire da tale caratterizzazione, Baudelaire introduce però un elemento decisamente inedito: «La novità consiste nel non fare più *vedere* questa creatura del crepuscolo, bensì nel farla *udire*»[70]. Tutto ciò si ritrova in *Recueillement*, dove la *Douleur*, interlocutrice della voce narrante, è invitata ad ascoltare, non a fissare, l'incedere del buio.

[70] M. Zimmerman, «*Visions du monde*» cit., p. 148. Cfr. anche L. Seylaz, *Edgar Poe et les premiers symbolistes français*, Lausanne, La Concorde, 1923, p. 63, e A.G. Engstrom, *Baudelaire and Longfellow's «Hymn to the Night»*, «Modern Languages Notes», LXXIV, 1959, pp. 695-698.

Concentrata com'è sull'aspetto esclusivamente sintattico, una lettura del genere non tiene in nessun conto la combinazione degli altri fattori testuali (a cominciare dalle istanze ritmiche e rimiche), limitandosi a ratificare quella fondamentale logica compensativa e distributiva che regge l'armonia della forma-sonetto in Baudelaire. Tanto più necessario, dopo esserci soffermati sull'articolazione della strofa, esaminare adesso alcune sue componenti foniche. Un primo rilievo potrebbe riguardare la rima *Années/surannées*, ai versi 9-10, identica a quella che si ritrova alla fine di *La lune offensée*[71]. Più interessante, comunque, segnalare la fitta trama allitterativa messa in luce da Pietromarchi: «La prima terzina accompagna l'epifania del passato scandendone la resurrezione con la triplice ripetizione del fonema *-sur*: *sur-surannées-surgir*, per lasciarlo ricadere, alla fine del verso, nella ovattata assonanza in *-sour* di *souriant*, che lo riconsegna alla notte dell'ultima strofa, dove trova sepoltura *sous une arche*. Ed è ancora su questa assonanza, smorzata in consonanza di *-s*, *so-s'en-sous*, che si apre la seconda terzina ['Le Soleil moribond s'endormir sous une arche']»[72]. Prima di analizzarla, s'impone tuttavia qualche rilievo relativo al nono, decimo e soprattutto undicesimo verso.

Per quanto riguarda l'espressione «defunti anni», mette conto ricordare che essa si collega a quella più ampia riflessione sugli «anni profondi» sviluppata in alcune folgoranti *Fusées* (si tratta di un tema messo a fuoco da Michel Schneider e ripreso più recentemente da Alessandro Piperno[73]). Con il verso successivo (citato e commentato, come si è visto, da Benjamin), torna invece il problema delle fonti. Secondo Fongaro, il passo sarebbe ispirato a Jules Lefèvre-Deumier; tuttavia, di «sovran balcone» parla già Tasso, riferendosi all'orizzonte, nella *Gerusalemme liberata*[74]. Assai più vasto, infine, il raggio delle considerazioni intorno all'alessandrino con cui si chiude la prima terzina: «Surgir du fond des eaux le Regret souriant».

[71] J. Starobinski, *La mélancolie au miroir*, Paris, Juillard, 1989, p. 80.

[72] L. Pietromarchi, *Introduzione e commento* cit., p. 549.

[73] Cfr. M. Schneider, *Baudelaire, les années profondes*, Paris, Seuil, 1994, p. 70, e A. Piperno, *Il demone reazionario. Sulle tracce del Baudelaire di Sartre*, Roma, Gaffi, 2007, pp. 264-265.

[74] T. Tasso, *Gerusalemme liberata*, IX, 74, 2. Per la questione delle fonti, cfr. anche J.A. Hiddleston, *Baudelaire and the Art of Memory*, Oxford, Clarendon Press, 1969, pp. 239-240.

Iniziamo da una breve notazione relativa al sostantivo *Regret*, di cui si è già parlato a proposito della sua stretta relazione con il termine *remords* del verso 7. Ebbene, mentre Jean Starobinski vi ha scorto il riferimento a una sorta di nuovo essere malinconico, Bernard Weinberg ha preferito paragonare la sua apparizione a quella di una ninfa sorridente e benigna, che emerge dalle acque proprio in deciso contrasto con i brutali «rimorsi» della seconda quartina[75].

Rispetto a tali osservazioni sparse, ben più coerente e articolata suona la lettura offerta da Jean Jaffré, che ha esaminato lo stesso verso per dimostrare come la preoccupazione dominante in Baudelaire sia l'euritmia. Dal suo commento risulta che il primo emistichio («Surgir du fond des eaux») consta di due unità, la prima formata da un giambo (il verbo *sur-gir*), la seconda da due (il complemento rappresentato dagli elementi *du fond* e *des eaux*). Rispetto a questa prima metà dell'alessandrino, la seconda (*le Regret souriant*) presenta invece una struttura diversa, con la comparsa di due anapesti (due vocali brevi + una vocale lunga, ossia, nel nostro caso, accentata), individuabili nel soggetto *le Re-gret* e nel suo aggettivo *sou-ri-ant*. Al centro del verso si opererebbe così una mutazione prosodica, un passaggio che condurrebbe dalla misura giambica binaria a quella anapestica ternaria, ossia dal *tre volte due* («sur-gir / du fond / des eaux») al *due volte tre* («le Re-gret / sou-ri-ant»). Da qui la conclusione: «È su questa nuova modalità ritmica, capace di imprimere all'eloquio un'accelerazione [...] e una crescente ampiezza del movimento [...], che si realizza l'apparizione, la *nascita* finalmente compiuta del soggetto grammaticale»[76].

Ciò che più convince in questa interpretazione è la perspicuità

[75] Cfr. rispettivamente J. Starobinski, *La mélancolie* cit., p. 80, e B. Weinberg, *The Limits of Simbolism* cit., p. 57. Sulla «figura inclinata tipica della malinconia», cfr. anche B. Claisse, *La pratique naturaliste de l'artifice dans «Les Fleurs du mal»*, in AA.VV., *Lectures de Baudelaire*, a cura di S. Murphy, Rennes, Presses universitaires de Rennes, 2002, p. 140.

[76] J. Jaffré, *Le vers et le poème*, Paris, Nathan, 1984, p. 23. Un'analisi simile viene rapidamente abbozzata da Jean Cohen in relazione all'*incipit* del sonetto, individuando nel verso la formula 2-4-3-3 («Sois - sage /ô - ma – Dou - leur / et - tiens - toi / plus – tran - quille»; J. Cohen, *Structure du langage poétique*, Paris, Flammarion, 1966, p. 86). In area specificamente didattica, *Recueillement* ha costituito il banco di prova anche per le analisi di J.-L. Joubert (*La poésie*, Paris, Colin, 1988, pp. 138-140).

con cui viene illustrato il sovrapporsi delle diverse funzioni testuali: da una parte, la convergenza tra sviluppo prosodico e organizzazione sintattica, dall'altra, la coincidenza tra livello retorico e impianto ritmico. Con un potente effetto liberatorio, l'avvento del soggetto, opportunamente allegorizzato dalla maiuscola (*Regret*), ha luogo nel preciso momento in cui, dopo i tre giambi del primo emistichio, assistiamo all'irrompere della doppia cadenza anapestica. L'arrivo del «Rimpianto» coinciderebbe insomma con una sorta di coronamento sul piano della scansione.

Con ciò tocchiamo l'ultima strofa di *Recueillement*, la cui eccezionale raffinatezza risulta già a partire dal verso 13. Abbiamo precedentemente rilevato l'importanza dell'indicazione geografica *Orient*, e vedremo più in là, nel capitolo su Beckett, la ricca valenza del sostantivo *linceul* (che secondo Pommier deriverebbe da una poesia di Gautier, *La bataille perdue*[77]). Riguardo a tali direttrici di ricerca, Viprey si è soffermato invece sullo slancio impresso all'alessandrino dalla congiunzione d'apertura (*Et*), sull'eccezionale condensazione di vocali nasali (ben cinque), e sull'effetto di rallentamento operato dalla «lussureggiante» dieresi di *Orient* (dovuta a ragioni metriche: leggi *O-ri-ent*). Ebbene, in maniera perfettamente inversa rispetto al verso 7 esaminato da Jaffré, è proprio una simile decelerazione a rappresentare il tratto saliente della chiusa.

Avvertendo negli ultimi due versi un «ritmo stellare di carovana da 'steppe dell'Asia'»[78], Genovali ha sottolineato l'estrema lentezza visiva del verso. Tante diverse immagini si raccolgono in un quadro di grande icasticità, dove l'immagine del sudario «si stende veramente, stella filante o cometa 'biblica', in un medio fonico dato da una nenia di cornamuse, e la Notte cammina veramente coll'*allure* di una carovana nel deserto del cielo»[79]. Questa suggestiva lettura, peraltro,

[77] J. Pommier, *Dans les chemins* cit., p. 204.

[78] S. Genovali, *Baudelaire* cit., p. 61. Intorno al tema della notte nelle *Fleurs du mal*, si veda anche G. Antoine, *La nuit chez Baudelaire*, in AA.VV., *Baudelaire*, Paris, Colin, 1967, pp. 157-177, e J. Bellemin-Noël, *Noirceurs de la nuit baudelairiennes*, «Corps-écrit», 14, 1985, pp. 60-70.

[79] S. Genovali, *Baudelaire* cit., pp. 234-235. A titolo di semplice curiosità, si segnala che la stessa formula, benché in un contesto satirico, ricorre nel libro d'esordio di Carlo Emilio Gadda, datato 1931, verso la fine di un racconto che evoca appunto «il sudario della notte» (C.E. Gadda, *Teatro*, in *La Madonna dei filosofi*, Torino, Einaudi, 1975, p. 21).

fa esplicito riferimento a due commenti di Giovanni Macchia: uno circa l'essenza lentamente dinamica delle *Fleurs du mal*, l'altro basato sulla nozione di «sonnet-navire» («sonetto-nave»), e volto a definire «una poesia che proceda lentamente con un movimento voluttuoso e malinconico, come quello di un *navire* o di una carovana»[80].

Ma dedichiamoci infine all'*explicit* di *Recueillement*, nel quale fu individuato «un ritmo probabilmente unico nella poesia francese», ritmo chiamato a rappresentare «il movimento e la marcia attutita della notte»[81]. In un'analisi di taglio squisitamente metrico, Georges Bonneville ha rimarcato l'eccezionale densità di questo alessandrino, notando come, al posto delle quattro sillabe solitamente accentate, esso ne comporti sei, ossia esattamente una ogni due:

En-tends, / ma chère, / en-tends / la dou- / ce Nuit / qui marche.

Abbiamo infatti un ritmo binario paragonabile al giambo (vocale breve + vocale lunga), con i tempi forti (vale a dire accentati) sugli elementi pari: «Questo verso di grande ampiezza, disseminato di vocali sorde, suggerisce molto bene il rumore e il movimento di una marcia nella notte»[82]. Ricollegando l'impressione esercitata dal sonetto a un preciso disegno architettonico, risalendo dall'effetto psicologico alle sue cause fonologiche, svelando la meccanica che ha presieduto all'articolazione prosodica, Bonneville mette in risalto il perfetto equilibrio di un testo nel quale risplenderebbe per intero il *côté* raciniano di Baudelaire.

Ora siamo davvero al termine della nostra analisi. Avviate dalla paronomasia che delimita la prima quartina (*Sois sage/souci*), le nostre osservazioni sull'ultima terzina possono concludersi ricorrendo alla stessa figura. Partendo dal sintagma *ma chère* (primo emistichio del verso 14), Viprey ha infatti indicato come il testo dispieghi una doppia prospettiva paronomastica, in forma retrospettiva rispetto ad *arche* (verso 12), in forma anticipativa nei confronti di *marche* (secondo emistichio del verso 14). Con l'alessandrino conclusivo, il più tipograficamente «lungo» dell'intero sonetto, si assiste dunque a un

[80] Cfr. rispettivamente G. Macchia, *Baudelaire e la poetica della malinconia*, Napoli, ESI, 1946, p. 114, e G. Macchia, *Baudelaire*, Milano, Rizzoli, 1975, p. 128.

[81] R. Chérix, *Commentaires* cit., p. 348.

[82] G. Bonneville, *«Les Fleurs du mal». Baudelaire*, Paris, Hatier, 1987, p. 66.

ricco manifestarsi di fenomeni metrici e allitterativi. Fu proprio questa lenta, sapiente irradiazione di suono e senso che spinse Valéry a parlare di incanto. Ma per capire come mai il più feroce detrattore di *Recueillement* riuscì a essere insieme il suo massimo estimatore, dobbiamo abbandonare questa premessa, e affrontare il primo capitolo del racconto intorno al viaggio che il sonetto baudelairiano venne chiamato a compiere lungo la letteratura francese del Novecento.

2
Valéry recensore (1924-1939): una stroncatura entusiastica

I

Potrà sembrare un paradosso, eppure il primo dei dieci capitoli che questo libro dedica alle riscritture di *Recueillement* è l'unico a non riguardare una riscrittura. In verità, il motivo di tale eccezione si spiega facilmente. Pur non avendo mai cercato di trasformare, variare o manipolare la lirica di Baudelaire all'interno di una propria opera, Valéry dimostrò nei suoi confronti un interesse a dir poco sorprendente, da un lato svalutandola violentemente, dall'altro elevandola a insuperato modello poetico. Ciò che più conta, però, è che tali posizioni critiche risultarono determinanti per la ricezione del sonetto. Non sembra infatti eccessivo affermare che la sua fortuna fu in buona parte dovuta a questa lettura sconcertante, provocatoria e apparentemente contraddittoria, al contempo severa ed encomiastica.

Valéry formulò le sue tesi in due studi. Il primo, *Situation de Baudelaire*, apparve nel 1924 e confluì cinque anni più tardi in *Variété II*. È appunto con queste pagine che *Recueillement* diventa a pieno titolo un testo paradigmatico, una pietra di paragone sul piano della poetica, oltre che della critica: basti pensare che i suoi versi risultano gli unici citati da Valéry nel corso del saggio. Un saggio, occorre ammettere, piuttosto singolare, visto che, sulle quindici pagine dell'edizione Pléiade, due sono dedicate a Hugo, due al concetto di classicismo, quattro a Poe e quattro al successo delle *Fleurs du mal* all'estero (attribuito a una circostanza giudicata eccezionale, quale la coesistenza di «una intelligenza critica associata alla virtù della poesia»[1]), lasciandone alla vera e propria analisi dei testi a malapena tre.

Non parliamo poi della conclusione, che recita perfidamente: «La più grande gloria di Baudelaire [...] è forse quella d'aver generato alcuni grandissimi poeti»[2]. Inappuntabile la chiosa di William Marx: «Per Valéry, Baudelaire deve la sua gloria meno alla qualità delle proprie opere, che a quella dei suoi discepoli»[3]. È con Verlaine, Mallarmé e Rimbaud che termina infatti questo lavoro, tanto prodigo di analisi sull'Ottocento francese, europeo e americano, quanto avaro di specifiche considerazioni sullo scrittore esaminato. *In cauda venenum*, verrebbe da dire, e tuttavia c'è stato chi ha cercato di temperare una sentenza tanto drastica. Citando un altro saggio (*Questions de poésie*, edito nel 1935), Claude Pichois e Jean-Paul Avice hanno infatti ricordato che Valéry vi definì Verlaine, Mallarmé e Rimbaud come «i tre re magi della poetica moderna»[4]. Ebbene, hanno dedotto i due studiosi, se teniamo presente che il Messia chiamato a illuminare quei santi viaggiatori viene indicato in Baudelaire, come accusare l'autore del *Cimetière marin* (*Cimitero marino*) di non avergli riconosciuto un ruolo adeguato?[5]

Il ragionamento suona inappuntabile, ciononostante sembra alquanto capzioso cercare di salvare un intervento del 1924 (*Situation de Baudelaire*) alla luce di un altro, composto undici anni più tardi. Malgrado gli sforzi profusi per giustificare l'atteggiamento di Valéry verso Baudelaire, la durezza che egli manifestò nei suoi confronti re-

[1] P. Valéry, *Situation de Baudelaire*, in *Oeuvres*, édition établie et annotée par J. Hytier, «Bibliothèque de la Pléiade», vol. I, Paris, Gallimard, 1957, p. 599. Abbandonati i complimenti solitamente riservati all'autore di un best seller, il discorso si esaurisce sul modo in cui Baudelaire si distinse dal movimento romantico sostituendo, allo spontaneismo di autori come Lamartine o Musset (nutriti di facilità appassionata, inconsistenza stilistica, eccessi, sciocchezze e bizzarrie), una ben calcolata «azione riflessa» (ivi, p. 601). Cfr. al riguardo H. Decker, *Baudelaire and the Valerian Concept of Pure Poetry*, «Symposium», XIX, Summer 1965, n. 2, pp. 155-161.

[2] P. Valéry, *Situation* cit., p. 612.

[3] W. Marx, *Naissance de la critique moderne. La littérature selon Eliot et Valéry*, Arras, Artois Presses Université, 2002, p. 107. Anche Marx osserva che in *Situation de Baudelaire* si parla più di Hugo e Poe che di Baudelaire, rinviando a S. Nash, *Paul Valéry's «Album de vers anciens»: A Past Transfigured*, Princeton, Princeton University Press, 1983, pp. 51-63.

[4] P. Valéry, *Questions de poésie*, in *Oeuvres* cit., vol. I, p. 1281.

[5] C. Pichois, J.-P. Avice, *Dictionnaire Baudelaire*, Tusson, Du Lérot, 1994, p. 469.

sta un dato di fatto. Ma il bello deve ancora arrivare. A costo di apparire troppo meticolosi, proviamo a notomizzare la residua porzione dell'articolo, pari circa a tre pagine, ossia a un quinto del testo complessivo.

Subito prima del finale or ora riportato, Valéry esprime alcune considerazioni sull'amore di Baudelaire per la musica (Wagner) e la pittura (Delacroix, Manet, Guys), aggiungendo qualche generico apprezzamento per la nettezza di timbro, la purezza della linea melodica, la perfetta sonorità delle *Fleurs du mal*. Frasi di circostanza, che riducono ulteriormente il nucleo del suo discorso, limitandolo da tre pagine ad appena due, sulle quindici, ricordiamolo, complessive. Ebbene, di questo esiguo resto, quasi la metà è occupata da una digressione di ordine teorico. Fermiamoci ad analizzarla. Infatti, sebbene essa non rigaurdi direttamente Baudelaire, la sua portata è enorme, come dimostrerà l'ampio sviluppo approntato verso il 1939 in *Poésie et pensée abstraite*.

Valéry vi espone la propria concezione della poesia come formula magica, incantesimo (*charme*) e miracolo, basandosi sulla contrapposizione con la prosa: dato che il linguaggio contiene al proprio interno una mescolanza di risorse emotive altamente evocative e di proprietà pratiche direttamente significative, compito del poeta sarà quello di separare le prime dalle seconde. Per farlo, egli dovrà cancellare nei versi ogni traccia della comunicazione attinente alla vita ordinaria. Di contro, l'elemento distintivo della sua «parola straordinaria» andrà additato nella presenza di un ritmo e di un'armonia tali da garantire l'inscindibilità di suono e senso, i quali, pertanto, non potranno più separarsi, e si risponderanno «indefinitamente nella memoria»[6]. Arriviamo così al punto cruciale del saggio, vale a dire alla pagina in cui si dispiega infine una specifica analisi testuale. Ebbene, l'unico campione addotto al riguardo è costituito appunto da una citazione di *Recueillement*.

L'interpretazione di Valéry comincia da una domanda sul controverso rapporto tra Baudelaire e l'estetica parnassiana. A suo avviso, l'influenza di un Leconte de Lisle avrebbe forse potuto giovare all'autore, magari dissuadendolo dallo scrivere «alcuni versi molto trasandati»[7]. È il segnale che stavamo aspettando, e che dà il via alla

[6] P. Valéry, *Situation* cit., p. 611.
[7] Ivi, p. 610.

sentenza fatale: «Sui quattordici versi del sonetto *Recueillement*, che è una fra le più affascinanti [*charmantes*] composizioni dell'opera, mi stupirò sempre di contarne cinque o sei che sono di una debolezza incontestabile. Ma i primi e gli ultimi versi di questa poesia sono d'una tale magia, che la parte intermedia non fa sentire la sua inezia, e risulta agevolmente nulla e inesistente. Per questo genere di miracoli, serve davvero un grandissimo poeta»[8].

Ora comprendiamo la foga con cui Riffaterre si schierò a favore della seconda quartina: dietro gli appunti rivolti al sonetto, si nasconde questo paragrafo blasfemo. In effetti, malgrado le generose precisazioni, la sentenza si direbbe fortemente riduttiva. Così, almeno, la giudicò André Gide, che non esitò a bollare come «eccessivo, e anche, osiamolo dire, ingiusto»[9], il discorso dell'amico sui «versi spesso mediocri e a volte esecrabili di Baudelaire». Così dovette interpretarla Yves Bonnefoy, allorquando, nella sua celebre requisitoria contro l'autore del *Cimetière marin*, lo accusò di aver scritto su Baudelaire le pagine più ostinate[10].

D'altra parte, come non dissentire da un giudizio tanto drastico? Stando al criterio adottato da Valéry, la grandezza di Baudelaire sarebbe dipesa, oltre che dal talento nel trovare allievi di talento, dalla capacità di celare i propri errori: trattandosi di un «miracolo» (questo il termine usato nel saggio), forse ci si sarebbe potuto aspettare di meglio. Per spiegare tanto astio contro *Recueillement*, si è giustamente osservato come, dietro tali considerazioni, agisca un modello teorico radicalmente contrario alla pratica baudelairiana della variazione stilistica, rivolto cioè a escludere ogni forma di commistione dal concetto stesso di poesia[11]. Eppure resta il fatto singolare di una feroce stroncatura che fa tutt'uno con un apprezzamento senza riserve.

Intendiamoci: il tono di Valéry è sprezzante, condiscendente. A riprova di ciò, si veda un appunto stilato nei quaderni del 1938. Si direbbe una sorta di «a parte» teatrale, franco fino alla brutalità: «Bau-

[8] *Ibid.*
[9] A. Gide, *Anthologie de la poésie française*, Paris, Gallimard, 1949, pp. 41-42.
[10] Y. Bonnefoy, *L'improbable*, Paris, Mercure de France, 1959.
[11] J. Hytier, *Poétique de Valéry*, Paris, Colin, 1953, pp. 113 e 116. Sulle sostanziali affinità fra l'estetica di Baudelaire e quella di Valéry insiste invece A. Kies, *Baudelaire et Valéry*, «Les Lettres Romanes», 1er février 1956, pp. 51-63.

delaire – fra i più importanti. Non fortissimo. Mestiere. Spirito troppo debole per vincere il paradossalismo, la logica retorica che deborda dal romanticismo in Villiers e altri, gli effetti di chi vuole far colpo – – Ma ha un 'colore caldo' da non credere – una luce talvolta magnifica che indora e fa cantare un angolo banale. Non un gran che –, ma in un Sole tutto suo»[12]. Sulla medesima linea si colloca un testo del 1944, *Propos me concernant*, in cui Valéry sostiene di scorgere nelle *Fleurs du mal* «la mescolanza piuttosto sconcertante di una magia straordinaria, ribelle a ogni analisi, e parti detestabili, espressioni volgari e versi pessimi», aggiungendo poi: «Insisto su questa imperfezione che trovavo, in Baudelaire, mescolata a una piena potenza armonica, perché era come se questa impressione fosse fatta apposta per creare in me il bisogno, o piuttosto la *necessità*, di Mallarmé»[13].

Pur senza arrivare a toni così spicci, *Situation de Baudelaire* non va per il sottile. Tuttavia, nel giro di poche righe, elogi e riserve si alternano in maniera sistematica, attraverso un sapiente disegno retorico. Splendido sonetto? Peccato per alcuni versi trascurati. Assoluta magia della lirica? Sempre, però, con punti di incontestabile debolezza. Portenti degni di un grande poeta? Certo, ma intervallati da momenti nulli, inconsistenti, assimilabili a inezie. Ha detto bene Hartmut Köhler: Valéry, pronto ad assolvere Verlaine e Hugo, nei riguardi di Baudelaire svela «stupore, gelida fretta e cupo timore»[14]. Contraddittorio e ambivalente, egli sembra volersi difendere da una fascinazione cui non riesce a sottrarsi. «Ci deve essere dietro una sorta di *Rancore*»[15], conclude lo studioso tedesco.

In effetti, davanti a questo succedersi di valutazioni contrastanti (un'autentica doccia scozzese), si potrebbe pensare che, per una strana forma di mimetismo, il parere dello scrittore abbia assunto la stessa struttura del testo recensito, modellandosi cioè su quell'ossimoro in cui abbiamo visto risiedere una fra le principali caratteristiche del sonetto. Dovremmo allora scorgere in *Recueillement* un esempio di «brutta bellezza» o di «bella bruttezza»? Piuttosto che

[12] P. Valéry, *Cahiers*, édition établie, présentée et annotée par J. Robinson, «Bibliothèque de la Pléiade», vol. II, Paris, Gallimard, 1974, p. 1129.

[13] P. Valéry, *Propos me concernant*, in *Oeuvres* cit., vol. II, 1960, p. 1532.

[14] H. Köhler, *Valéry und Baudelaire*, in AA.VV., *Beiträge zur vergleichenden Literaturgeschichte*, Festschrift für Kurt Wais zum 65. Geburstag, a cura di J. Hösle, Tübingen, Max Niemeyer, 1972, p. 215.

[15] Ivi, p. 221.

arrampicarsi sugli specchi, occorrerà cercare di decifrare la logica che sottende *Situation de Baudelaire*.

La risposta risiede in quella pagina che, come si è detto, verrà ripresa nel 1939 in *Poésie et pensée abstraite*. Si tratta di un autentico manifesto, fondato sul concetto di incantesimo (*charme*). Soltanto sullo sfondo dell'estetica valeriana nel suo complesso, si può infatti valutare adeguatamente il senso di un pronunciamento altrimenti incomprensibile. Lungi dal voler indorare la pillola di un'opinione sostanzialmente negativa, l'*incipit* di *Recueillement* costituisce davvero, per Valéry, la chiave, lo *specimen*, il talismano della propria poetica. A differenza di quanto accade nello studio del 1924, quello del 1939 può infatti a buon diritto essere considerato come il massimo omaggio reso al magistero di Baudelaire. Tentiamo allora di esporne le linee direttrici.

II

Dopo aver paragonato la prosa alla marcia (quali attività tese al raggiungimento di uno scopo) e la poesia alla danza (in quanto esercizi privi di fini pratici), *Poésie et pensée abstraite* istituisce un'opposizione perfettamente simmetrica fra la polimorfia (e dunque la traducibilità) della prima e la polisemia (e quindi l'intraducibilità) della seconda. Come ha mostrato Gérard Genette, «il tratto distintivo della prosa consiste nel tollerare diverse forme per un solo senso; quello della poesia, nel proporre diversi sensi sotto una sola forma»[16]. Ciò porta Valéry a stabilire una diretta equivalenza fra i versi e gli incantesimi (*enchantements*): «Le formule magiche sono spesso prive di senso; ma non si pensava certo che la loro potenza dipendesse dal loro contenuto intellettuale»[17]. Ebbene, come esempio di queste creazioni verbali, l'autore si limita a offrire gli *incipit* di due poesie tratte dalle *Fleurs du mal*, ossia *Le balcon* e *Recueillement*, gli unici, si badi, in uno studio di venticinque pagine. Ciononostante, mentre il primo viene semplicemente menzionato, il secondo, al contrario, è fatto oggetto di un dettagliato, sia pur conciso, commento.

[16] G. Genette, *Mimologies. Voyage en Cratylie*, Paris, Seuil, 1976, pp. 290-291.
[17] P. Valéry, *Poésie et pensée abstraite*, in *Oeuvres* cit., vol. I, p. 1333.

Su molti di noi, viene detto, le parole poetiche agiscono senza trasmettere gran che. Tutto quel che ci insegnano è che non hanno nulla da insegnarci, o piuttosto che esse, attraverso gli stessi mezzi chiamati in genere a insegnarci qualcosa, esercitano una funzione completamente differente: operano come un accordo musicale. L'impressione prodotta, cioè, dipende in gran parte dalla risonanza, dal ritmo, dal numero delle sillabe, ma anche dal semplice accostamento dei significati. E qui Valéry si concentra sull'inizio del nostro sonetto, riportando l'espressione idiomatica «être sage» (fare il bravo, comportarsi bene) alla sua radice:

L'accordo delle idee vaghe di Saggezza e di Pena [*Douleur*], e la tenera solennità del tono, producono l'inestimabile valore di un incanto [*charme*]: *l'essere momentaneo* che ha fatto questo verso, non avrebbe potuto farlo, se si fosse trovato in uno stato in cui la forma e il contenuto si fossero proposti al suo spirito separatamente. Al contrario, egli era in una fase speciale del suo regime d'esistenza psichica, fase durante la quale il suono e il senso della parola prendono o mantengono un'eguale importanza – cosa che risulta esclusa tanto dalle abitudini del linguaggio pratico, quanto dai bisogni del linguaggio astratto. Lo stato in cui l'indivisibilità del suono e del senso, il desiderio, l'attesa, la possibilità della loro combinazione intima e indissolubile, sono richiesti e sollecitati o dati e talvolta ansiosamente attesi, è relativamente raro[18].

Come immaginare ossequio più alto nei confronti di una lirica? Riprendendo quella nozione di inscindibilità fra suono e senso già esposta in *Situation de Baudelaire*, Valéry torna a illustrarla ricorrendo al medesimo campione. Adesso, però, viene meno qualsiasi riserva o fraintendimento: l'*incipit* di *Recueillement* risulta eletto *tout court* a modello assoluto del fare poesia. Sembrerebbe una storia a lieto fine; viceversa, malgrado dichiarazioni tanto lusinghiere, a restare memorabili non furono i pieni apprezzamenti formulati nel secondo saggio (1939), bensì le parziali obiezioni avanzate nel primo (1924). Così, nonostante dichiarazioni tanto incontrovertibili, Valéry

[18] Ivi, p. 1334. Si vedano al riguardo le obiezioni di Paul Delbouille contro Valéry, accusato di aver trascurato il valore del senso, cedendo al «miraggio delle sonorità» (*Poésie et sonorités. La critique contemporaine devant le pouvoir suggestif des sons*, Paris, Les Belles Lettres, 1961, p. 136).

continuò a essere considerato un accanito, anzi, il più accanito detrattore delle *Fleurs du mal*.

Lo vediamo, ad esempio, in una violenta presa di posizione di Benjamin Fondane, autore per il quale il suo giudizio fu talmente intollerabile da costituire addirittura il punto di partenza di un libro su Baudelaire[19]. Commentando la distinzione operata da Valéry fra i versi più o meno riusciti del sonetto, il critico risponde: «Una scelta del genere indica nettamente quanto *poco* si intende conservare di un universo che sappiamo essere immenso»[20]. Al culmine della sua offensiva, più tardi fatta propria da Louis Aragon, troviamo infine queste parole sdegnate: «Sarebbe come dire di un vulcano che è 'grazioso' [*joli*]». Sdegnate, si è detto; ma quanto più lo sarebbero state, se solo Fondane avesse potuto conoscere un ulteriore giudizio di Valéry, affidato a un inedito di recente pubblicazione: «Ecco, ad esempio, questa cosa graziosa [*jolie*] 'Le soleil moribond s'endormit [*sic*] sous une arche', ciò non conduce a nulla, ma colui che, davanti a questo verso incantevole [*charmant*], non prova l'eccitazione di ripeterlo, può legittimamente disperare di capire mai nulla di poesia»[21].

Un giudizio del genere, avremo modo di osservare, ritornerà nelle parole di un personaggio beckettiano[22]. Ma soffermiamoci su Valéry. Ormai avvertiti circa le sue posizioni, dobbiamo cercare di leggere fra le righe, senza arrestarci alla prima impressione, fortemente critica, provocata dal passo. Infatti, anche in quest'ultima dichiarazione risuona il concetto espresso nel 1939 con *Poésie et pensée abstraite*: l'ammirazione per il sonetto è tale che l'autore arriva addirittura a escludere, dal novero dei lettori degni di questo nome, chiunque non sappia apprezzarlo. L'assunto appare insomma indiscutibile. Eppure, per afferrare il senso di simili lodi, bisogna evitare di cadere nel tranello teso, con qualche vezzo, dall'autore.

Senza negare le obiezioni espresse sulla discontinuità del materiale poetico baudelairiano, occorre cioè ribadire come il tono di sufficienza che trapela dal giudizio (una «cosa graziosa»), nasconda un

[19] Si veda al riguardo C. Pichois, J.-P. Avice, *Dictionnaire* cit., p. 468.

[20] B. Fondane, *Baudelaire et l'expérience du gouffre*, Paris, Editions Complexe, 1994, p. 113. Cfr. anche L. Aragon, *Jean Prévost, Baudelaire et nous*, «Lettres Françaises», 28 juillet - 3 août 1960, p. 6.

[21] P. Valéry, *Mallarmé ed io* [*M et moi. Choses Hautes*], a cura di E. Durante, Pisa, Ets, 1999, p. 86.

[22] Cfr. nota 53 del capitolo su Beckett.

apprezzamento senza riserve. Inoltre, a ben vedere, anche la successiva, apparentemente sprezzante, considerazione («ciò non conduce a nulla») serve soltanto a rimarcare la bellezza di un verso obbediente a quell'idea di *charme* su cui si basa l'intera estetica di Valéry. In base ai suoi principi, infatti, non è soltanto *Recueillement*, bensì il linguaggio poetico in se stesso che, mentre da un lato deve produrre formule incantatorie (come la magia), dall'altro non porta a nulla (come la danza rispetto alla marcia). Anzi, in un certo modo, è proprio perché non può portare a nulla, che la poesia si differenzia dalla prosa. A questo punto, ogni dubbio viene meno: non si potrebbe valutare più favorevolmente l'arte di Baudelaire.

III

Tutto ciò per dire quanto rilevante fu il ruolo giocato dal nostro sonetto nel pensiero di Valéry. Ma c'è ancora qualcosa da aggiungere. Oltre ai due ampi contributi sinora esaminati, la presenza della lirica ricorre in altre sue pagine. Anche senza soffermarsi sulle possibili influenze a livello di singoli testi poetici (per Hartmut Köhler, ad esempio, l'espressione «soave sudario» [*suave linceul*], nella *Ceinture*, non deriverebbe da Mallarmé, bensì da *Recueillement*[23]), interessanti accenni si ritrovano nella corrispondenza. È il caso di un'ironica allusione che campeggia nella lettera a Valéry Larbaud del 14 dicembre 1913. Riferito al protagonista del volume di versi pubblicato dall'amico, il passo recita: «È un angelo, questo Barnabooth, la cui Ricchezza appare infine affacciata a un balcone del cielo, in veste non antiquata»)[24].

Come si vede, qui lo scrittore parrebbe rievocare uno di quei versi di *Recueillement* che non aveva esitato a definire con il termine «inezia». Ma la testimonianza più significativa è certamente un'altra, legata a un articolo di Henri Chantavoine sulla poesia *Narcisse parle* uscito il 7 aprile 1891. Si trattava di una recensione sostanzialmente favorevole, eppure le reazioni di Valéry furono sorprendenti, così

[23] H. Köhler, *Paul Valéry, poésie et connaissance. L'Oeuvre lyrique à la lumière des «Cahiers»*, Paris, Klincksieck, 1985, pp. 96 e 304.

[24] «A un balcon du ciel, en robe pas surannée» («A un balcone del cielo, in veste non antiquata»; P. Valéry, *Lettres à quelques-uns*, Paris, Gallimard, 1952, p. 100).

irate, vivaci e sproporzionate che più tardi egli stesso non poté fare a meno di ammettere la bizzarria del proprio comportamento. Perché tale veemenza? Chantavoine definiva *Narcisse parle* come il frutto di una mescolanza tra il paganesimo di Ovidio e il misticismo di Verlaine. Ebbene, il 15 aprile, scrivendo a Gide, Valéry proclamò con foga di non aver mai letto una riga del poeta latino, aggiungendo: «Quanto a Verlaine, ho serenamente coscienza di non seguirlo... Dopo tutto, forse, anzi sicuramente! mi conosco poco!»[25].

Segnando il punto più critico del rapporto tra Valéry e l'autore di *Sagesse*, questa lettera consuma il distacco da una presenza avvertita come troppo gravosa ed estranea. Non per nulla, secondo Henri Mondor, Valéry avrebbe fissato la sua posizione ormai mallarmeana proprio con queste righe contro Verlaine, giungendo a precisazioni addirittura temerarie[26]. Ebbene, nello slancio dell'invettiva, costretto a dichiarare la propria identità letteraria, il giovane poeta sente il bisogno di scandire alcuni passi di *Recueillement*: «Ma quante chiacchiere! Silenzio», afferma, e quindi, andando a capo: «Oppure andremo a lenti passi lungo un fiume tranquillo, per dimenticare il rumore della città e le fughe mortali delle ore... / Ascolta, mia cara [*Entends ma chère*], / E Tu capivi: / Ascolta la dolce notte che cammina ['Entends la douce nuit qui marche']!...»[27].

Certo, rispetto ai due grandi saggi del 1924 e del 1939, questa citazione del 1891 suona assai meno significativa. Essa però conferma quanto profonda e radicata fosse la presenza del sonetto per il giovane Valéry, capace di ricorrere ad alcuni suoi versi anche nel vivo della più infuocata polemica, e pronto a riconoscere loro un'esemplarità che, malgrado tante obiezioni, in oltre mezzo secolo non giunse mai a revocare.

[25] A. Gide-P. Valéry, *Correspondance 1890-1942*, a cura di R. Mallet, Paris, Gallimard, 1955, p. 79. Il discorso viene ripreso il giorno seguente, in una lettera a Pierre Louÿs: «Ricollegarmi a Ovidio e Verlaine, io che non ho letto Ovidio e che non *preferisco* Verlaine [...], mi è parso decisamente singolare» (*Dix-neuf lettres de Paul Valéry à Pierre Louÿs*, Cahiers Paul Valéry, I, *Poétique et poésie*, Paris, 1975, p. 38). Per questo argomento mi permetto di rinviare a V. Magrelli, *Vedersi vedersi. Modelli e circuiti visivi nell'opera di Paul Valéry*, Torino, Einaudi, 2002, pp. 33-35.

[26] H. Mondor, *Trois discours pour Paul Valéry*, Paris, Gallimard, 1948, p. 105.

[27] A. Gide-P. Valéry, *Correspondance* cit., p. 80.

3
Ipotesi su Michaux (1930): dalla *Douleur* al *Malheur*

I

Lasciata alle spalle l'articolata riflessione di Valéry su *Recueillement*, è finalmente venuto il momento di affrontare un primo esempio di quel singolare fenomeno di assimilazione creativa cui il sonetto di Baudelaire ha dato vita a più riprese, ricomparendo all'interno di opere poetiche, narrative e teatrali. Come detto, si è scelto di seguire l'ordine cronologico per un criterio di semplice comodità espositiva, così da osservare la graduale penetrazione del testo nella letteratura di lingua francese (con l'eccezione inglese di Nabokov). Il primo reperto, però, solleva immediatamente un problema di metodo. In tutti gli esempi che analizzeremo, la presenza di *Recueillement* apparirà pienamente riscontrabile; le diverse ricerche, cioè, prenderanno le mosse sempre a partire da un dato di fatto preliminarmente attestato dalla critica. Con questo capitolo, al contrario, per la prima e unica volta dobbiamo entrare nel campo delle supposizioni, avanzando una congettura tutta da suffragare, ossia che la lirica baudelairiana abbia agito, in forma più o meno conscia, come una sorta di ipotesto latente rispetto a una composizione di Michaux.

Per ciò che riguarda la versione italiana, anche in questo caso il ricorso alla personificazione (segnalato dall'uso delle maiuscole) ha richiesto alcuni accorgimenti. Così come si è proposto «Pena» per *Douleur* (in modo da conservare il genere femminile), nel caso di Michaux il maschile *Malheur* è stato reso con il sostantivo «Tormento», invece che con i più aderenti «Sventura», «Disgrazia», «Sofferenza». Nel corso dell'analisi, però, la necessità di tradurre la diade *Malheur/Bonheur* avrebbe complicato ulteriormente le cose, vista l'impossibilità di sostituire in maniera accettabile (cioè con due maschili) le coppie «Felicità»/«Infelicità» o «Fortuna»/«Sfortuna» (irrimediabilmente femminili). Per tale ragione, si è preferito attenersi ai termini francesi.

Un'ultima chiosa riguarda l'osservazione secondo cui, nella prima strofa, il poeta fingerebbe di compiere «una piccola visita amichevole, familiare: si veda, per esempio, [...] l'uso dell'articolo nell'espressione *le malheur*, che può far pensare ad altre quali *il Jean-Pierre, la Marie*»[1]. Malgrado l'acutezza del rilievo, il tentativo di conservare l'articolo determinativo nei primi due versi («Il Tormento, mio grande aratore, / Il Tormento, siediti») si è rivelato impraticabile, dato che lo scrupolo di una assoluta adesione all'originale avrebbe precluso l'intellegibilità del testo. Da qui la decisione di lasciare il nome, con l'iniziale maiuscola, privo di qualsivoglia specificazione («Tormento, mio grande aratore, / Tormento, siediti»).

Repos dans le Malheur

Le Malheur, mon grand laboureur,
Le Malheur, assois-toi,
Repose-toi,
Reposons-nous un peu, toi et moi,
Repose,
Tu me trouves, tu m'éprouves, tu me le prouves.
Je suis ta ruine.

Mon grand théâtre, mon havre, mon âtre,
ma cave d'or,
Mon avenir, ma vraie mère, mon horizon.
Dans ta lumière, dans ton ampleur, dans mon horreur,
Je m'abandonne[2].

[1] M. Menemecioglu, *La recherche de l'expressivité dans la poésie d'Henri Michaux*, in AA.VV., *Le vers français au XXe siècle*, a cura di M. Prent, Paris, Klincksieck, 1967, p. 22.

[2] H. Michaux, *Oeuvres complètes*, édition établie par R. Bellour avec Y. Tran, «Bibliothèque de la Pléiade», vol. I, Paris, Gallimard, 1998, p. 596.

Riposo nel Tormento

Tormento, mio grande aratore,
Tormento, siediti,
Ripòsati,
Riposiamoci un po', tu ed io,
Riposa,
Tu mi trovi, tu mi provi, tu me lo provi.
Io sono la tua rovina.

Mio grande teatro, mio rifugio, mio focolare,
mia cava d'oro,
Mio avvenire, mia vera madre, mio orizzonte.
Nella tua luce, nella tua ampiezza, nel mio orrore,
Io mi abbandono.

II

Prima di esaminare la composizione alla luce di *Recueillement*, sarà bene segnalare quanto siano stati scarsi e comunque poco documentati i rapporti di Michaux con Baudelaire. Mai menzionato nella corrispondenza, il suo nome si trova appena due volte nelle prose. La prima apparizione risale alla conferenza *Avenir de la poésie*, uscita in traduzione spagnola nel 1936. Accomunato a Rimbaud e Lautréamont, l'autore delle *Fleurs du mal* viene definito un benefattore per aver offerto «un nuovo slancio vitale, una nuova coscienza»[3]. La seconda occorrenza risale invece a *Les poètes voyagent*, un testo del 1946 confluito quattro anni dopo in *Passages*, dove si legge: «Se fu Jules Verne a diffondere il viaggio nel popolo francese, a essere ricordata è stata piuttosto *L'invitation au voyage* di Baudelaire, insieme a qualche altra poesia perfetta di uomini che non avevano mai messo gli occhi fuori d'Europa»[4]. Il che, provenendo da un grande viaggiatore come Michaux, costituisce un cenno interessante.

Rispetto a questi materiali, ben più vistosa resta la traccia polemica presente nell'esergo di *Connaissance par les gouffres*, e rappre-

[3] Ivi, p. 969.
[4] Ivi, vol. II, Paris, Gallimard, 2001, p. 308.

sentata da tre frasi che suonano: «Le droghe ci annoiano, con i loro paradisi. / Che ci offrano piuttosto un po' di sapere. / Non siamo un secolo da paradisi»[5]. L'autore sa bene che la propria spedizione nell'universo degli stupefacenti susciterà inevitabilmente nei lettori l'accostamento con l'ingombrante antecedente dei *Paradis artificiels* baudelairiani. Da qui, non senza un moto d'irritazione, la necessità di sottolineare la distanza rispetto al suo predecessore. Lo prova il fatto che Michaux reagì con veemenza (Gabriel Bounoure lo definì addirittura offeso) a un articolo sul tabù delle droghe in cui Maurice Nadeau lo paragonava a Baudelaire e alla sua «igiene mentale»[6]. Con ciò, egli intendeva ripudiare il misticismo e lo spiritualismo tanto radicati nel cristianesimo delle *Fleurs du mal*: «Là dove Michaux dice prodigio e curiosità, Baudelaire pensa a un atto empio, a uno scandalo da cui è giusto che si scateni la disgrazia [*malheur*]»[7].

Questo per quanto riguarda i riferimenti diretti. Certo, resterebbero da segnalare alcuni paralleli più specifici, come quello proposto da Brigitte Ouvry-Vial, attenta a cogliere accenti baudelairiani nei versi di *Ma vie* (da *La nuit remue*)[8]. Ma si tratta di notazioni circoscritte. Meglio sarebbe forse rassegnarsi a una quasi completa mancanza di rapporti fra i due scrittori, salvo riconoscere la suggestione di qualche coincidenza biografica. Una, in particolare, sembra stringerli in un indissolubile nodo di vita e morte, nominazione e silenzio. Il 14 giugno 1901, tre settimane dopo la sua nascita, Michaux viene battezzato nella bella chiesa barocca di Saint-Loup a Namur. Ebbene, quel medesimo edificio aveva affascinato Baudelaire durante i suoi ultimi anni di vita, apparendogli come un terribile e delizioso catafalco. Fu proprio lì che, un giorno del 1866, il poeta

[5] Ivi, vol. III, 2004, p. 3.

[6] M. Nadeau, *Michaux et l'alibi scientifique*, «Les Lettres Nouvelles», octobre 1957, n. 53, pp. 505-512; cfr. anche M. Nadeau, *Grâces leur soir rendues*, Paris, A. Michel, 1990, p. 209.

[7] R. Temkine, *De Baudelaire à Michaux*, «Europe», n. 456-457, *Baudelaire*, avril-mai 1967, p. 238. Per il rapporto fra l'assunzione di droghe e l'insorgere di sintomi psicotici, si veda anche E. Trevi, *Letteratura come conoscenza*, in H. Michaux, *Conoscenza degli abissi*, Macerata, Quodlibet, 2006, pp. 16-17. Cfr. inoltre L. Jenny, *Voir le paradis?*, in AA.VV., *Passages et langages de Henri Michaux*, a cura di J.-C. Mathieu e M. Collot, Paris, Corti, 1987, p. 272.

[8] B. Ouvry-Vial, *Henri Michaux. Qui êtes-vous?*, Lyon, La Manufacture, 1989, p. 225.

scivolò su una lastra del pavimento, cadendo preda, da allora fino al suo decesso, dell'afasia[9].

Cosa aggiungere ancora? Che forse neanche la prosa *En Belgique*, apparsa in rivista nel 1930, sancisce più di tanto un possibile accordo con l'autore delle *Fleurs du mal*, feroce fustigatore di quella stessa nazione: «Razza dal naso luccicante! razza infetta che pende, che si trascina, che cola, ecco la razza in mezzo a cui è nato»[10]. La violenza del brano, tutto in terza persona, è inconfutabile, ma l'odio che promana da questa esecrazione non deve trarre in inganno. Infatti, la conclusione rappresenta pur sempre un apprezzamento dell'audacia senza eguali che Michaux attribuisce agli abitanti del suo paese natale: «L'andatura da fannulloni, il viso che galleggia, ma coraggioso come nessun altro. Ecco la razza in mezzo a cui è nato». Insomma, la *Pauvre Belgique* esecrata dal poeta francese finisce per sembrare ben lontana.

Con questo magro bottino si concludono le indagini. La cosa, tuttavia, non deve stupire, se è vero che, stando a Gaëtan Picon, risulta tipico di Michaux il rifiuto di inscriversi in una tradizione letteraria definita. Simili indizi provano che quello con Baudelaire restò nel limbo degli incontri generici, senza incidere sulla formazione dello scrittore come accadde, al contrario, con l'opera di Lautréamont, dalla quale Michaux si dichiarava, nonché influenzato, addirittura posseduto. Pur praticando per l'intera sua vita la «tecnica selvaggia delle letture a tutto campo»[11], l'autore belga, insomma, rimase immune dall'influenza delle *Fleurs du mal*. Preso atto di ciò, e rinunciando a contestare il dato di fatto di una sostanziale estraneità, cerchiamo di verificare la presenza di qualche possibile contatto fra *Recueillement* ed una sua composizione in versi.

III

Apparsa su rivista nel marzo 1930, *Repos dans le Malheur* (destinata a essere musicata da Henri Sauguet nel 1965) venne più tardi inseri-

[9] J.-P. Martin, *Henri Michaux*, Paris, Gallimard, 2003, p. 23. Cfr. anche G. Montesano, *Il ribelle in guanti rosa. Charles Baudelaire*, Milano, Mondadori, 2007, pp. 436-441.

[10] H. Michaux, *Oeuvres complètes*, vol. I, cit., p. 269.

[11] J.-P. Martin, *Henri Michaux* cit., p. 637.

ta in *Poèmes*, una sezione di *«Plume» précédé de «Lointain intérieur»*. Anche in questo caso, come si è già osservato nel capitolo su Baudelaire, non mette conto insistere sui risvolti autobiografici. Vale però la pena ricordare che lo stesso mese della prima pubblicazione vedrà la spaventosa morte di entrambi i genitori di Michaux[12]. Il dolore che anima l'intera composizione può suonare pertanto come il presentimento di un'imminente tragedia familiare.

Veniamo adesso al testo vero e proprio, per esporre l'ipotesi che cercheremo di dimostrare. A un primo sguardo, l'immagine del *Malheur* come «grand laboureur» («grande aratore») sembra ricollegarsi a quella dello *Squelette laboureur* («Scheletro aratore») descritto nell'omonima poesia di Baudelaire. Inoltre, come vedremo, c'è stato chi ha avvertito nei suoi versi la presenza di un'altra lirica proveniente dalle *Fleurs du mal*, vale a dire *L'héautontimorouménos* (dal greco «punitore di se stesso»). Ciò che più ci sta a cuore, tuttavia, è sottolineare come *Repos dans le Malheur* riveli alcuni tratti derivati da *Recueillement*. Di più: proveremo a dimostrare che la figura del *Douleur* cantata nel sonetto costituisce il suo prototipo segreto.

La prima cosa da osservare è ovviamente il comune ricorso alla personificazione, che domina, anche se in forma meno significativa, anche la composizione del poeta belga. Oltre al fondamentale ruolo delle iniziali maiuscole, in entrambe le poesie spicca poi la presenza dell'ossimoro. I versi di Michaux condividono cioè con il loro possibile modello il fatto di rivolgersi amichevolmente a un interlocutore connotato negativamente. Come lì la *Douleur*, anche qui il *Malheur* viene invocato in un clima di calda intesa; entrambi i sostantivi subiscono cioè un trattamento opposto a quello che il loro campo semantico lascerebbe immaginare. Non per niente, secondo Yves Janot, il testo del 1930 sarebbe basato, sin dal titolo, su una radicale antinomia tra *Repos* e *Malheur*, con il primo termine volto a denotare distensione e piacere, e il secondo diretto piuttosto a esprimere tensione e disappunto[13].

[12] Sui dettagli della doppia sciagura ha regnato a lungo una certa confusione. Ad ogni modo Jean-Pierre Martin ha spiegato che, mentre il padre dello scrittore finì suicida il 10 marzo 1930 gettandosi da una finestra, la madre morì di dolore il 29 dello stesso mese (ivi, p. 191).

[13] Y. Janot, *Travail de lecture: «Repos dans le malheur» d'Henri Michaux*, «Pratiques», n. 9, mars 1976, p. 74. Cfr. anche F. Neau, *La souffrance dans les plis d'Henri Michaux*, «Cahiers de psychologie clinique», n. 23, 2004/2, pp. 146-167.

In particolare, soffermandosi sui primi due versi, Georges Legros ha attirato l'attenzione intorno a una serie di sapienti contrasti riscontrabili fra la gravità dell'evocazione e la semplicità del tono: «*Assois-toi* ['Siediti']: la domanda è semplice e discreta; la si indovina anche un po' inquieta, per un rifiuto sempre possibile; ma l'espressione non esce mai dal suo riserbo: senza ordinare né supplicare, questo imperativo sembra un invito insieme familiare (*toi*) e umilissimo (la ripetizione paziente e persuasiva fino al verso 5 mostra chiaramente che l'autore non riconosce alcun diritto all'ingiunzione). L'autore sembra anzi non domandare nulla per sé: con grande delicatezza, egli presenta innanzitutto la sua preghiera in un modo indiretto, come se non si preoccupasse del proprio riposo, ma di quello del suo 'aratore'»[14].

Sulla traccia di tali rilievi, il raffronto con *Recueillement* presenta, quale prima risultanza, l'impiego di un'esortazione rivolta a una figura allegorica: come non mettere in rapporto l'«assois-toi» di Michaux al «tiens-toi plus tranquille» («sta' più tranquilla») o al «donne-moi la main» («dammi la mano») di Baudelaire (versi 1 e 8)? Per Legros, che torna a rimarcare l'uso della maiuscola, il *Malheur* corrisponde a un personaggio cui ci si rivolge con deferenza, benché senza enfasi lirica: «Grazie all'impiego del possessivo, la fine del primo verso introduce addirittura una nota di familiarità nei rapporti fra questo *Malheur* e l'autore, nota che viene a essere confermata dall'adozione del tu per tutto il seguito del testo»[15].

Con questo accenno tocchiamo un altro ganglio del componimento, illustrato, fra gli altri, da Janot. Partendo dalla dissimmetria fra la prima strofa (con ben otto verbi) e la seconda (con undici sostantivi e un solo verbo), la sua interpretazione mette in luce il complesso reticolo pronominale soggiacente: «Il testo dispiega la morfologia del discorso in un enunciato a due attanti: l'emittente *Je* ['Io'] parla al *Malheur*, *Tu*, che resta silenzioso. La struttura si sviluppa dall'opposizione tra i due paradigmi distinti: *Je - mon - moi - me - m' - ma / tu - toi - ton - ta* che si intersecano a livello del *nous* ['noi']»[16].

[14] G. Legros, *Un poème de Michaux: «Repos dans le Malheur»*, «Cahiers d'analyse textuelle», 8, 1966, p. 53. Legros ricorda inoltre che la richiesta indirizzata al *Malheur* occupa ben un terzo dell'intera poesia, ossia quattro versi su dodici.

[15] Ivi, p. 51.

[16] Y. Janot, *Travail de lecture* cit., p. 76.

Le analogie con *Recueillement* risultano evidenti anche in questo caso: sebbene in misura attenuata, è proprio l'azione dei possessivi nei versi 1, 8 e 14 del sonetto a provocare quel «tono moderato della confidenza»[17] di cui si è tanto parlato.

Seguiamo ancora questo tema in Michaux, attraverso le parole di Michel Collot. Il commento del critico è mirato a descrivere una complessa pratica di magia bianca: «Il poeta non parla *del Malheur*; piuttosto *si indirizza* a lui, con un tono affettuoso e familiare (*mon grand laboureur* ['mio grande aratore'], *assois-toi* ['siediti']), tono che stabilisce fra i due un'autentica intimità [...]. Tale dialogo istituisce una totale reciprocità tra gli interlocutori, che si scambiano i ruoli: invitando il *Malheur* a *s'asseoir* ['sedersi'], il poeta ottiene di poter rinviare le sue prove, ma permette altresì al suo allocutore di 'riposarsi' dal suo *labeur* ['lavoro'] – egli diventa il protettore del proprio aggressore, prima di 'abbandonarsi' a lui. Inversamente, egli distrugge ciò che lo disfa; questa situazione ambigua è ammirabilmente condensata nell'espressione 'je suis ta ruine' ['sono la tua rovina'] – formula a doppio senso che riassume l'operazione dell'esorcismo poetico: accogliendo nella sua parola le forze distruttrici del *Malheur*, il poeta lo fa scomparire, lo spinge ad autodistruggersi. Compitando e chiamando con tanta insistenza il *Malheur*, Michaux trova soccorso nello sconforto»[18].

Giunti qui, tuttavia, sarà necessario fermarci. Infatti, con questa lettura, ci ritroviamo piuttosto distanti dal quadro concettuale da cui siamo partiti. Trasfigurata in *Malheur*, adesso la *Douleur* non appare più come un'amica fedele, bensì come uno spietato rivale, un «aggressore» (in termini, si direbbe, alquanto simili a quelli prospettati da Gasarian nella sua discutibile lettura di *Recueillement*). Per afferrare il senso di questo cambiamento, può essere utile seguire l'interpretazione avanzata da Enrico Guaraldo. Anche egli associa *Repos dans le Malheur* a un testo di Baudelaire, ma la sua proposta non riguarda il

[17] R. Vivier, *L'originalité de Baudelaire*, Bruxelles, Académie Royale de langue et de littérature françaises, 1926, p. 35.

[18] M. Collot, *Poétique de la misère*, in AA.VV., *Passages et langages* cit., p. 54. Si vedano a tale proposito gli ultimi due versi della prima strofa di *Chaînes enchaînées*, da *La nuit remue*: «Ruine au visage aimable et reposé, / Ruine pour tout dire, ruine» («Rovina dal volto amabile e riposato, / Rovina, a dirla tutta, rovina», H. Michaux, *Oeuvres complètes*, vol. I, cit., p. 500).

nostro sonetto. Il parallelo, cioè, viene stabilito con un'altra celebre lirica delle *Fleurs du mal* cui abbiamo già accennato, *L'héautontimorouménos*. Così facendo, i versi di Michaux assumono una tonalità ben diversa da quella sinora descritta, caricandosi di toni assai più violenti. Ascoltiamo il risultato di questa trasformazione nelle parole con cui Guaraldo illustra, in modo non troppo diverso da Collot, *Repos dans le Malheur*: «Incatenati al presente senza più trovare energie per tentare di liberarsi, si cerca in qualche modo d'ingraziarsi il nemico scoprendo una vecchia solidarietà che ormai a lui ci lega, lo strano indicibile patto che spesso unisce la vittima al carnefice»[19].

La differenza, adesso, appare chiara. Non si tratta più di accudire una creatura ferita, secondo quanto accade in *Recueillement*, bensì di blandire un minaccioso antagonista, come si dice nell'*Héautontimorouménos*; ora lo sforzo non consiste nel neutralizzare la propria sofferenza, ma nell'ammansire una potenza ostile. Da qui una sensazione di inattesa, sconcertante, morbosa intimità con chi ci fa soffrire. Secondo una visione del genere, i versi di Michaux descriverebbero un soggetto intento a prendersi cura del proprio avversario. Ingraziarsi il nemico, solidarizzare con il carnefice, proteggere l'aggressore, trovare aiuto nel Tormento: come in certe paradossali figure geometriche dove interno ed esterno arrivano a coincidere (si pensi all'anello di Möbius), Bene e Male finiscono per fondersi. Insomma, con la sua morbosa familiarità fra vittima e carnefice, fra la voce in prima persona e il suo *Malheur*, lo scrittore di Namur prospetterebbe una configurazione emotiva assai più aspra di quella che caratterizza *Recueillement*.

In conclusione, accostando *Repos dans le Malheur* all'universo torturato e autolesionistico dell'*Héautontimorouménos*, piuttosto che a quello tristemente pacificato del nostro sonetto, otteniamo una nuova scena psichica, nella quale, per dirla con Janot, il soggetto può trovare il suo fondamento solo «allo stesso livello di ciò che minaccia la sua integrità»[20]. Sotto certi aspetti, sembra addirittura legitti-

[19] E. Guaraldo, *Dal surrealismo verso la fisica o la metafisica*, in AA.VV., *La letteratura francese. Il Novecento*, t. V, Milano, Edizioni Accademia, 1987, p. 215. Non per niente, come è stato scritto, «il riposo dell'uno è la condizione del riposo dell'altro» (G. Legros, *Un poème de Michaux* cit., p. 53).

[20] Y. Janot, *Travail de lecture* cit., p. 78. E ancora, cercando di districare il complicato nodo di un simile rapporto: «L'*Io* fonda il suo essere attivo a partire dal fatto che il Tu lo fonda proprio in base al non-essere dell'*Io*» (ivi, p. 77).

mo affermare che il quadro clinico così delineato rinvii alla cosiddetta sindrome di Stoccolma, la condizione in cui una persona sequestrata manifesta sentimenti positivi nei confronti del suo aguzzino, giungendo sino a instaurare un legame affettivo.

Un'analisi del genere, indubbiamente, ci porterebbe lontano dal nostro scopo, facendo venir meno quell'affinità con *Recueillement* che è invece nostra intenzione ribadire. Torniamo quindi all'impostazione di partenza, ma con un altro obiettivo. Prima di proseguire, proveremo a tracciare un breve itinerario nell'opera di Michaux, per cercare di stabilire in che maniera, sotto il profilo lessicale e tematico, la lirica esaminata si connetta al resto della sua produzione.

IV

Basterà limitarsi a pochi cenni, magari partendo da un'annotazione di Jean-Michel Maulpoix, secondo cui «Michaux non ha mai bisogno di cercare a lungo per inventarsi nuovi ostacoli. La sua angoscia li suscita [...]. Talvolta questa angoscia si chiama *malheur*»[21]. A questo punto, non resta che saggiare una simile ipotesi. È noto come la nozione di *malheur* sia centrale nella poetica baudelairiana. Basti citare la celeberrima *Fusée* in cui l'intera estetica del poeta viene fondata a partire da quel termine: «Non concepisco [...] un tipo di Bellezza dove non ci sia del *Malheur*»[22]. Più sorprendente sarà verificare quanto lo stesso concetto sia presente anche nell'opera di Michaux.

Una rapida ricerca, impostata a partire dalle sue occorrenze e dai suoi derivati, rivela otto richiami principali. I primi quattro si trovano in *Mes propriétés*, testo edito nel 1929, dunque un anno prima di *Repos dans le Malheur*. Al suo interno incontriamo innanzitutto *Encore un malheureux*[23], una breve prosa sull'acqua, i ponti e il suicidio per annegamento. A parte il titolo, però, nulla ci riconduce al nostro scopo. Diverso il caso di *En vérité*, una poesia tripartita che vede susseguirsi alcune frasi riportate tra virgolette. La composizione

[21] J.-M. Maulpoix, *Henri Michaux. Passager clandestin*, Seyssel, Champ Vallon, 1984, p. 46. Analogamente, Anne Le Bouteiller ha indicato alcune pratiche attraverso cui Michaux «si vuota del dolore [*chagrin*] che lo consuma» (A. Le Bouteiller, *Michaux: les voix de l'être exilé*, Paris, L'Harmattan, 1997, p. 96).

[22] C. Baudelaire, *Oeuvres complètes* cit., vol. I, p. 658.

[23] H. Michaux, *Oeuvres complètes*, vol. I, cit., p. 486.

ruota appunto sul potente effetto testimoniale prodotto dal ricorso al discorso diretto. Ebbene, proprio l'ultima di tali affermazioni, in forma insieme enigmatica e asseverativa, recita: «Il *malheur* è del tutto naturale»[24].

Ancora più interessante quanto accade in *Chaque jour plus exsangue*. Nelle sue due terzine, infatti, si dispiega una situazione opposta rispetto a quella esposta in *Repos dans le Malheur*. La stessa figura che nell'altra poesia risultava muta qui prende finalmente la parola, enunciando una tremenda sentenza: «Il *Malheur* fischiò ai suoi piccoli e mi additò. / 'È lui, disse loro, non mollatelo più'. / E loro non mi mollarono più. // Il *Malheur* fischiò ai suoi piccoli e mi additò. // 'È lui, disse loro, non mollatelo più'. / Non mi hanno più mollato»[25]. Ora il *Malheur* appare nei panni del mandante di una persecuzione affidata a un misterioso gruppo di agenti inferiori – non sappiamo se spiriti o scherani, sgherri, servi o fanciulli, in ogni caso prossimi al «popolo dei segni» tanto a lungo inseguito e ritratto dal Michaux artista. E qui, per inciso, anche senza soffermarsi sul complesso rapporto tra la sua pittura e la sua scrittura, bisogna ricordare che, nelle pagine di *En pensant au phénomène de la peinture* (da *Passages*), egli confessò di usare l'acquerello «per gridare, gridare tormento [*malheur*], gridare sgomento [*détresse*], gridare delirio, gridare tutto quel che grida in quel momento e che vuole gettarsi di fuori»[26].

Chaque jour plus exsangue verte perciò su un terribile comando: «È lui [...] non mollatelo più». Sarà appunto la sua ripetizione a innescare nella replica dell'interlocutore un decisivo salto del tempo verbale. Tra la prima e la seconda strofa, *lâcher* («mollare») slitta difatti dal passato remoto («mollarono») al passato prossimo («hanno [...] mollato»). Ebbene, proprio in tale scarto risiede il fulcro del testo, che sancisce la definitiva capitolazione del soggetto alle potenze maligne.

Altrettanto problematico e denso di implicazioni appare *L'avenir*, scritto con cui si chiude *Mes propriétés*. Quasi mimando una forma

[24] Ivi, p. 502.

[25] Ivi, p. 503. A un testo del genere potremmo avvicinare *Le livre des réclamations*, un'opera del 1934, collocata l'anno successivo in *La nuit remue*. Anche in questo caso, il nemico prende direttamente la parola, e la fa risuonare nell'annuncio del suo sventurato programma: «I disastri [*désastres*] si chiamano l'un l'altro. / E si cercano fra loro. / 'Qui c'è da fare del male'. / Allora cominciano a venire» (ivi, p. 461).

[26] Ivi, vol. II, p. 329.

di martellante balbuzie o salmodia, i suoi primi otto versi riproducono la medesima sillaba: «Quando le mah, / Quando le mah, / Le maremme, / le maledizioni, / Quando le mahahahahe, / Le mahahaborre, / Quando le mahahalattiehehe, / Les matratrimatratrihahe»[27]. A questa esposizione del motivo, seguono ventinove versi in cui la forma elencatoria si sviluppa più liberamente, finché, al culmine della litania, irrompe questa nuda, distinta apostrofe, che trasforma la cantilena in grido: «Oh! *Malheur*! *Malheur*!»[28].

Ma i punti di raccordo tra *L'avenir* e *Repos dans le Malheur* non terminano qui: poco prima che la sillaba seminale «mah» si dischiuda nell'appello esorcistico appena riportato (cui farà eco l'*explicit*: «Oh! Spazio, Spazio!»[29]), assistiamo alla comparsa del primo fra i due unici verbi principali della composizione, entrambi declinati al futuro. L'andamento anaforico riprende, ma con una sostanziale novità: l'intervento di un doppio aggettivo sostantivato, in maiuscolo e corsivo: «Quando infine, scoprendosi nel sonno, lo *Spaventoso-Implacabile* / Farà sedere le sue mille natiche infette su questo Mondo»[30]. Come si vede, la scena ricorda quella del nostro testo di partenza, sebbene il senso ne diverga recisamente. Al movimento di invito che lì esortava la personificazione a sedersi (*assois-toi*), subentra un andamento insieme intimidatorio e profetico, volto a indicare, nell'atto di questo riposo (*assoira*, cioè «farà sedere»), l'avverarsi di una predizione tanto più minacciosa in quanto ostinatamente taciuta per tutto il dipanarsi della lirica.

Fin qui i riferimenti a *Mes propriétés*. Veniamo adesso alle ultime quattro voci del nostro rapido spoglio. Le prime due si trovano nel capitolo *Plume au plafond* di *Un certain plume*. Da un lato abbiamo una semplice esclamazione («*Malheur*! *Malheur* sempre attaccato allo stesso»[31]), dall'altro una dichiarazione sconsolata: «Non c'è scelta nel *malheur*, vi offrono quello che resta»[32]. La terza, di taglio afo-

[27] Ivi, vol. I, p. 509. Si è scelto di rendere *marécages* con «maremme», invece che con «paludi», per conservare l'allitterazione in «ma» su cui si fonda il testo di Michaux.

[28] *Ibid*. Viene spontaneo citare, per contrasto, quella invocazione alla rovescia che sale dal già citato *Livre des réclamations*: «Bonheur! Bonheur!» (ivi, p. 461).

[29] Ivi, p. 510.

[30] *Ibid*.

[31] Ivi, p. 640.

[32] Ivi, p. 641.

ristico, proviene invece da *La ralentie* (testo datato 1937 e poi inserito, come *Repos dans le Malheur*, in *«Plume» précédé de «Lointain intérieur»*). Verso la chiusa, ci imbattiamo in questa straziante confessione: «Quando il *malheur* tira il suo filo, come scuce, come scuce!»[33]. Davanti alla sua disarmata bellezza, può forse essere utile una precisazione sul verbo «scucire» (*découdre*). Occorre infatti sottolineare come, per il suo tramite, si esprima un atteggiamento tipico dello scrittore, riconducibile a un vero e proprio *topos* della decomposizione. Fra i tanti esempi possibili, basti riportarne uno tratto da *Première impression*. In questo scritto sulla musica (redatto intorno al 1949 e poi inserito in *Passages*) troviamo alcuni versi che hanno la perentorietà di un'*ars poetica*: «Qui molto poco compone. / Tutto al contrario, / mi ci decompone, / in pace, in fluido, mi ci decompone»[34]. A questi materiali si indirizza la notazione di Collot secondo cui, per Michaux, l'esperienza della miseria corrisponderebbe «alla prova di una disgiunzione [...] insieme fisica e psichica»[35]. Slegare, smembrare, scucire si mostrano quindi come altrettante forme di un universo che vede la propria unità perennemente minata, in una specie di «lenta disimpalcatura» (*déséchafaudage*[36]).

Da questo punto di vista, *La ralentie* ricorda una prosa di *Plume* datata 1938 e intitolata *Prêcher*. Aperta da un'invocazione («... *Malheur*!»[37]) e chiusa da un gesto del protagonista volto a «cacciare il *malheur*», la pagina presenta un'enigmatica affermazione, che suona: «Il filo del *malheur* semplicemente». Rispetto a *La ralentie*, Michaux propone qui uno schema inverso, in base a quella logica della noncontraddizione che tanto a fondo permea il suo lavoro: mentre in quell'opera il *malheur* si manifesta disfacendo l'ordito di un tessuto («Quando il *malheur* tira il suo filo, come scuce, come scuce!»), qui il suo operato sembra piuttosto formare l'imbastitura stessa, il «filo» dell'esistenza. D'altronde, sempre a questo proposito, Legros ha affermato: «Il *Malheur* è la trama stessa di tutta la sua vita, fa le veci di tutto, passato e futuro, calore, riposo, sicurezza, ricchezza»[38].

[33] Ivi, p. 578.
[34] Ivi, vol. II, p. 337.
[35] M. Collot, *Poétique* cit., p. 46. Cfr. al riguardo anche F. Neau, *La souffrance* cit.
[36] H. Michaux, *Oeuvres complètes*, vol. I, cit., p. 599.
[37] Ivi, p. 566.
[38] G. Legros, *Un poème* cit., p. 56.

Arriviamo così all'ottava e ultima occorrenza di *malheur*, presente in un testo intitolato *Oeil* (da *Apparitions*, del 1946). In questa allocuzione rivolta alla figura dell'Occhio (termine ripetuto ben cinque volte in dieci versi), ci viene incontro un distico che recita: «Quanto può improvvisamente ovattare un mondo, il *malheur*, / e allo stesso tempo estenderlo»[39]. Sintatticamente irrelata e sospesa, come le altre tre che la precedono in sequenza anaforica, la frase descrive una duplice azione del soggetto. I due verbi scelti («ovattare» ed «estendere») differiscono profondamente; mentre il primo rinvia alla sfera acustica (facendo magari pensare alla «grande banchisa d'ovatta» di *Sur le chemin de la mort*[40]), il secondo descrive piuttosto una sorta di topologia della sciagura, evocando l'intervento di una forza capace di dilatare l'universo di colui che la subisce.

La constatazione non può certo sorprendere, visto che tutti i reperti sin qui radunati concordano nell'affermare l'insopprimibile energia metamorfica del *malheur*. Per appurarlo, è sufficiente rivolgersi ad altre composizioni dedicate al suo contrario e omologo, ossia il *bonheur*. Non che quest'ultimo termine venga sempre designato in forma esautorata, debole, inconsistente. In una breve, omonima prosa che appare in *Mes propriétés*, il brivido della felicità si fa anzi talmente grande e forte da diventare «una sofferenza atroce, un assassinio»[41]. Ciononostante, al momento del confronto, la differenza fra *bonheur* e *malheur* appare inequivocabile, tanto da suggerire il dubbio che quel rovesciamento della gioia in omicidio sia solo l'inevitabile effetto del suo anomalo accrescimento: come se ogni eccesso di potenza positiva dovesse necessariamente tradursi in una manifestazione distruttiva.

Che non si tratti di una semplice illazione, lo dimostra del resto un documento in cui il raffronto fra le due polarità viene tracciato, per una volta, in maniera esplicita. Stiamo parlando di *Bonheur bête*, da *La nuit remue*, laddove, descrivendo il sentimento di felicità che dà il titolo al testo, l'autore afferma: «Non si può confrontare con il mio *malheur*»[42]. Ed ecco la conclusione: «[Il *bonheur*] è solo una piccola cosa. Il mio *malheur* era molto più rilevante, aveva pro-

[39] H. Michaux, *Oeuvres complètes*, vol. II, cit., pp. 186-187.
[40] Ivi, vol. I, p. 597.
[41] Ivi, p. 475.
[42] Ivi, p. 441.

prietà, ricordi, escrescenze, zavorra. // Ero io. // Ma questo *bonheur*! Probabilmente, oh sì, con l'andare del tempo si farà una sua personalità, ma di tempo, non ne avrà. Il *malheur* ritornerà. Il suo grande assale non può essere troppo lontano. Si avvicina»[43].

Siamo alla fine della nostra carrellata. Partiti da un semplice scrutinio del lessico, ci ritroviamo a constatare come, nella coppia di sostantivi sin qui esaminata, l'incomparabilità di un termine rispetto all'altro sancisca, in modo irrevocabile, la tragica asimmetria dell'universo di Michaux, un universo dal carattere gnostico, nel quale, eccoci al punto, il suo *Malheur* riceve la stessa, dolce, calda accoglienza riservata alla *Douleur* baudelairiana.

V

Dai dati raccolti traspare la presenza di una figura nefasta e possente. Eppure, nonostante il suo vigore, anche questo titano, abbiamo visto, tradisce un disperato bisogno di riposo. È appunto a questo suo lato più umano, che si rivolge *Repos dans le Malheur*, testo in cui viene descritto un atteggiamento che forse, è la nostra ipotesi, potrebbe avere un precedente in *Recueillement*. Rispetto al sonetto, però, resta ancora un problema rilevante, che è adesso venuto il momento di affrontare: quello legato al diverso genere grammaticale dei rispettivi soggetti.

Si è già visto come, in entrambe le composizioni, gli interlocutori (la *Douleur* e il *Malheur*), pur partecipando di una sfera semantica segnata dal predominio di campi lessicali negativi, condividano con l'io narrante un inatteso rapporto di partecipe familiarità. Ciò detto, resta il fatto che, mentre in Baudelaire la relazione si instaura con una figura femminile, in Michaux abbiamo invece una controparte maschile. Lo spiega bene Legros, secondo il quale, in questo secondo caso, «sembrerebbe quasi di ascoltare un vecchio, ansioso della foga del figlio minore, troppo poco sensibile alla voce della ragione»[44]. Come risolvere tale vistosa discrepanza fra le due poesie?

Una possibile risposta potrebbe venire dall'inizio della seconda strofa, laddove, procedendo per apposizioni attributive, il *Malheur*

[43] Ivi, p. 442.
[44] Ivi, p. 53.

riceve una serie di sorprendenti definizioni. «Mon grand théâtre, mon havre, mon âtre, / ma cave d'or», («Mio grande teatro, mio porto, mio focolare, / mia cantina d'oro»), scrive Michaux, aggiungendo: «Mon avenir, ma vraie mère, mon horizon» («Mio avvenire, mia vera madre, mio orizzonte»). È appena il caso di ripetere, con Legros, come i versi di questa strana litania esprimano la totale assenza di quella disperazione che pure sarebbe lecito aspettarsi da un referente tanto tremendo. Concentriamoci piuttosto sull'aspetto terminologico, per rilevare che, su sette sostantivi, solo due sono femminili. L'inferiorità numerica, tuttavia, non deve trarre in inganno, data la rilevanza della coppia di immagini rappresentata dalla *cave d'or* e soprattutto dall'inattesa «metamorfosi del *Malheur* in Madre», o meglio, in «vera» madre[45]. A rinforzare una simile impressione di «femminilizzazione» partecipa anche il penultimo verso, caratterizzato dalla comparsa, in funzione sinonimica, dei tre sostantivi femminili *lumière*, *ampleur* e *horreur*[46] (il primo in rima con *mère*, gli altri due con *malheur*).

Proviamo allora a riprendere le fila del discorso, riepilogando i punti di contatto fra *Recueillement* e *Repos dans le Malheur*. Dopo aver osservato il comune ricorso alla pratica della personificazione (sancito dall'uso delle maiuscole), ci siamo soffermati sul ricorso all'ossimoro. In entrambe le composizioni, pur rivolgendosi a un interlocutore minaccioso, la voce «poetante» gli indirizza infatti affettuosi toni di invito. Ratificato dall'impiego di numerosi pronomi possessivi, un simile, inatteso sodalizio costituisce il cuore della nostra congettura. Nell'inversione di segno in cui si inscrive la loro straniante dimestichezza, i protagonisti di entrambi i testi configurano cioè un rapporto di coppia che infrange l'orizzonte d'attesa del lettore, stabilendo una relazione di amicizia con sentimenti o stati di sofferenza.

Siamo così all'ultima mossa analizzata. Definendo il *Malheur* come la sua «vera» madre, il locutore di *Repos dans le Malheur* si approssima sensibilmente al sonetto che riteniamo possa avere costi-

[45] M. Collot, *Poétique* cit., p. 55. Precisa Collot: «Questo è solo l'esempio più spettacolare di un procedimento [...] che consiste nel dotare di significati opposti delle sonorità identiche o vicine» (*ibid.*).

[46] Una prima versione riportava invece *tumeur* [«tumore»] per *lumière* [«luce»], e *horreur* [«orrore»] per *terreur* [«terrore»] (H. Michaux, *Oeuvres complètes* cit., vol. I, p. 1276).

tuito, in forma consapevole o meno, il lontano sottotesto di quei versi. Tale scambio fa sì che l'allegoria portante, inizialmente maschile, giunga ad acquisire gli stessi tratti femminili della *Douleur* cantata nelle *Fleurs du mal*. Proprio attraverso la riformulazione del genere grammaticale, l'interlocutrice che presenzia a *Recueillement* può diventare prossima alla «madre» evocata dallo scrittore belga, in una vicinanza che congiunge sollievo e pena. Ecco perché quel Baudelaire che, per Huysmans, seppe cogliere i sintomi delle anime «requisite dal dolore [*douleur*]»[47] fino a indicare nella stessa *Douleur* la sua confidente segreta, ci può apparire quale il segreto intercessore della poesia in cui Michaux volle ritrarsi intento a conversare col *Malheur* come con un compagno, come con una madre, con i quali dividere il frutto del riposo.

[47] J.-K. Huysmans, *A rebours*, in *Oeuvres complètes*, vol. VII, Paris, Crès, 1929, p. 216.

4
L'omaggio di Céline (1932): Parigi

I

Dopo le pagine critiche che Valéry dedicò a *Recueillement*, dopo la poesia che forse Michaux scrisse sulla sua falsariga, è ora la volta di un'opera capitale del Novecento, ossia *Voyage au bout de la nuit* di Louis-Ferdinand Céline. Uscito due anni dopo *Repos dans le Malheur*, il romanzo consente di osservare distintamente quel fenomeno di assimilazione creativa che sta alla base del nostro percorso intertestuale, e che adesso è venuto il momento di seguire da vicino. In questo caso, la citazione baudelairiana risulta attestata e circoscritta, ma non sembra che ne siano state colte fino in fondo tutte le risonanze. Prima di esaminarla nel dettaglio, sarà comunque opportuno cedere la parola a Henri Godard, che ci farà da guida nell'affrontare l'inizio di questo capitolo.

Se i primi due romanzi di Céline (*Voyage au bout de la nuit* e *Mort à crédit*) tradiscono la presenza di numerose letture, a caratterizzarli è il particolare rapporto che essi istituiscono con gli autori evocati, un rapporto centrato soprattutto su un atteggiamento antagonista nei loro riguardi: «Ciò che distingue Céline, è il fatto che in genere, più che a imitarli, provi a contrapporre loro, sullo stesso argomento, un'altra visione e un altro linguaggio. Anche di coloro che hanno evidentemente avuto per lui un ruolo di incitatori, si ricorda soltanto per condurre a termine dei progetti che, a suo parere, essi avrebbero lasciato a uno stato virtuale. Così come non penserebbe minimamente a riprendere i dati della propria esperienza senza prima trasporli, egli non utilizza mai i dati della propria cultura tali e quali. Quanto a quelli su cui si basa, è sempre per contestarli, o per rifarli radicalizzandoli»[1].

Proviamo innanzitutto a chiarire cosa governa questa logica della citazione. Secondo Godard, Céline appare sospinto da una vera e propria volontà di riscrittura nei riguardi di alcuni testi, appunto perché essi risultano ai suoi occhi problematici, e questo «sia per aver aperto nuove vie senza però seguirle fino in fondo (e allora si tratterà di riprendere gli stessi percorsi evitando di farsi fermare dalla timidezza o dal peso delle abitudini), sia per aver parlato di cose che lo toccano, sì, ma con una scrittura che gli sembrava in contraddizione con la loro testimonianza o con le realtà da descrivere»[2].

Come dimostrano tante dichiarazioni e interviste, alla base del controverso rapporto fra Céline e la tradizione sta dunque un profondo disprezzo per le Belle Lettere, e in genere per tutto quanto si mostri scolastico o libresco. Eppure, *Voyage au bout de la nuit* pullula di riferimenti culturali, come quelli a Rabelais, Lamartine, Chateaubriand. Per Stephen Day, la spiegazione dipende dalla formazione del protagonista, Bardamu: «Incapace di assimilare la guerra per il tramite della sua povera immaginazione, e nutrito di brani scelti, a cosa potrebbe moralmente e intellettualmente aggrapparsi, durante la prova, se non a questi modelli?»[3]. Il ricorso a tali materiali, però, avviene tutto nel segno del rifiuto e della negazione, del sarcasmo e della parodia. Così, nel vivo della tragedia, egli si troverà costretto a constatare «la desuetudine di un discorso che non può più servire a leggere il mondo attuale»[4]. La deformazione ironica del patrimonio culturale ufficiale (quello rappresentato appunto dai «brani scelti») riflette quindi il crollo di un sistema di valori ormai incapace di arginare l'orrore del reale.

Uno tra i casi estremi di contestazione e insieme manipolazione (avremo modo di considerarlo fra breve) sarà rappresentato, nel *Voyage*, dalla riscrittura di una lettera che Montaigne indirizzò alla

[1] H. Godard, *Notice, notes et variantes*, in L.-F. Céline, *Romans*, édition présentée, établie et annotée par H. Godard, «Bibliothèque de la Pléiade», vol. I, Paris, Gallimard, 1981, p. 1217.

[2] Ivi, p. 1245.

[3] S. Day, *Imagination et parodie dans «Voyage au bout de la nuit»*, «Australian Journal of French Studies», XIII, 1-2, 1976, p. 59.

[4] Ivi, p. 62.

propria moglie. Ma procediamo con ordine, e proviamo innanzitutto a individuare i principali modelli letterari di questo romanzo. Fra i riferimenti più evidenti, oltre a quelli già menzionati, spiccano i nomi di Shakespeare, Dostoevskij e Conrad (quest'ultimo confermato anche da un lettore quale Claude Lévi-Strauss). Venendo ai contemporanei francesi, gli autori più importanti sembrano essere invece Henri Barbusse, Eugène Dabit, Paul Morand e Charles-Ferdinand Ramuz, seguiti da Léon Daudet, André Gide, Georges Duhamel, Pierre Mac Orlan e Francis Carco. Un discorso a parte meriterebbero Jules Vallès e Marcel Proust.

Per quanto riguarda il primo, va sottolineato che Céline ne condivise per intero la feroce critica contro l'insegnamento della cultura classica, dato che per lui, come per l'autore dell'*Enfant*, questa forma d'educazione rappresentò «il monopolio del sapere gestito da una classe privilegiata»[5]. Assai più rilevante, tuttavia, appare il caso di Proust, l'unico contemporaneo esplicitamente menzionato nel *Voyage*. Si tratta di una scelta certo polemica, ma anche altamente rilevante, se solo si pensa che la sua opera viene accostata a quella di Plutarco, Montaigne, La Bruyère e Rousseau.

Un passo in particolare ha attirato l'interesse della critica: «Proust, lui stesso mezzo fantasma [*mi-revenant*], si è perso [*perdu*] con una straordinaria tenacia nell'infinita, inconsistente futilità dei riti e delle pratiche che si intrecciano attorno alla gente di mondo, gente del vuoto, fantasmi [*fantômes*] di desideri, indecisi frequentatori di orge sempre in attesa del loro Watteau, dediti a una svogliata ricerca di improbabili Citere. Ma Madame Herote, d'origine popolare e sostanziale, si teneva saldamente afferrata alla terra, grazie a rudi appetiti, stupidi e precisi»[6].

Commentando questo fitto intreccio di rimandi, Serge Gavronsky ha esaminato la provocatoria contrapposizione fra le figure dello scrittore e della prostituta (quella Madame Herote in cui peraltro è stata colta un'allusione alla proustiana Madame Verdurin[7]). Intor-

[5] S. Day, *Céline et Vallès, la recherche d'une utopie*, in AA.VV., *Céline*, Actes du colloque international de Paris, 17-19 juillet 1979, Société des études céliniennes, n. 3, 1980, pp. 50-51.

[6] L.-F. Céline, *Voyage au bout de la nuit*, in *Romans* cit., vol. I, p. 74.

[7] A.-L. Amadou, *Puissance et impuissance du langage dans «Voyage au bout de la nuit» de Céline*, «Revue Romane», XIV, 1, 1979, pp. 5-15.

no a tale polarizzazione si dispongono i giochi di parole *Proust/perdu* e *Watteau/bateau*, secondo uno sdoppiamento del referente a livello parodico. A ben vedere, poi, il quadro evocato, *L'embarquement pour l'île de Cythère*, potrebbe rinviare alla poesia di Baudelaire *Un voyage à Cythère*, insieme ad altre sue liriche quali *L'invitation au voyage* o *Le voyage*. A questo punto, tenendo presente come il titolo del romanzo di Céline sia tutto giocato sull'immagine del viaggio, verrebbe da chiedersi: «Sarebbe forse questa la ragione del plurale del termine Citera? Potremmo dunque considerare Citera il termine per eccellenza di ogni invito all'intertestualità?»[8].

II

In queste pagine, la spedizione verso Citera (o meglio, verso tutte le Citere possibili) apparirebbe insomma come l'emblema del viaggio nella letteratura. Tornando allora alla nostra ricerca, cerchiamo di indicare qual è lo spazio effettivamente occupato dalle *Fleurs du mal* all'interno della navigazione di Céline. Benché paia azzardato concludere un po' genericamente, come è stato fatto, che tra gli uomini di lettere egli abbia sempre «preferito i poeti»[9], pure, nella sua produzione, la presenza di Baudelaire risulta, se non assidua, almeno familiare. Per Marie-Christine Bellosta, alla base di entrambi gli autori agirebbe l'idea di un grottesco d'essenza romantica, riconducibile al concetto di *singerie* (scimmiottatura) nel poeta, a quello di *cabotinage* (istrionismo) nel romanziere. Accanto a questa analogia, però, persiste una profonda differenza: agli occhi di Céline, infatti, Baudelaire sarebbe l'artefice di un vero e proprio inganno, per non aver esteso alla sfera pubblica «la sua piccola dannazione personale»[10]. Di contro a tale scelta, il narratore si rivela fermamente deciso a spostare la convulsione mistica delle *Fleurs du mal* verso un ambito più specificamente politico.

Del resto, la presenza di questa raccolta è rintracciabile all'interno di molte sue opere. Non c'è dubbio ad esempio che, con *Mort à*

[8] S. Gavronsky, *Proust dans l'appareillage célinien*, in AA.VV., *Céline* cit., p. 65.

[9] M. Hanrez, *Céline*, Paris, Gallimard, 1961, p. 147.

[10] M.-C. Bellosta, *Céline ou l'art de la contradiction. Lecture de «Voyage au bout de la nuit»*, Paris, Presses universitaires de France, 1990, p. 312. Cfr. anche pp. 290 e 291.

crédit, Céline si unisca alla famiglia baudelairiana «di quelli che sanno come cambi la forma di una città»[11]. Egli riprende il tema del suo predecessore, analizzando il processo di invecchiamento che colpisce Parigi: «Destino o no, è una rottura di scatole invecchiare, vedere cambiare le case, i numeri, i tram e le pettinature della gente, intorno alla propria esistenza [...]. Siamo provvisori [*temporaire*], questo è vero, ma abbiamo già temporeggiato [*temporé*] abbastanza per la nostra dignità»[12].

Nella produzione di Céline, quindi, non sarebbe difficile trovare diversi richiami a Baudelaire. Ma c'è in particolare un'occasione, del tutto extraletteraria, che mette conto notare. Si tratta dell'intervista in cui Jacques Izoard racconta di come, al momento del loro incontro, lo scrittore gli avesse mostrato una sorta di *collage* composto a partire dal primo dei quattro *Projets de Préfaces* di Baudelaire alle *Fleurs du mal*. Fermiamoci su questa immagine: il romanziere che accoglie il visitatore talmente entusiasta del documento elaborato, da lasciarglielo trascrivere[13].

Ce n'è abbastanza per dedurne che egli tenesse in gran conto il magistero del poeta. La sua profonda adesione lo spinge cioè a scomporre il testo baudelairiano, in modo da ottenere un autentico manifesto. Ecco i tre passi originali riprodotti nella loro corretta partizione: «Io so che l'amante del bello stile si espone all'odio delle moltitudini, ma nessun rispetto umano, nessun falso pudore, nessuna coalizione, nessun suffragio universale mi costringeranno a parlare l'incomparabile gergo di questo secolo [...]. Malgrado i soccorsi che qualche celebre pedante ha portato alla stupidità naturale dell'uomo, non avrei mai creduto che la nostra patria potesse avanzare con una simile velocità sulla via del progresso. Questo mondo ha acquisito uno spessore di volgarità tale da dare al disprezzo dell'uomo spirituale la violenza di una passione [...] questa mattina ho avuto l'imprudenza di leggere qualche pubblicazione. Di colpo, un'indolenza del peso di venti atmosfere si è abbattuta su di me, e mi sono

[11] H. Godard, *Notice* cit., p. 1315. Cfr. anche P. Laine, *D'un voyage à l'autre. L'intextualité baudelairienne chez Céline*, Cahiers du «Cerf XX», 5, 1989, pp. 7-18.

[12] L.-F. Céline, *Mort à crédit*, in *Romans* cit., vol. I, p. 527.

[13] J. Izoard, *Un entretien avec L.-F. Céline*, «L'Essai», première année, n. 2, novembre 1959, pp. [1] b-e, 4 4. Cfr. anche J. Izoard, *L.-F. Céline: je reste dans la loi et je suis avec le pouvoir*, «Lettres», 2ème série, n. 1, novembre 1959, pp. [1] a-b, 12 a-c.

fermato davanti alla spaventosa inutilità di spiegare quel che sia a chicchessia»[14].

Chi sta parlando, in queste frasi amare e sdegnate? Chi pronuncia questi anatemi contro la società che lo circonda? A chi appartiene questo sentimento di orgoglioso distacco dal mondo? Giunti a un tale livello di identificazione, gli sprezzanti giudizi del dandy ottocentesco fanno tutt'uno con le convinzioni del suo esaltato ammiratore.

Ma è finalmente venuto il momento di soffermarci sugli echi baudelairiani presenti in *Voyage au bout de la nuit*. A tale proposito, Godard suggerisce che la scena sulla chiatta, con la descrizione di Robinson adagiato sopra un «grande divano pieno di profumi»[15], rinvii esplicitamente a una poesia come *La mort des amants*. Se questa citazione risulta fra le più trasparenti, altre potrebbero essere immediatamente rinvenute dietro il leggero velo del sarcasmo céliniano, come quando si legge: «Contro l'abominio d'essere povero, bisogna, confessiamolo, è un dovere, provarle tutte, ubriacarsi in qualsiasi modo, di vino, quello poco caro, di masturbazione, di cinema»[16]. Il riferimento ai versi di *Enivrez-vous* (*Ubriacatevi*, da *Spleen de Paris*) è stato puntualmente rimarcato, come pure quello che campeggia ironico nella scena ambientata al cinema Tarabout: «Perfino dietro le quinte, tutto era lusso, agiatezza, cosce, luci, sapone, sandwich»[17]. La spia intertestuale, ora, rinvia in modo inequivocabile all'ultima strofa dell'*Invitation au voyage*, dove si legge: «Là tout n'est qu'ordre et beauté, / luxe, calme et volupté» («Là, tutto è solo ordine e bellezza, / lusso calma e voluttà»)[18]. E c'è dell'altro: dietro il personaggio di Lola d'Amérique si scorge agevolmente la Lola de Valence cantata nell'omonima, scandalosa quartina di Baudelaire[19].

[14] C. Baudelaire, *Préface des Fleurs*, in *Oeuvres complètes*, texte établi, présenté et annoté par C. Pichois, «Bibliothèque de la Pléiade», vol. I, Paris, Gallimard, 1973, pp. 181-182. Il testo di Baudelaire è riportato in *Interview avec Jacques Izoard*, «Cahiers Céline», 2, *Céline et l'actualité littéraire. 1957-1961*, textes réunis et présentés par J.-P. Dauphin et H. Godard, Paris, Gallimard, 1976, p. 137.

[15] L.-F. Céline, *Voyage* cit., p. 404.

[16] Ivi, p. 212.

[17] Ivi, p. 355. Cfr. S. Gavronsky, *Proust* cit., p. 71; S. Day, *Imagination et parodie* cit., p. 60, e J.-P. Damour, *Louis-Ferdinand Céline. «Voyage au bout de la nuit»*, Paris, Presses Universitaires de France, 1985, p. 102.

[18] C. Baudelaire, *Oeuvres complètes* cit., p. 54.

[19] M.-C. Bellosta, *Céline ou l'art de la contradiction* cit., p. 183. Come altri possibili modelli céliniani, lo studio segnala la Lola Montès dipinta da Edouard Manet

Sulla base di tali presupposti, non sorprenderà che Céline si sia direttamente interessato, sia pure per un istante, a *Recueillement*. D'altronde, ha precisato sempre Godard, «come potrebbe non essere sensibile alla tematica baudelairiana della notte che scende sulla città, lui, a cui la notte fornisce il tema-simbolo dell'intero romanzo?»[20]. Con queste parole siamo infine giunti alla pagina in cui viene menzionato il nostro sonetto. Si tratta di un brano che recita molto semplicemente: «La nuit est sortie de dessous les arches» («La notte è uscita da sotto le arcate»)[21]. Ebbene, secondo Godard non c'è alcun dubbio che un passo del genere intendesse richiamare i versi di Baudelaire in *Recueillement*: «Surgir du fond des eaux le Regret souriant, // Le Soleil moribond s'endormir sous une arche» («Sorgere dal fondo delle acque il Rimpianto sorridente; // Il Sole moribondo addormentarsi sotto un'arcata»).

III

Fin qui le indicazioni disponibili, partendo dalle quali pare oggettivamente consentito annoverare la lirica delle *Fleurs du mal* tra i materiali menzionati all'interno del capolavoro céliniano. È tutto. La nota del critico non va oltre, limitandosi all'indicazione di una presenza sottaciuta. Proprio da qui comincia invece il nostro intervento. La congettura che intendiamo seguire si fonda infatti sulla convinzione che il riferimento a *Recueillement* vada assai oltre quel minimo rinvio. La peculiarità della citazione consisterebbe anzi nel suo dispiegarsi ben al di là quel periodo. Proviamo dunque ad avventurarci nell'intrico di segnali che tessono la trama del capitolo del *Voyage* (prendendo per buona questa definizione impropria). Il nostro obiettivo sarà di dimostrare come il richiamo alla poesia di Baudelaire, lungi dal costituire un accenno sporadico, configuri un fitto reticolo di indizi.

nel 1862, e la Lola Lola protagonista del film *L'angelo azzurro* di Josef von Sternberg, datato 1930.

[20] *Henri Godard commente «Voyage au bout de la nuit» de Louis-Ferdinand Céline*, Paris, Gallimard, 1991, p. 51. Per un più ampio inquadramento del tema, si veda H. Godard, *Poétique de Céline*, Paris, Gallimard, 1985.

[21] L.-F. Céline, *Voyage* cit., p. 288.

Prima di proseguire, tuttavia, si rende necessaria una precisazione. Stabilendo un parallelo tra i versi del sonetto e la scena céliniana ambientata sulla Senna, la lettura di Godard dissente radicalmente da quanto ha sostenuto Antoine Fongaro, secondo cui a Parigi (posto che sia questa la città di cui si parla in *Recueillement*) è materialmente impossibile vedere il sole tramontare sotto l'arcata di un ponte: «Nella sua traversata di Parigi, una parte della Senna si dispone verso occidente, ma il suo alveo risulta troppo incassato fra gli argini e le case circostanti, perché il sole al tramonto possa apparire sotto la curva di uno dei suoi ponti»[22].

L'analisi di Fongaro prende le mosse dall'edizione Crépet-Blin delle *Fleurs du mal*, laddove la domanda se Baudelaire alluda a un ponte o non piuttosto a un altro tipo di costruzione, riceve due risposte. In base alla prima (confortata da alcuni testi di Nerval, Hugo e Flaubert), il sonetto si riferirebbe a un arco di trionfo: «Se l'*arche* di *Recueillement* rappresenta l'Arco di Trionfo, niente di più normale, allora, che vedere il sole tramontare dietro di essa»[23]. Seguendo un criterio di omogeneità con il resto della poesia, molto opportunamente Fongaro rifiuta una scelta simile. Effettivamente, pare alquanto difficile motivare l'improvvisa comparsa, sul finire del sonetto, del monumento napoleonico che campeggia in Place de l'Étoile (dal 1970 Place Charles de Gaulle). Sempre escludendo l'idea che *Recueillement* descriva un quadro fluviale, ora il discorso si volge alla seconda ipotesi delineata nell'edizione Crépet-Blin, quella cioè per cui il verso 12 indicherebbe qualche bizzarra immagine creata dalle nuvole.

Anche in questo caso, Fongaro segnala un paio di precedenti: alcuni versi di Hugo, e un'altra poesia dello stesso Baudelaire, *La vie antérieure*. L'apporto determinante a favore della nuova congettura proverrebbe però da un commento di Felix William Leakey, in cui si descrivono «nuvole terrazzate che formano 'balconi' nel cielo, nuvo-

[22] A. Fongaro, *Aux sources de «Recueillement»*, in *Hommage à W.T. Bandy*, «Etudes baudelairiennes», III, *Le poète en son temps: thèmes et exégèses*, a cura di J.S. Patty e C. Pichois, 1973, p. 165. Il passo è fra i più discussi. Fra le diverse interpretazioni di cui è stata fatta oggetto l'*arche* di *Recueillement*, se ne annovera addirittura una secondo cui essa rinvierebbe al racconto biblico: «L'*arche* che protegge questo sonno [il sonno del sole descritto al verso 12 del sonetto] è soltanto l'arcata di un ponte? La parola non evoca anche la protezione divina?» (R. Galand, *Baudelaire, poétiques et poésie*, Paris, Nizet, 1969, p. 455).

[23] Ivi, p. 166.

le sagomate che sorgono dalle acque, il sole che declina per riposare (o per giungere alla sua 'morte') dietro un 'arco' di nuvole»[24]. In tal senso, continuando a ignorare le acque presenti nel verso 11, bisognerebbe piuttosto collegare fra di loro i versi 10 e 12, in quanto volti ambedue a rappresentare l'apparizione di fantastiche figure celesti.

Ci siamo soffermati su questo punto perché la riflessione sviluppata nelle pagine seguenti intende ritornare all'affermazione iniziale, rifiutando cioè le due interpretazioni esposte da Fongaro. Il motivo è presto detto: queste ultime presuppongono l'abolizione della scena acquatica evocata nel verso 11 («Surgir du fond des eaux le Regret souriant»). Considerata troppo indeterminata e generica, l'apparizione della Senna viene sostituita da altri due possibili riferimenti: da un lato l'imponenza di un monumento commemorativo, dall'altro la suggestione di vaghe forme leggibili nelle nubi. Alternative alquanto problematiche. Appare cioè francamente pretestuosa l'idea di separare la fine della prima terzina (il Rimpianto che sorge dalle acque) e l'inizio della seconda (il Sole che si addormenta moribondo sotto un'arcata), come se esse non fossero legate sul piano della coesione espressiva. Viceversa, inserendo la sequenza in una specie di teatro fluviale, questo nesso risalta in maniera evidente, secondo un criterio di massima economia esegetica. Proprio a partire da un simile assunto, ratificato a sua volta da Godard, si articolerà il confronto fra la poesia delle *Fleurs du mal* e la pagina del *Voyage*. Per meglio dire: la nostra lettura si fonda sul fatto che il romanzo di Céline, riconoscendo la presenza dell'elemento liquido in *Recueillement*, allude a Baudelaire nel corso di un'azione che si svolge sugli argini della Senna.

Sarebbe interessante collegare il quadro cittadino all'opera di altri scrittori. Si pensi, per esempio, al ruolo che, nell'*Éducation sentimentale* di Flaubert, è svolto dal fiume, definito da Victor Brombert come «la grande arteria del romanzo»[25]. Ma c'è una testimonianza particolarmente significativa. A suffragare il ripudio delle tesi esposte da Fongaro, sta una pagina del romanzo *L'Oeuvre*, che Emile Zola compose verso il 1886. Vi ritroviamo la descrizione di un crepusco-

[24] F.W. Leakey, *Baudelaire and Nature*, Manchester, Manchester University Press, 1969, p. 269.

[25] V. Brombert, *De «Novembre» à «L'Education»: communication et voie publique*, «Revue d'histoire littéraire de la France», 81, 1981, p. 569.

lo parigino situato negli stessi luoghi prescelti da Céline: «In nessuna fustaia secolare, su nessuna strada di montagna, lungo le praterie di nessuna pianura, esisteranno mai dei tramonti [*fins de jour*] così trionfali come dietro la cupola dell'Institut. È Parigi che si addormenta nella sua gloria»[26]. Sede dell'Académie Française, l'edificio dell'Institut de France fronteggia appunto quel Ponts des Arts che Bardamu sembra accingersi a traversare, e al quale forse Baudelaire potrebbe aver pensato nei versi di *Recueillement*. Nelle note preparatorie a *L'Oeuvre*, Zola si spinge poi ancora oltre, ed evoca esplicitamente «il tramonto [*coucher*] nell'acqua, sotto i ponti»[27]. Atteniamoci allora al suo suggerimento, per passare all'analisi della sequenza in cui emerge finalmente il richiamo a *Recueillement*.

IV

Il testo da esaminare appartiene alla sezione finale del *Voyage*, e nell'edizione Pléiade consta di circa cinque pagine, delle quali seguiremo specificamente la seconda. Sin dalle prime righe vediamo il protagonista, medico di professione, il quale, dopo aver incontrato un collega presso l'Institut Bioduret Joseph alla Villette, fa ritorno alla sua casa di Rancy, preoccupato per le cattive condizioni di salute di un giovane coinquilino, Bébert. Attraversata la «cordiale e graziosa»[28] rue Bonaparte, lo vediamo arrestarsi davanti alla Senna, presumibilmente tra Pont du Carrousel e Pont des Arts, incerto se passare o meno dall'altra parte (dove, ricorda, «sarebbero cominciate le [...] grane»). Compare a questo punto una celeberrima citazione, legata appunto al tema del paesaggio fluviale. Ironizzando sulla propria irresolutezza di fronte alla necessità di varcare le acque, Bardamu esclama: «Mica siamo tutti Cesare!».

Per quanto scherzosa, la battuta rivela la funzione che la cultura classica assume nella prosa di Céline. Più in particolare, l'inserto dotto anticipa ciò che il narratore dirà, in *Mort à crédit*, sul proprio

[26] E. Zola, *L'Oeuvre*, in *Les Rougon-Macquart*, édition publiée sous la direction de A. Lanoux, études, notes et variantes par H. Mitterand, «Bibliothèque de la Pléiade», vol. IV, Paris, Gallimard, 1966, p. 104.

[27] E. Zola, *Carnets d'enquêtes. Une ethnographie inédite de la France*, textes établis et présentés par H. Mitterand, Paris, Plon, 1986, p. 282.

[28] L.-F. Céline, *Voyage* cit., p. 287.

padre, risentito e tonitruante: «Faceva intere frasi in latino. Gli prendeva sempre nei momenti più gravi»[29]. Ebbene, fra gli esempi segnalati in quel romanzo spicca proprio un solenne: «Alea Jacta!»[30]. Nel nostro caso, però, il dado non è tratto, e il titubante eroe preferisce attendere la notte al di qua del suo Rubicone, trascorrendo le ore che lo separano dal tramonto accanto ad alcuni pescatori.

In una meditazione centrata sulla fine della giovinezza, l'immagine della Senna e del suo lento flusso finiscono per congiungersi a quella del tempo, anzi di un Tempo baudelairianamente glorificato dalla maiuscola: «In tutto il nostro ridicolo passato, scopriamo cose talmente piene di ridicolo, di inganno, di credulità, che forse vorremmo smettere di colpo d'essere giovani, attendere che la giovinezza si distacchi, attendere che ci sorpassi, vederla andarsene via, allontanarsi, guardare tutta la sua vanità, toccare con mano il suo vuoto, vederla ripassare ancora davanti a noi, e poi partirsene, essere sicuri che se ne sia andata davvero, la propria giovinezza, e allora, tranquillamente, per conto nostro, tutto nostro, ripassare con grande lentezza dall'altra parte del Tempo, per guardare davvero com'è che sono la gente e le cose»[31].

Con la sua complicata torsione, il lungo periodo traspone la separazione spaziale rappresentata dalla Senna in una specie di barriera cronologica affidata all'immagine del Tempo, su su fino al momento in cui la liberazione finale («e poi partirsene») consente al soggetto di collocarsi dall'altro lato dell'esistenza, così da attingere infine la verità degli oggetti e delle persone («per guardare davvero com'è che sono la gente e le cose»). Questo, dunque, il preludio alla pagina che ci interessa, e che adesso è il momento di riportare per esteso:

Sul bordo del lungosenna i pescatori non prendevano niente. Non avevano neanche l'aria di tenerci molto a prenderne, di pesci. I pesci dovevano conoscerli. Restavano tutti là a far finta. Un grazioso ultimo sole tratteneva ancora un po' di calore intorno a noi, facendo saltare sull'ac-

[29] L.-F. Céline, *Mort à crédit* cit., p. 690. Per un'ampia ricognizione sull'educazione classica in Europa, e in particolare in Francia, si veda F. Waquet, *La Latin ou l'empire d'un signe. XVI*e*-XX*e *siècle*, Paris, Albin Michel, 1998.

[30] L.-F. Céline, *Mort à crédit* cit., p. 689.

[31] L.-F. Céline, *Voyage* cit., vol. I, p. 288.

qua piccoli riflessi intagliati d'azzurro e d'oro. Di vento, ne veniva di bello fresco, dalla sponda di fronte attraverso i grandi alberi, tutto sorridente, il vento, chinandosi attraverso mille foglie, in dolci folate. Si stava bene. Siamo rimasti così per due ore intere, a non prendere niente, a non far niente. E poi la Senna si è fatta buia e l'angolo del ponte è diventato tutto rosso del crepuscolo. Passando sul lungosenna, la gente ci aveva dimenticato là, noialtri, fra la riva e l'acqua.

La notte è uscita da sotto le arcate, è salita lungo tutto il castello, ha preso la facciata, e una dopo l'altra, le finestre, che fiammeggiavano davanti all'ombra. E poi si sono spente pure loro, le finestre.

Ancora una volta, non restava che andarsene.

I *bouquinistes* dei lungofiume chiudevano i loro banchi. «Vieni!», gridava una donna dal parapetto al marito, il quale, accanto a me, richiudeva i suoi strumenti e il suo seggiolino pieghevole e i vermi. Ha brontolato e tutti gli altri pescatori hanno brontolato dopo di lui e siamo risaliti, anch'io, lassù, brontolando, con la gente che cammina. Io le ho parlato, a sua moglie, così, per dirle qualcosa di gentile prima che sia notte ovunque. D'un tratto mi ha voluto vendere un libro. Era un libro che aveva dimenticato di mettere nel banco, a quanto sosteneva. «Perciò costerebbe meno, quasi niente...», aggiungeva. Un vecchio piccolo «Montaigne», uno autentico, per un franco. Volevo proprio farle piacere, a quella donna, per così pochi soldi. L'ho preso, il suo «Montaigne»[32].

Prima di soffermarci sulla sequenza, riassumiamo il suo immediato prosieguo. Dopo che l'ombra è scivolata sulla mole del Louvre (ossia «il castello» al di là del fiume), dopo l'incontro con i *bouquinistes* e l'acquisto di una copia degli *Essais*, Bardamu esegue una sfrenata parodia di Montaigne. Egli cioè riscrive a modo suo la lettera inviata da quest'ultimo alla moglie riguardo alla morte del figlio, lettera nella quale viene menzionata un'analoga missiva di Plutarco. È lo stesso protagonista a confessare che il suo interesse per il testo deriva dal pensiero di Bébert, il vicino di casa malato. Al lamento per la fine della giovinezza con cui si apriva il brano, fa ora eco il timore per la salute del ragazzo.

Con la sua inconfondibile veemenza, Céline ci conduce adesso nel cuore di una poetica intimamente creaturale, nutrita di *pietas* per gli umili e gli oppressi. Ciò che suscita l'ira dello scrittore, è il tono di frettolosa rassegnazione e sufficienza con cui Montaigne vorreb-

[32] Ivi, pp. 288-289.

be consolare la sua donna, cercando di nascondere il dolore invece di riconoscerlo e affrontarlo. Quasi a voler smascherare fino in fondo ogni forma di rassicurante perbenismo, il capitolo prosegue con la cruda descrizione di un maiale seviziato dalla folla. L'atroce rito compiuto a Place Blanche suona come un'implicita risposta contro ogni ipocrita tentativo di edulcorare la violenza della condizione umana. Il capitolo termina con il ritorno a casa dell'eroe. Tuttavia, affinché si compia questo autentico *nostos*, egli dovrà costeggiare, sempre a piedi, un enorme cimitero. Rientrato infine nel proprio appartamento (poco distante da quello del morente), il protagonista si chiederà se il trapasso del giovane sia già avvenuto, meditando su tale interrogativo prima di addormentarsi.

V

Questa la trama delle cinque pagine in oggetto, pagine che, sia detto per inciso, si collocano a pieno titolo nel solco della riflessione baudelairiana sulla figura del *flâneur*. La linea genealogica è chiarissima, come pure l'amore per le passeggiate parigine, confermato da quell'odio per la campagna e la natura in genere che Céline condivide con l'autore delle *Fleurs du mal*. Basti soltanto questa citazione: «La natura è una cosa spaventosa, e anche quando la si è decisamente addomesticata, come al Bois, continua a dare ai veri cittadini una specie di angoscia»[33]. A riprova di ciò, è stato osservato come le camminate di Bardamu privilegino lo spazio urbano, seppure, a ben vedere, finiscano per sancire «lo slittamento della passeggiata in erranza e la lacerazione del rapporto *promeneur*/città»[34]. È quanto il nostro capitolo mostra perfettamente, con l'andirivieni del protagonista, a piedi, fra la *banlieue* e il centro di Parigi, fra la desolazione periferica di Rancy e lo stato di concentrato «raccoglimento» raggiunto sul bordo della Senna.

[33] Ivi, p. 55.

[34] G. Rubino, *Percorrere la città*, in AA.VV., *Interni urbani. L'immagine della città nella letteratura francese dal Cinquecento al Duemila*, a cura di G. Rubino e G. Violato, Roma, Bulzoni, 2005, p. 285. Cfr. anche P. Tamassia, *Città, metropoli, banlieue. Forme e valore simbolico del fenomeno urbano in «Voyage au bout de la nuit» di Céline* (ivi, pp. 179-203) e A. Cresciucci, *Les territoires céliniens. Expression dans l'espace et expérience du monde dans les romans de L.-F. Céline*, Paris, Klincksieck, 1990.

Ma sarà bene scrutare da vicino quel che più ci interessa. L'inizio è delicato, da acquerello, con una scena di pesca disegnata nel crepuscolo. Va innanzitutto notata l'apparizione di un grazioso «ultimo sole», tramite cui la prosa va allineandosi ai timbri serotini di *Recueillement*. Tenendo il sonetto di Baudelaire sullo sfondo della lettura céliniana, possiamo agevolmente cogliere il comune ricorso a due verbi quali *sourire* («sorridere») e *se pencher* («chinarsi», «affacciarsi»), rispettivamente presenti nei versi 11 e 9 del sonetto, e nelle prime righe del testo di Céline («tutto sorridente, il vento, chinandosi attraverso mille foglie»[35]). Ma i segnali si vanno intensificando, e poche righe dopo fa la sua comparsa il sostantivo, baudelairiano per eccellenza, di *crépuscule* (il brano, per inciso, è lo stesso citato in un'analisi di Léo Spitzer[36]).

Siamo così giunti al passo che ha attirato l'attenzione di Godard, ossia il paragrafo che si apre con le parole: «La nuit est sortie de dessous les arches» («La notte è uscita da sotto le arcate»). La somiglianza con la poesia baudelairiana non lascia adito a dubbi. Soffuse dal pensiero della morte, queste battute evocano l'ultima terzina di *Recueillement*, associando la preposizione e il sostantivo del dodicesimo verso (*sous une arche*) alla personificazione del quattordicesimo (*Nuit*). Come si è detto, il commento del critico si limita a un breve raffronto. Proprio adesso, però, e proprio nel punto in cui egli si congeda da *Recueillement*, accade qualcosa di strano. Céline, infatti, compie una mossa inattesa e, anziché abbandonare il suo Baudelaire, sceglie la strada di una sorprendente variazione sul tema. Preceduta, come abbiamo visto, da una serie di piccoli indizi lessicali, la metamorfosi della poesia nella prosa potrebbe a buon diritto dirsi completa. Invece, con un sorprendente *coup de théâtre*, giusto al momento di chiudere la partita, l'autore la rilancia, per esibire il suo reperto più vistoso.

Il brano è quello relativo all'incontro casuale con una *bouquiniste*, la quale convincerà il protagonista ad acquistare, a prezzo d'occasione, un libricino, «un vecchio piccolo 'Montaigne'». Come si è detto, la comparsa di quest'opera fornirà lo spunto per un breve, sarcastico esercizio di stile, in cui risuona «il versante sordido e senza

[35] L.-F. Céline, *Voyage* cit., p. 288.

[36] L. Spitzer, *Une habitude de style (le rappel) chez M. Céline*, in AA.VV., *Louis-Ferdinand Céline*, II, «Les Cahiers de l'Herne», 1965, vol. II, p. 158.

appello della morte»[37]. Si tratta della riscrittura di una lettera in cui l'autore degli *Essais*, citando un documento analogo composto da Plutarco, consolava la moglie per la perdita del loro bambino. Nel giro di poche righe, assistiamo così all'evocazione di tre mogli, ossia, rispettivamente, del libraio, di Montaigne e dell'autore greco. Di queste, tuttavia, solo la prima ci interessa da vicino. Proviamo a esaminare il suo ruolo narrativo.

Dopo la lunga descrizione paesaggistica e psicologica, per ben due volte essa è chiamata a prendere la parola in prima persona. Si tratta di una scelta rilevante sul piano stilistico, in quanto l'irruzione del discorso diretto, con il suo timbro brusco e grossolano, lacera il tessuto descrittivo pazientemente intrecciato fino a quel momento. Abbiamo già commentato il secondo intervento, mirato alla cattura del cliente: vediamo adesso da vicino il primo. Mentre la notte esce da sotto le arcate, la donna si sgola dall'alto del ponte indirizzandosi al marito. Attraverso il sostantivo *parapet* (chiaramente contiguo ai *balcons* del sonetto), il rinvio a *Recueillement* sembrerebbe scontato, ma non bisogna fermarsi a questo accenno; il nesso con Baudelaire risulta ben più consistente. Infatti, il vero punto di contatto va indicato nell'improvviso grido della commerciante. Il suo chiassoso appello risulta sostanzialmente analogo al dolce invito che risuona nell'ottavo verso della lirica, laddove l'io poetante si rivolge alla personificazione della *Douleur* esortandola ad avvicinarsi. Céline, cioè, fa cenno a quel luogo strategico in cui si compie l'insediamento dell'unico *enjambement* presente nella lirica: «Viens par ici, / Loin d'eux» («Vieni qui, / Lontano da loro»).

Rispetto a tale snodo, potremmo dire che il passo del *Voyage* offre una situazione rovesciata. Ingaggiando un curioso gioco speculare con il suo modello, ora è la «donna» (in quanto personaggio designato da un genere grammaticale diverso da quello del protagonista) a prendere la parola. Destinataria del «Viens par ici» baudelairiano sotto forma di *Douleur*, adesso è la figura femminile a pronunciare il «Tu viens!», per esortare il marito a chiudere bottega. Così facendo, il cambiamento subìto dall'interlocutrice sul piano enunciativo (da ricevente a emittente), e l'abbassamento inflittole su quello rappresentativo (da musa protettrice a negoziante), completano

[37] A. Smith, *La nuit de Louis-Ferdinand Céline*, Paris, Grasset, 1973, p. 36.

quel processo parodico che sembra informare tutta l'economia della citazione céliniana.

A partire da queste notazioni, possiamo ripercorrere le linee del discorso sin qui sviluppato: nel giro di quattro paragrafi, l'allusione a Baudelaire viene puntellata da una serie di riferimenti facilmente riscontrabili. In quale chiave ciò avvenga, è presto detto: riducendo la nobile figura della *Douleur* al rango di una semplice rigattiera, trasformando in un richiamo di strada il *rejet* dell'unico, fondamentale *enjambement* dell'intera poesia, Céline compie anticipatamente, sia pure in forma velata, proprio quanto si appresta a realizzare con la spettacolare «traduzione» della lettera di Montaigne. La stessa pagina, insomma, dà vita a due tipi di rivisitazione mimetica: uno, nascosto, da Baudelaire, l'altro, manifesto, da Montaigne, a riprova di quanto il *Voyage*, capolavoro dello stile «orale», sia in verità attraversato da un fitto contrappunto di reminiscenze letterarie.

«Era un libro che aveva dimenticato di mettere nel banco», afferma il narratore riferendosi al volume offertogli dalla *bouquiniste*. Forse, però, la stessa cosa si potrebbe affermare delle *Fleurs du mal*, se è vero che, nella stessa maniera degli *Essais*, anche quest'opera non viene affatto rinchiusa sotto chiave in attesa che passi la notte, ma resta in circolo, e lascia la sua impronta su una fra le più toccanti sequenze del *Voyage*.

VI

Ma non è ancora tutto. A confermare il senso di profonda consentaneità fra il sonetto e la scena in questione, stanno altri indizi disposti lungo le tre pagine che seguono quella sinora esaminata. La prima scena che incontriamo, si è visto, riguarda l'uccisione del maiale a Place Blanche. Secondo Stephen Day, essa costituirebbe una specie di secondo «test» letterario, dopo quello affrontato con Montaigne (il terzo per noi, contando anche l'apparizione di *Recueillement*). Con questo brano, Céline avrebbe cioè inteso evocare il Vigny della *Mort du loup*, ma in senso esclusivamente negativo. Saremmo di fronte a un ennesimo rovesciamento del modello, ovvero alla condanna dell'atteggiamento stoico che ispirava il famoso componimento. Dal falso eroismo di fronte alla morte altrui (l'autore degli *Essais* che consola la moglie per la scomparsa del loro figlio), passiamo all'impossibile eroismo verso la propria (con la trasformazione dell'eroico lupo in pavido porco): «Come nella trasposizione della lettera di Montaigne [e come in quella, aggiungiamo, dei versi di Baudelaire], le immagini e i termini nobili di Vigny vengono sostituiti da espressioni popolari. Ma qui, a seconda della parodia, il messaggio originale sembra deformarsi, e poi *scoppiare*»[38].

Tenendo conto di questa interpretazione, torniamo al nostro intento di illustrare il racconto alla luce di *Recueillement*. A costo di forzare la lettura, sembra possibile stabilire un parallelo fra i versi di Baudelaire e la sequenza della macellazione. I passanti si accalcano attorno all'animale da abbattere: «Era la folla [...]. La gente gli strizzava le orecchie solo per sentirlo gridare»[39]. A ben vedere, nel testo di Céline, la «gente» era stata già evocata in due occasioni, per sottolineare la contrapposizione fra la piccola, felice comunità dei pescatori, fermi sulle sponde del fiume, e il caotico sciamare del traffico in alto, a livello della strada. La prima apparizione alludeva a una separazione fra due gruppi («Passando sul lungosenna, la gente [*le monde*] ci aveva dimenticato là, noialtri, fra la riva e l'acqua»[40]); la seconda, al contrario, sanciva l'ineluttabilità di un ricongiungimento non voluto («Ha brontolato e tutti gli altri pescatori hanno brontolato dopo di lui e siamo risaliti, anch'io, lassù, brontolando, con la gente [*les gens*] che cammina»). In entrambi i casi, risultava comunque evidente un forte sentimento di estraneità fra la piccola compagnia del protagonista e il resto della folla.

Ebbene, nella sequenza di Place Blanche tale divario viene ulteriormente accentuato, poiché il contrasto non si gioca più fra due insiemi di persone (sia pure di grandezze assai diverse). Adesso abbiamo da un lato la folla *tout court* (a cui appartiene anche l'eroe che osserva la scena), dall'altro una creatura umanizzata, se non addirittura deificata. Infatti, malgrado il tono rozzamente profano, l'intero passo tradisce la presenza del modello cristologico: siamo di fronte a una riscrittura della flagellazione.

La povera bestia geme «come un uomo che infastidiscono, ma veramente tanto», senza sapere «come sfuggire agli uomini». Intanto la violenza diventa intollerabile: «Urlava ancora più forte a causa del

[38] S. Day, *Imagination et parodie* cit., p. 61.
[39] L.-F. Céline, *Voyage* cit., p. 290.
[40] Ivi, p. 288.

dolore [*douleur*]». Eppure, davanti a tanta sofferenza, «ridevano sempre di più». La morbosa curiosità suscitata dai tormenti della vittima è tale che soltanto l'intervento degli agenti riuscirà a disperdere «i gruppi»[41]. Per completare il quadro, mentre un cagnolino dilania le carni del suino, Céline si sofferma sul macellaio, intento a intrattenere i suoi clienti con un «gran coltello». E qui compare un rapido, inquietante rilievo dal carattere ambiguamente sessuale: «Al matrimonio di sua figlia, non si sarebbe divertito tanto».

Ora il quadro è completo. Siamo di fronte a un'ampia descrizione sacrificale, che consente di stabilire più di un raffronto con *Recueillement*. Salta immediatamente agli occhi la stretta affinità fra i personaggi di Céline e la «moltitudine vile» dei mortali cantata nella seconda quartina di Baudelaire, sulle orme di Orazio e Pascal. Difficile immaginare una «festa servile» più forsennata di quella che appare nel passo del *Voyage*. «Sotto la sferza del Piacere» la folla si accanisce sulla preda, braccandola e seviziandola, fino a vederla abbattersi, come sotto i colpi di un «boia senza pietà».

Lo spaventoso quadro si conclude col calare della notte, la notte che in Céline, è stato rilevato, «apre lo spazio al sogno»[42]. Qui, però, sembrerebbe piuttosto di muoversi in un incubo, poiché all'incontro con il maiale destinato a essere scannato fa seguito la desolata contemplazione di un camposanto. Dall'alto del ponte di Caulaincourt, Bardamu scorge le prime luci di Rancy, «al di là del gran lago notturno che sta sul cimitero»[43]. In verità, Rancy è una *banlieue* inventata, posta a nord-ovest della capitale, che di fatto corrisponde a Clichy-la-Garenne (la zona, per inciso, coincide almeno in parte con quell'Empyrée-Clichy in cui Colette aveva ambientato nel 1910 *La vagabonde*). Si tratta di un'area metropolitana, ha osservato Jean-Michel Rabaté, definibile come «rance» (ossia rancida), e più simile alle grandi città-dormitorio americane che alla vicina Parigi. È in questo inferno urbano piccolo-borghese che si è stabilito Bardamu, aprendo uno studio medico dove sopravvive appena al fallimento, con uno stuolo di malati senza un soldo a cui finisce per assomigliare. Da qui lo vediamo spesso partire per il centro, tornando a tarda ora, sempre a piedi. Ciò che più ci interessa, tuttavia, è il fatto che,

[41] Ivi, p. 290.
[42] Y. Lavoine, *«Voyage au bout de la nuit» de Céline*, Paris, Hachette, 1964, p. 75.
[43] L.-F. Céline, *Voyage* cit., p. 290.

proprio perché attinente alla tematica della notte, «questo tragitto reiterato assuma un valore emblematico»[44].

Tornando alla pagina sul cimitero, notiamo infatti come essa prosegua con una serie di riflessioni sul tema del buio, aperta dall'idea della contiguità, se non dell'identità, con quello della morte. Nel cuore del tessuto urbano, lo spazio dei defunti, privo di illuminazione, appare come un immenso bacino oscuro. Al ponte sulla Senna, da cui si vedeva scorrere il fiume della vita, subentra così quello di Caulaincourt, proteso sul vasto lago, tenebroso e immobile, formato dalla distesa delle tombe. Si tratta di un ostacolo assai arduo, poiché, per arrivare alla sua casa di Rancy, il protagonista sarà costretto a compierne il periplo: «È così lontano! Allora si direbbe che si fa il giro della notte stessa, per quanto bisogna metterci di tempo e di passi, camminando intorno al cimitero per arrivare alle fortificazioni»[45]. Intorno al cimitero, come intorno alla notte: *Voyage «autour» de la nuit*, verrebbe quasi da dire...

Scopriamo così un altro possibile punto di contatto fra la poesia e il romanzo: se nell'explicit di *Recueillement* siamo invitati ad ascoltare «la douce Nuit qui marche» («la dolce Notte che cammina»), qui, al contrario, è l'eroe che deve camminare («il faut marcher de temps et des pas») per fare il giro «della notte stessa». Ma mentre si compie il faticoso accerchiamento del lago-camposanto, emerge in primo piano una nuova figura. È la venditrice di fiori, «che è sempre lì che aspetta, i morti che passano da un giorno all'altro, da un'ora all'altra»[46]. La tonalità funebre che contraddistingue il quotidiano susseguirsi delle salme, risveglia l'immagine di Bébert malato. Si tratta, lo si è visto, di un ricordo assillante. Adesso, però, Bardamu prende la parola come terapeuta, ripercorrendo il proprio operato fino ad assolversi: «Niente da rimproverarmi. Non era colpa mia»[47]. Certo, siamo lontani dai «rimorsi» che la vile moltitudine dei mortali raccoglie nella festa servile del sonetto, eppure il tarlo del passato

[44] J.-M. Rabaté, *Beckett et la poésie de la Zone (Dante... Apollinaire. Céline... Lévi)*, in *Samuel Beckett Today / Aujourd'hui. Poetry and Other Prose / Poésies et autres proses*, a cura di M. Engelberts, M. Buning, S. Houppermans, Amsterdam-New York, Rodopi, 2000, p. 76.

[45] L.-F. Céline, *Voyage* cit., p. 290.

[46] Ivi, p. 291.

[47] *Ibid*.

(quel senso di colpa rilevato anche da Day[48]) può forse costituire un altro tratto psicologico in grado di accomunare il testo di Baudelaire al capitolo di Céline.

Gli ultimi tre paragrafi delle pagine analizzate sono invece ambientati nell'appartamento dell'io narrante. Nel primo, l'immagine della notte ritorna con un'ulteriore accezione, resa minuta, privata, domestica, trasformata in un attributo individuale: «A casa mia era tutto freddo e silenzioso. Come una piccola notte in un angolo di quella grande, apposta per me solo». L'immenso buio scorto su Rancy si muta qui nel ritaglio di una tenebra minima. Di contro a tale ripiegamento intimista, il secondo paragrafo è invece attraversato da rimbombi e brusii che montano dalla stanza dell'infermo: «Di quando in quando salivano rumori di passi e l'eco entrava sempre più forte in camera mia, ronzava, si attenuava... Silenzio».

L'acustica di queste righe, con le sonorità che salgono attutite dal letto di un morente, ci riporta a *Recueillement*, con la sua reiterata esortazione a cogliere l'incedere dei passi notturni, assimilati al fruscio di un sudario. Ma è soprattutto l'ultimo paragrafo a sancire nel modo più convincente la possibile contiguità fra versi e prosa, quando la domanda del medico sulla sorte del proprio paziente si propone di nuovo, ineluttabile. Nello stesso momento, la figura della notte, già precedentemente paragonata alla nera superficie di un cimitero, giunge a evocare l'immagine del feretro, anzi, per meglio dire, di un sonno-feretro: «Ho finito per addormentarmi sulla domanda, nella mia notte personale, in quella bara [*cercueil*], tanto ero stanco di camminare [*marcher*] e di non trovare niente».

Qui la presenza ipotestuale di Baudelaire, o almeno di alcuni suoi armonici, ci viene incontro sotto vari aspetti. Basti pensare all'analogia fra la comparsa, nel giro di appena due versi, dei termini *linceul*, *Nuit*, *marcher* («sudario», «Notte», «camminare»), e la loro presenza nella stessa riga del romanzo (con la variante, per il primo, di *cercueil*, vale a dire «bara»). Ancora più rilevante, poi, l'apparizione del verbo all'infinito *s'endormir* («addormentarsi»), che apre la seconda terzina di *Recueillement* (in riferimento a un sole moribondo), e che campeggia nell'ultimo periodo della sequenza céliniana come *m'endormir* («addormentarmi»).

[48] S. Day, *Imagination et parodie* cit., p. 61.

Indubbiamente, rispetto all'esplicito accenno parodico da cui abbiamo preso le mosse sulla scia di Godard, le tracce del modello appaiono ormai molto più labili. Ciononostante, resta percepibile l'inconfondibile timbro delle *Fleurs du mal*, il cui pedale continua a propagarsi sull'intero capitolo. Quasi ripercorresse passo passo la configurazione del sonetto, l'autore del romanzo pare insomma seguirne la lenta irradiazione. Per questo sembra lecito affermare che, in queste poche pagine, il viaggio di Céline si spinga veramente fino al termine di una notte ormai del tutto intrisa dei veleni baudelairiani.

5
Prévost ortopedico (1943): correggere poesia

I

Siamo così arrivati alla quarta tappa del nostro percorso. Rispetto a quanto sinora accaduto, questa ulteriore rifrazione di *Recueillement* costituisce una indubbia particolarità, se non una vera e propria aberrazione. Abbandonato il campo dell'analisi testuale (Valéry), e quello della reinserzione poetica o narrativa (Michaux, Céline), occorre adesso spostarsi nell'ambito della critica, ma di una critica, come vedremo, assai spregiudicata ed eterodossa. Mi riferisco alla trasposizione in ottosillabi che Jean Prévost operò sugli alessandrini di *Recueillement*, in un libro su Baudelaire edito nel 1953 ma composto poco prima della sua tragica morte. Tuttavia, prima di concentrarci su questa *performance* metrica, sarà opportuna una breve premessa.

Allievo di Alain, entrato ben presto «nell'orbita di Aragon»[1], Prévost partecipò alla Resistenza, dove «diventò rapidamente, nelle organizzazioni partigiane del Vercors, il capitano Goderville»[2]. Romanziere (*Les frères Bouquinquant* e *Le sel sur la plaie*), autore di rac-

[1] J. Debû-Bridel, *La résistance intellectuelle*, Paris, Juillard, 1970, pp. 90-91 (l'affermazione si basa sulla testimonianza di René Tavernier). Su Prévost e la sua generazione, si veda anche J.-P. Sartre, *Situations, II. Qu'est-ce que la littérature?*, Paris, Gallimard, 1948.

[2] P.-H. Simon, *Jean Prévost ou la belle nature*, in *Procès du héros*, Paris, Seuil, 1950, p. 186. Due rapidi ritratti di Prévost si trovano in G. Sapiro, *La guerre des écrivains. 1940-1953*, Paris, Fayard, 1999, pp. 308 e 542.

conti (*Du côté de Goderville*) e di una precoce autobiografia (*Dix-huitième année*, datata 1929), poeta, giornalista, saggista, critico letterario (da *La pensée de Paul Valéry* a *La vie de Montaigne*, da *La création chez Stendhal* a *Baudelaire*), fu ucciso dai nazisti a quarantatré anni, nell'agosto 1944, mentre combatteva alla testa di una compagnia di Forces françaises de l'intérieur. La sua memoria è affidata a un circolo di ammiratori ristretto ma fedele, come dimostrano associazioni, siti telematici, un convegno tenutosi a Lione nel 2004 e la recente pubblicazione di un volume arricchito dalle note di lettura che l'autore stilò su un volume di Valéry[3]. Ciò che qui interessa ricostruire, però, è il singolare approccio critico caratteristico del suo ultimo studio sulle *Fleurs du mal*, «un libro che resta il più appassionato invito alla lettura del poeta»[4].

Nell'avvertenza anonima posta in apertura al volume, si dice che Prévost non poté rileggere il manoscritto, poi riordinato dall'amico Pierre Bost. Quanto alla ricca *Table des références*, l'editore ci informa che essa venne redatta da Claude Pichois. Una pagina mancante e la lacuna con cui si conclude proprio l'esame di *Recueillement* completano l'impressione di precarietà che marca tale libro-reliquia, per certi aspetti simile a *Baudelaire et l'expérience du gouffre*, uno degli ultimi segnali che Benjamin Fondane, altro scrittore martire del nazismo, «indirizzò ai vivi nel 1942»[5]. È stato proprio Pichois a rilevarlo, aggiungendo ai nomi dei due critici quello di Walter Benjamin, così da immaginare un ideale trio di lettori baudelairiani morti nella seconda guerra mondiale[6].

[3] Si tratta del convegno *Journée Jean Prévost*, Université Jean Moulin Lyon 3, Faculté de Lettres et Civilisations, Centre de recherche en littérature Jean Prévost, 3 décembre 2004, e del volume P. Valéry, J. Prévost, *Marginalia, Rhumbs et autres*, édition établie par M. Jarrety, Paris, Léo Scheer, 2006.

[4] R. Kopp, C. Pichois, *Les années Baudelaire*, Neuchâtel, Editions de la Baconnière, 1969, p. 135. Nessuna menzione di Prévost si trova in J.-Y. Tadié, *La critique littéraire au XXe siècle*, Paris, Belfond, 1987, mentre Graham Robb accomuna il lavoro del nostro autore a quello di Jean Pommier e Claude Pichois (G. Robb, *Baudelaire lecteur de Balzac*, Paris, Corti, 1988, pp. 27-29, 70 e 117; si veda in particolare il capitolo su *La Fanfarlo*, con i riferimenti a *Béatrix*, pp. 164 e 170, e a *La fille aux yeux d'or*, pp. 172 e 174).

[5] P. Beray, *Préface*, in B. Fondane, *Baudelaire et l'expérience du gouffre*, Paris, Editions Complexe, 2002, p. V.

[6] C. Pichois, J.-P. Avice, *Dictionnaire Baudelaire*, Tusson, Du Lérot, 1994, p. 381.

In ogni caso, se il saggio sulle *Fleurs du mal* fu concepito contemporaneamente alla tesi di laurea su Stendhal[7], la predilezione di Prévost per l'*opus magnum* del poeta si poteva scorgere già nel 1926, in un articolo dove si leggeva: «In questo momento, esso contiene tutto il nostro spirito, i nostri gusti e le nostre pene [...] grazie alla sua presenza in noi, grazie al suo consiglio, è il nostro più autentico classico, e insieme il nostro libro di pietà, la nostra 'Interna Desolazione'»[8].

Inscritto nel segno di Valéry («Per lo studio della poetica in genere, devo molto a Paul Valéry»[9]), il libro su Baudelaire non esita ad affrontare problemi di metodo, termine che compare sin dal secondo paragrafo, per ritornare qua e là nel corso delle quasi quattrocento pagine. Ma possiamo partire da un simile indizio per arrivare a parlare di Prévost come di un teorico della letteratura? Definire così uno studioso che non abbia mai pubblicato testi teorici, potrà sembrare certamente paradossale, eppure, ha sostenuto William Marx, appunto in quanto tale egli occupa una posizione particolare nella storia della critica francese della prima metà del XX secolo, presentandosi come uno tra i primi rappresentanti del mondo accademico in grado di proporre lavori basati su un esame interno del testo, piuttosto che su un approccio strettamente storico. Qualcosa di simile sarebbe rintracciabile nel mondo anglosassone, dove, «come Prévost per Valéry, Empson dava un'espressione universitaria alle idee di Eliot»[10]. Analogamente, si è detto che Prévost abbia anticipato alcune tendenze della «Nouvelle Critique», oltre che del pensiero di Jean-Paul Sartre e Roland Barthes[11].

Alla base del suo prezioso apporto, culminato nello studio su Baudelaire, va individuata la presenza di una posizione di tipo formalista risalente appunto a Valéry. Secondo Marx, tre sarebbero gli

[7] Cfr. J. Prévost, *Faire le point*, Paris, Champion, 1931, p. 35.

[8] J. Prévost, *Désir de poésie*, «Navire d'Argent», mai 1926, p. 399. Cfr. M. Bertrand, *L'oeuvre de Jean Prévost*, Berkeley-Los Angeles, University of California Press, 1968, p. 93.

[9] J. Prévost, *Baudelaire. Essai sur l'inspiration et la création poétique*, Paris, Mercure de France, 1953, p. 12.

[10] W. Marx, *Naissance* cit., p. 176.

[11] M. Bertrand, *L'oeuvre de Jean Prévost* cit., p. 103. A sostegno della propria tesi, Bertrand rimanda a J.-C. Carloni et J.-C. Filloux, *La critique littéraire*, Paris, Presses universitaires de France, 1960, p. 80.

spunti ripresi dal pensiero del maestro: il rifiuto del biografismo, l'insistenza sulla nozione di poetica (o «poietica»), la rottura della relazione fusionale fra opera e autore. Se il programma adottato da Prévost emerge già chiaramente nella discussione della tesi su Stendhal, presentata a Lione il 9 novembre 1942, è specialmente con il saggio su Baudelaire che, in un'università ancora sotto l'influenza di Gustave Lanson, le sue metodologie risultano perseguite con più coerenza: «Tanto l'esiguità del capitolo sullo stile di Stendhal lasciava a desiderare, quanto gli sviluppi sulla versificazione baudelairiana inaugurano con clamore un nuovo tipo di approccio critico. Invece di descrivere astrattamente i procedimenti impiegati dal poeta, Prévost passa a una sorta di operazione dal vivo, intervenendo direttamente sui testi di Baudelaire»[12].

Ecco il problema: intervenire direttamente sui testi di Baudelaire. È proprio a tale genere di esperimento che cercheremo di indirizzarci, concentrandoci sullo spregiudicato processo riproduttivo-interpretativo adottato dallo studioso, ossia su quella propensione alla riscrittura che sembra anticipare alcune pratiche didattiche seguite nelle attuali scuole di *creative writing*. Si tratta di un atteggiamento assai variabile per incidenza e ampiezza, ma sempre mirato a far risaltare, all'interno del testo esaminato, l'elemento ritenuto da Prévost più essenziale e imprescindibile. Per dirla ancora una volta con Marx, qui si realizza quel progetto valériano che consiste nel mettersi al posto del creatore: «Tale processo di identificazione va così lontano che, in certe occasioni, egli si permette addirittura di migliorare qualche poesia un po' più debole delle altre [...] rafforzando l'articolazione fra le sue parti»[13]. Prévost, insomma, osò l'inosabile: perfezionare un capolavoro, oppure, in maniera speculare, dimostrare l'impossibilità di farlo. Ma come si realizzò concretamente una simile sfida? Anticipando quanto si vedrà fra poco, basti dire per ora che il suo sforzo, almeno per quanto riguarda *Recueillement*, si concentrò sul cambiamento dei metri originali.

[12] W. Marx, *Naissance* cit., p. 167.
[13] *Ibid.*

II

A questo punto sarebbe necessaria una breve integrazione di tipo storico-letterario: davanti ai nostri occhi si spalanca infatti lo sterminato campo delle indagini sul tema della riscrittura. Rimandandone una più diffusa trattazione all'ultimo capitolo del libro (intitolato appunto *Logiche di inclusione letteraria*), soffermiamoci piuttosto sul particolare genere di metamorfosi di cui Prévost fece oggetto il sonetto baudelairiano.

Come è stato notato, i suoi esercizi di riscrittura furono forse in parte favoriti dall'accanito lavoro di traduttore. Centrata sui continui adattamenti e rifacimenti del materiale testuale, questa attività giocò presumibilmente un ruolo importante negli esercizi di «trasposizione» espressiva che ci accingiamo a esaminare[14]. Certo è comunque che scelte del genere vanno fatte risalire ancora una volta al magistero di Valéry, secondo cui le qualità estetiche di un testo risiederebbero nella sua capacità di resistere a ogni tentativo di modificazione: «Quel che mi sembra di poter cambiare a buon mercato in un'opera, è il nemico del mio piacere, cioè il nemico dell'opera»[15]. Ancora più a monte, poi, agiva la lezione di Edgar Allan Poe, relativa alla teoria dell'effetto da indurre nel lettore.

Ponendosi nel solco dei due maestri, Prévost abbraccia un'estetica in base alla quale la caratteristica del vero poeta consisterebbe nel trasformare il lettore in un essere ispirato, «a rischio di dissacrare il testo, che egli si permette di modificare o perfino correggere, e il suo autore, che fa scendere dal piedistallo per giudicarlo come un semplice artigiano»[16]. Tra queste campagne di profanazione, una ri-

[14] «Per osservare meglio l'arte dei suoi maestri, traduce. Dal greco, dal latino, dal tedesco, dallo spagnolo, come dall'inglese» (J. Garcin, *Pour Jean Prévost*, Paris, Gallimard, 1994, p. 159). Un elenco delle sue traduzioni, da Ricardo Guiraldes a Robert Frost, da Orazio a Federico García Lorca, si trova in M. Bertrand, *L'oeuvre de Jean Prévost* cit., pp. 112-113.

[15] P. Valéry, *Cantiques spirituels*, in *Oeuvres*, édition établie et annotée par J. Hytier, «Bibliothèque de la Pléiade», vol. I, Paris, Gallimard, 1957, p. 452. A tale proposito, mi permetto di segnalare V. Magrelli, *La figura del medico nell'opera di Paul Valéry*, «Saggi e ricerche di letteratura francese», XXIX, Roma, Bulzoni, 1990, pp. 203-214.

[16] W. Marx, *Jean Prévost, critique de Baudelaire*, in AA.VV., *Jean Prévost aux avant-postes*, sous la direction de J.-P. Longre et W. Marx, Paris-Bruxelles, Les Impressions Nouvelles, 2006, p. 112.

volta alla creazione letteraria, l'altra al suo creatore, ci soffermeremo sulla prima, circoscrivendo specificamente il nostro esame a due interventi, catalogabili come esercizi di riconfigurazione del metro.

Sia chiaro: in verità il campo d'azione di Prévost è assai più ampio. Egli, cioè, ricorre a molte altre modalità di trasformazione, le quali, «alterando la poesia grazie al cambiamento del suo ritmo, aiutano a percepire la necessità della struttura adottata dal poeta»[17]. Ben oltre l'ambito strettamente metrico, questo critico «ri-scrittore» dispiega una sorprendente capacità manipolatoria, tanto che il suo saggio su Baudelaire annovera diversi tipi di interventi sulle liriche delle *Fleurs du mal*. Eccone un rapido quanto generico elenco: modifiche nell'ordine dei versi (*Les phares* e *Une charogne*), aggiunta di particelle pronominali (*Causerie*), riduzione dei versi a emistichi (*Le revenant*), trasformazioni strofiche (*Le revenant* e *Une gravure fantastique*), introduzione di più cesure in un singolo verso (*Elévation*), inserzione di un *rejet* (*Châtiment de l'orgueil*), riformulazione di singoli passaggi (*Le guignon*), soppressioni e suture (*Le squelette laboureur*)[18].

Con estrema *nonchalance*, Prévost sperimenta svolgimenti paralleli e alternativi rispetto all'originale, senza precludersi alcuna mossa. Ma sarà opportuno sottolineare che, se le operazioni praticate sul corpo delle poesie appaiono enormemente diversificate, gli intenti che le guidano risultano sostanzialmente due: dimostrare ora la perfettibilità, ora la perfezione della poesia studiata. I cambiamenti introdotti, cioè, proveranno nel primo caso la possibilità di migliorare il testo di partenza con un adeguato *lifting*, nel secondo l'assoluta impossibilità di farlo, pena la distruzione dello *charme* poetico nel senso valériano del termine. Mentre da un lato questa chirurgia estetica procederà al salvataggio e alla riconfigurazione di alcuni prodotti considerati almeno parzialmente insoddisfacenti, dall'altro essa servirà a confermare come talvolta anche il minimo ritocco si riveli fatale alla bellezza del prototipo.

Talvolta il rifacimento mira a riscattare una poesia giudicata francamente insufficiente: «Non si tratta di migliorare questa composi-

[17] L. Richer, *Jean Prévost, critique de Baudelaire*, in AA.VV., *Jean Prévost aux avant-postes* cit., p. 91.

[18] Per un approfondimento della questione, mi permetto di rinviare a V. Magrelli, *Corollari al Baudelaire «eugenetico» di Jean Prévost*, in «Rivista di Letterature moderne e comparate», vol. LIX, fasc. 4, 2006, pp. 449-460.

zione [*Châtiment de l'orgueil*], una fra le più mediocri delle *Fleurs du mal*, ma soltanto di darle un movimento meccanico migliore»[19]. Esattamente il contrario accade invece con altre liriche, tra cui gli amati *Phares*; le rettifiche qui apportate devono arrendersi alla bellezza del testo, confermando *e contrario* la sua qualità. Prévost lo spiega bene, quando contempla allibito quel che resta di *Le guignon* dopo il suo trattamento: «Ed ecco questa piccola poesia completamente rovinata. Senza essere stata diminuita di una sola sillaba, essa ha perso tutta la sua ampiezza; anche i versi che sono rimasti intatti, hanno perso la loro aureola»[20].

L'intento emendativo e quello laudativo continuano ad alternarsi lungo l'intero volume, specie nell'ultima parte, quando il saggio si trasforma in un'autentica officina di ricostruzione poetica (anche se, forse, sarebbe meglio parlare di riabilitazione metrica, in una prospettiva poco meno che ortopedica). Così, di fronte a *Le squelette laboureur*, lo studioso propone di tagliare qualche strofa, per provocare uno squilibrio tale da indurre nel lettore penose sensazioni di amarezza[21]. Ridotto al proprio scheletro, verrebbe da chiosare, il testo apparirebbe intollerabile. Conclusione: soltanto reinserendo i versi omessi, la perfezione della lirica potrà essere nuovamente ristabilita.

Davanti a procedure tanto invasive, non resta che evocare la clausola del *quod erat demonstrandum*. Che poi la dimostrazione dimostri soltanto se stessa, è un altro conto. Rimane il fatto che l'interesse del lavoro condotto da Prévost dipende dalla sconcertante, per noi inconcepibile, familiarità con le opere affrontate, opere che ci appaiono del tutto sottomesse al volere dell'interprete, e disponibili a subire ogni sorta di alterazione. Prestazioni del genere, tese a una scomposizione capillare e accanita, costituiscono dunque la premessa indispensabile alla transmetrizzazione integrale di *Recueillement*. Ora il progetto svela per intero la sua ambizione segreta: il sogno di uno spazio in cui si realizzi una piena comunità fra autori e lettori, un luogo in cui sia lecito apprezzare la grandezza di un testo anche attraverso il tentativo di manometterlo.

[19] J. Prévost, *Baudelaire* cit., p. 311.
[20] Ivi, p. 339.
[21] Ivi, p. 353.

III

Ma riprendiamo le fila del discorso. Al centro delle varie riscritture operate da Prévost, lo si è detto, stanno due prove di riformulazione metrica, una parziale (*L'invitation au voyage*), l'altra integrale (*Recueillement*). Prima di esaminarle, sarà comunque opportuna qualche altra delucidazione. Come è noto, esperimenti del genere si ritrovano già nella cosiddetta *transmutatio*, in cui Quintiliano scorgeva «la possibilità di alterare un ordine presupposto come fondamentale per un determinato tipo di composizione e di verso»[22]. Il suo esempio riguarda il passaggio da un verso esametrico a un sotadeo, e infine a un giambo, con semplici alterazioni della disposizione delle parole. Come ha spiegato Maurizio Bettini, basta mutare l'ordine delle parole, e dal primo metro si passa molto facilmente al secondo (più specificamente: la struttura degli ionici *a maiore* prevede numerose doppie brevi, con cui si possono facilmente costruire, o meglio ri-costruire, dei dattili).

La cosa interessante, però, è un'altra: Sotade di Maronea, il più famoso esponente della poesia cinedica, nonché inventore del metro che da lui prese il nome, era appunto un cinedo. Prima di diventare sinonimo di uomo effeminato, questo termine era in origine attribuito al ballerino di una danza oscena, accompagnata da canti altrettanto indecenti e lubrici (sotto certi aspetti simili a quelli del genere priapeo). Tornando al problema della trasformazione metrica, ora le cose appaiono sotto una nuova luce. Per il nostro lascivo poeta, «invertire» gli esametri di Omero, lungi dal rappresentare un'operazione strettamente sillabica, implicava un rovesciamento ben più rilevante: si trattava niente meno che di procedere a un vero e proprio pervertimento cinedico dell'epos. Insomma, la parodia di Sotade finisce per essere realizzata su più piani[23].

Ebbene, parente stretto di questa procedura di modificazione strutturale sarà appunto l'esercizio di «transmetrizzazione»[24] opera-

[22] M. Panico, *Riscrivere per analizzare: «Quintiliano, Inst. Or.» IX 4*, «Linguistica e letteratura», XIX, 1-2, 2004, p. 84.

[23] M. Bettini, *A proposito dei versi sotadei greci e romani. Con alcuni capitoli di analisi metrica lineare*, «Materiali e discussioni per l'analisi dei testi classici», 9, 1982, pp. 59-105. Cfr. anche A. Setaioli, *Le due poesie in sotadei di Petronio (Sat. 23.3; 132.8)*, «Cuadernos de Filología Clásica. Estudios Latinos», 23, n. 1, 2003, pp. 89-106.

[24] G. Genette, *Palimpsestes. La littérature au second degré*, Paris, Gallimard, 1982, p. 254.

to da Prévost. Il termine è stato impiegato da Gérard Genette nel suo *Palimpsestes*, per illustrare proprio quella trasposizione da un metro all'altro messa in atto nelle due prove baudelairiane affrontate dall'autore di *Baudelaire*. Cerchiamo allora di ricostruire l'insieme del suo discorso.

Parlando di pratiche di erudizione perversa e di subdola ipertestualità, Genette elenca i membri di una curiosa genealogia letteraria. Si comincia da un personaggio di Borges, Pierre Menard (immaginario autore di una trasposizione in alessandrini dei decasillabi che formano il *Cimetière marin* di Valéry[25]), e si prosegue con il critico Jean Pommier (che quella trasposizione effettuò veramente, anche se limitandosi alla prima strofa del poema[26]). Alla stessa famiglia, sia detto per inciso, non appartiene il famigerato Colonnello Godchot, il quale riscrisse sì la stessa poesia di Valéry, ma senza mutarne il metro; il suo intervento (una «traduzione» che intendeva migliorare l'originale) mirava piuttosto a una «chiarificazione» del testo, rispetto a cui la risposta del poeta resta un capolavoro di ironia[27].

Si colloca invece a pieno titolo in tale discendenza Genette medesimo, il quale non esitò a prodursi nello stesso esercizio affrontato da Pommier: riscrivere in alessandrini (partendo dai decasillabi originari) la prima strofa del *Cimetière marin*. Va detto, a ogni modo, che egli adottò soluzioni diverse da quelle per cui aveva optato il suo predecessore. Senza false modestie, e anzi rivendicando scherzosamente la qualità del proprio rifacimento almeno in relazione al quarto verso, il critico ha così commentato la propria impresa (con-

[25] J.L. Borges, *Ficciones*, in *Obras completas*, Buenos Aires, Emecé Editores, 1974 (trad. it. *Finzioni*, Torino, Einaudi, 1955). Mi permetto di indicare al riguardo V. Magrelli, *Une onde de traductions: quelques remarques autour de Paul Valéry*, «Bulletin des études valériennes», XXe année, n. 69/70, novembre 1995, pp. 169-181.

[26] J. Pommier, *Dialogues avec le passé*, Paris, Nizet, 1967, pp. 213-217. L'autore dichiara di aver ripreso un suggerimento di Alain, che tuttavia non giunse mai a metterlo in pratica (cfr. anche G. Blin, *La cribleuse de blé*, Paris, Corti, 1968, p. 33). Pommier, inoltre, procede a una transmetrizzazione della stessa strofa in versi composti da 5 + 5 sillabe.

[27] Valéry si complimentò con il suo interprete per aver reso intellegibile una poesia «davvero tenebrosa»... Cfr. O. Macrì, *Il cimitero marino di Paul Valéry*, Firenze, Le Lettere, 1989, p. 18, e Colonel Godchot, *Essai de traduction en vers français du «Cimetière marin» de P. Valéry*, «L'Effort Clartéiste», juin 1933 (poi in AA.VV., *Paul Valéry vivant*, Marseille, Cahiers du Sud, 1946, pp. 374-375).

sistente, lo ricordiamo, nel passare da un metro di dieci misure a uno di dodici): «Alessandrinizzare un decasillabo, non richiede altri sforzi che l'aggiunta di due piedi supplementari [...]. In questo caso, come spesso avviene, la facilità si può dunque definire epiteto, e il risultato corre il serio rischio di chiamarsi piattezza»[28].

Rispetto a simili *performance*, resta comunque qualcosa da dire sulla prepotente presenza di Valéry, oltre che come ispiratore teorico, anche in quanto autore privilegiato dell'ipotesto. Più ancora che dalla *Jeune Parque* (cui pure Jean-Luc Nancy si ispirerà per la «parodia» in alessandrini intitolata *La jeune carpe*[29]), sarà infatti a partire dal *Cimetière marin* che si svilupperanno tanti «ipertesti allografi»[30]. Come spiegare tale predilezione? Secondo Genette, ad attirare l'attenzione (e la rappresaglia) dei metricologi sarebbe stata la blasfema proposta valériana di mettere mano alle *Fleurs du mal*, suggerendo di dilatare alcuni versi dell'*Invitation au voyage*, per portarli da sette a otto sillabe.

Vale la pena rileggere la nota dei quaderni in cui si espone tale procedimento limitatamente ai primi tre versi della poesia (due di cinque sillabe e uno di sette). Per una più immediata comprensione del ragionamento, riportiamo l'inizio della composizione citata, secondo la sua originale scansione metrica: «Mon en-fant, ma soeur, / Pen-se à la dou-ceur, / D'al-ler là-bas vi-vre en-semble»[31]. Ma ecco una traduzione di servizio, la quale, per risultare maggiormente aderente all'enunciato, non segue in alcun modo il piano metrico: «Bambina mia, sorella mia, / Pensa alla dolcezza / Di andare laggiù a vivere insieme».

[28] G. Genette, *Palimpsestes* cit., p. 254. L'esempio sarà ripreso da Pierre Bayard, il quale, dopo aver notato l'inadeguatezza dei decasillabi nella *Franciade* di Ronsard, si è applicato a tradurli in alessandrini. Pur citando Genette, lo studioso afferma di aver adottato «una soluzione già proposta nel XVI secolo» (P. Bayard, *Comment améliorer les oeuvres ratées?*, Paris, Minuit, 2001, p. 140). Del resto, anche la sua decisione di «deversificare» la *Henriade*, sopprimendone cioè la versificazione per togliere alla scrittura di Voltaire «il peso quasi militare in cui è rinserrata» (ivi, p. 137), ha illustri precedenti (si pensi all'intervento di Houdar de la Motte su Racine, cui accenneremo nell'ultimo capitolo).

[29] J.-L. Nancy, *La jeune carpe*, in AA.VV., *Haine de la poésie*, Paris, Christian Bourgois, 1979, pp. 94-123.

[30] La definizione è in G. Genette, *Palimpsestes* cit., p. 60.

[31] C. Baudelaire, *Oeuvres complètes*, texte établi, présenté et annoté par C. Pichois, «Bibliothèque de la Pléiade», vol. I, Paris, Gallimard, 1973, p. 53.

Ebbene, dopo aver citato il primo verso di Baudelaire («Mon enfant, ma soeur»), composto, come il secondo, da cinque sillabe, Valéry suggerisce di allargare il terzo, portandolo da sette («D'al-ler là-bas vi-vre en-semble») a otto («D'al-ler vi-vre là-bas en-semble», che in italiano, sempre senza alcuna corrispondenza metrica, vale: «Di andare a vivere laggiù insieme»). Ascoltiamo le sue esatte parole: «Poetica. Errore di Baudelaire: 'Mon enfant, ma soeur' ecc. Lui [Baudelaire] fa 5 + 5 + 7, ma è disarmonico. Io avrei fatto 5 + 5 + 8, e invece di '*D'aller là-bas vivre ensemble*' = 7, avrei messo: '*D'aller vivre / là-bas / ensemble*' = 8, o qualsiasi altra cosa capace di fare 8, perché il suo verso di 7 è prosa»[32]. Un suggerimento così audace, commenta reciso Genette, giustifica le peggiori ritorsioni.

Considerazioni del genere implicherebbero un discorso ben più ampio sul piano classificatorio. Questo tipo di esercizi, per esempio, potrebbe rientrare nella parodia, «o trasformazione testuale a funzione ludica»[33]. Raggruppando diversi tipi di imitazione stilistica sotto il termine globale di «mimotesto», Genette vi ha inserito le trasformazioni teorizzate dall'Oulipo (il celebre laboratorio di letteratura potenziale cui parteciparono Queneau e Perec), trasformazioni che, secondo Marx, avrebbero come immediato antecedente proprio il lavoro di Prévost sulla metrica delle *Fleurs du mal*[34]. Ancora: attenendosi allo schema generale delle forme intertestuali presentato in *Palimpsestes*, i casi sinora citati dovrebbero essere rubricati come pratiche a regime «serio» e a relazione «trasformazionale». D'altro canto, Genette propone di valutare la transmetrizzazione di *Recueillement* realizzata da Prévost (dagli alessandrini agli ottosillabi) come un campione di trasformazione quantitativa ottenuta per riduzione, laddove l'«alessandrinizzazione» del *Cimetière marin*, abbiamo visto, lo era per ampliamento. Potremmo infine ricondurre il nostro caso a quelle manifestazioni di travestimento burlesco il cui aspetto canonico prevede la «riscrittura in ottosillabi e in stile volgare di un testo epico»[35]... Tuttavia, visto che la riscrittura di Prévost

[32] P. Valéry, *Cahiers*, édition établie, présentée et annotée par J. Robinson, «Bibliothèque de la Pléiade», vol. II, Paris, Gallimard, 1974, p. 1140.

[33] G. Genette, *Palimpsestes* cit., p. 49.

[34] Il critico parla esplicitamente di «una dimensione ludica, addirittura pre-oulipiana» (W. Marx, *Naissance* cit., p. 167).

[35] G. Genette, *Palimpsestes* cit., p. 65.

non è in stile volgare, e il sonetto di Baudelaire non può definirsi epico, limitiamoci a prendere atto delle oggettive contiguità con quel modello (almeno in relazione all'intento mimetico e allo stampo metrico), evitando ogni forzatura nomenclatoria.

Piuttosto, può essere curioso rimarcare una significativa coincidenza editoriale fra la pubblicazione dei *Palimpsestes* genettiani e l'uscita di un testo intitolato *Les djinns boîteux* (*Gli spiritelli zoppi*), di Benoît de Cornulier. Lo studio parte dal poemetto *Les djinns* di Victor Hugo, formato da quindici strofe con otto metri diversi, disposti in ordine prima crescente e poi decrescente. Proponendosi appunto di offrire un'«edizione zoppa»[36] (ossia volutamente erronea) del prototipo, Cornulier ne manomette il virtuosistico impianto metrico. Il suo intervento si traduce nell'inserimento di una zeppa monosillabica all'interno di ogni strofa, così da decostruire il meccanismo della poesia di Hugo in una prospettiva eminentemente didattica. In tal modo, l'esperimento appare come l'esatto opposto di quello realizzato da Prévost: se quest'ultimo vuole procedere a un salvataggio dell'originale (con un intento critico), l'altro mira piuttosto a un suo sabotaggio (sia pure a scopo educativo). Vediamo allora come l'autore di *Baudelaire* mise in atto la sua manipolazione.

IV

Dei due tentativi di transmetrizzazione realizzati nel saggio, dunque, uno risulta parziale, l'altro integrale. Il primo, apertamente ispirato a Valéry, concerne proprio *L'invitation au voyage* e, anzi, si riduce in apparenza a un semplice adempimento del compito segnalato dal maestro, con l'invito a portare alcuni versi da sette a otto sillabe: «Quasi fosse un sacrilegio», confessa l'autore, «abbiamo provato a vedere come suonerebbe all'orecchio una simile alternanza»[37]. Il reperto riguarda la prima strofa, ma solo parzialmente: infatti, dei dodici versi complessivi, Prévost lascia integri tutti quelli composti da cinque sillabe, limitandosi a modificare i restanti quattro.

[36] B. de Cornulier, *Théorie de vers*, Paris, Seuil, 1982, p. 14. Interrogato al riguardo, Maurizio Bettini si è chiesto se l'edizione zoppa del poemetto di Hugo non voglia alludere ai trimetri scazonti (cioè «zoppi») dei giambografi greci, come Ipponatte.

[37] J. Prévost, *Baudelaire* cit., p. 329.

Rispetto al modello di partenza, il suo intervento tocca solo i versi più lunghi, i quali, ricevendo ciascuno una sillaba in più delle sette attribuite loro da Baudelaire, risultano trasformati in altrettanti ottosillabi. In tal modo, «D'aller là-bas vivre ensemble!» («Di andare laggiù a vivere insieme»); «Au pays qui te ressemble!» («Nel paese che ti assomiglia»); «Pour mon esprit ont les charmes» («Per il mio spirito hanno gli incanti») e «Brillant à travers leurs larmes» («Brillando attraverso le loro lacrime») diventano rispettivamente: «De partir là-bas vivre ensemble!» («Di partire verso laggiù per vivere insieme»); «Dans le pays qui te ressemble!» («Nel paese che ti assomiglia»); «Offrent à mon esprit les charmes» («Offrono al mio spirito gli incanti») e «Qui brillent à travers leurs larmes»[38] («Che brillano attraverso le loro lacrime»).

Abbiamo accennato a un fedele, diligente adattamento del dettato valériano, compiuto grazie a un'incrollabile fede nella «saldezza dell'ottosillabo»[39]. A ben vedere, però, le cose vanno un po' diversamente, sia pure nell'ossequio allo sbrigativo dettato del maestro (aumentare il numero di sillabe con qualsiasi cosa «capace di fare 8»[40]). Infatti, l'unica particolareggiata indicazione disponibile, ossia quella relativa al terzo verso («D'aller vivre là-bas ensemble»), viene bellamente ignorata a favore di un'altra soluzione («De partir là-bas vivre ensemble»). Per il resto, possiamo applicare all'operazione la stessa formula usata da Genette in relazione al proprio intervento sul *Cimetière marin*: se lì si trattava di «alessandrinizzare un decasillabo», qui ci si sforza di portare a otto sillabe un verso di sette (Genette parla in particolare di una «ottosillabizzazione»[41]), con il vantaggio di dover aggiungere un unico piede anziché due, e con la conseguenza di dover attenuare il giudizio di piattezza e facilità emesso al riguardo dal critico. Decliniamo perciò questo poco attraente «invito» al viaggio metrico, per concentrarci sull'unico caso di transmetrizzazione integrale portato a termine da Prévost nel suo libro. Il prototipo, lo si è già detto, riguarda, ancora una volta, *Recueillement*.

[38] *Ibid.*
[39] *Ibid.*
[40] P. Valéry, *Cahiers* cit., vol. II, p. 1140.
[41] G. Genette, *Palimpsestes* cit., p. 256.

V

Siamo di fronte a un'ennesima riprova dell'eccezionale ascolto di cui ha goduto il nostro testo, dato che, in un volume di circa quattrocento pagine, è questo il solo esempio riportato. Cominciamo cercando il movente di una scelta critica così azzardata come la riformulazione di un capolavoro. Bastano pochi riscontri per comprendere che l'indagine otterrà due risposte, secondo quanto osserveremo nell'ultimo capitolo (*Logiche di inclusione letteraria*) a proposito della tradizione greco-romana. Come vedremo, le antiche pratiche della riscrittura seguivano due strade: stigmatizzare le ineleganze di un'opera, o sottolinearne il valore. Lo stesso atteggiamento si ritrova in Prévost, mosso dai medesimi intenti perfettivi o encomiastici. Se il primo caso riguarda le modifiche introdotte nell'*Invitation au voyage*, volte a un abbellimento del testo originale, per quanto attiene a *Recueillement* abbiamo piuttosto a che fare con trasformazioni tese a provare il contrario, ossia l'impossibilità di migliorare il testo di partenza.

Si colloca qui un ingegnoso esempio di simulazione critica che merita d'essere ripercorso per intero. Immaginiamo, afferma Prévost, che un convinto assertore delle regole classiche ottocentesche, un Désiré Nisard o un Gustave Lanson, debba emettere un giudizio sul sonetto di Baudelaire: ebbene, il suo parere potrebbe solo suonare negativo. Per dimostrarlo, si passa a elencare una lunga serie di obiezioni, in gran parte realmente formulate da varie generazioni di interpreti, e in sostanza riconducibili al fatto che, malgrado le sue indubbie qualità, la composizione conterrebbe goffaggini e ripetizioni. Come sorgessero da un antico coro, queste voci si accavallano in otto riprese, con un notevolissimo effetto drammatico.

Proverò a riassumerne le argomentazioni, a costo di smarrire quello slancio che l'irruzione del discorso diretto riesce a imprimere nel quieto dipanarsi dell'analisi. Secondo il feroce, ipotetico critico descritto da Prévost, entrambe le quartine traboccherebbero di pleonasmi, la prima con *sois sage* («fa' la brava»), *il descend* («scende»), *enveloppe* («avvolge») e «aux uns et aux autres» («agli uni e agli altri»); la seconda con *multitude* («moltitudine»), *bourreau* («boia»), *cueillir des remords* («cogliere rimorsi») e *ma Douleur* («mia Pena»). Lo stesso vale per la prima terzina. Senza infierire sull'espressione *loin d'eux* («lontano da loro»), basti osservare come questa strofa abbia l'aggravante di presentare una lenta cascata di infiniti, di contrapporre la luttuosità delle *défuntes Années* («defunti Anni») alla delicatezza delle *robes surannées* («vesti antiquate»), di moltiplicare le astrazioni con l'aggiunta del *Regret* («Rimpianto») alla *Douleur* («Pena») e alle *Années* («Anni»), di incorrere nel doppio genitivo «du fond des eaux» («dal fondo delle acque» [il primo dei quali reso in italiano con un complemento di moto da luogo]), e infine di invertire l'ordine dell'azione: «Sarebbe stato meglio», incalza questa speciosa figura di avvocato del diavolo, «evocare il luogo, prima dei personaggi, cioè sistemare i vostri balconi, prima di far venire gli anni ad affacciarvisi»[42]. Quanto poi all'ultima strofa, oltre alla ridondanza dell'attributo *long* («lungo»), le imputazioni vertono sul rapporto fra l'aggettivo *moribond* («moribondo») e il verbo *mourir* («morire»), sull'imprecisione di termini quali *traînant* («trascinato») e *comme* («come»), ma soprattutto sulla bruttezza del primo emistichio dell'alessandrino finale: «Dire 'Mia cara' [*Ma chère*] per parlare alla vostra pena [*douleur*], suona come una tenerezza o una facilità da portinaia; questa disastrosa espressione vi obbliga a ripetere *entends* ['ascolta'], infliggendo così al nostro orecchio ben quattro *en* in sei sillabe [*en*-t-*en*-ds / *en*-t-*en*-ds], cosa che guasta la squisita armonia delle ultime parole»[43].

Come si vede, molte e variegate sono le accuse contro *Recueillement* che Prévost, sulla base di una nutrita tradizione, espone con minuzia al solo scopo di meglio confutarle. La più insistente, a ogni modo, resta quella relativa all'abuso di riempitivi e ripetizioni. Insomma, per dirla con il titolo di un saggio di Guglielmo Gorni, dovremmo davvero esclamare: *Chi ha paura della zeppa?*[44]. Non certo Marcel Proust, bisognerebbe affrettarsi a precisare, vista la foga con cui, intorno al 1910, difese Baudelaire proprio dall'accusa di ricorrere alle *chevilles* («zeppe»), rivendicando anzi l'importanza della loro funzione[45]. Ebbene, prosegue Prévost, se l'autore avesse voluto esaudire le richieste dei suoi critici, forse sarebbe tornato sul sonetto per consegnarlo loro «corretto, alleggerito, ridotto esattamente a un ter-

[42] J. Prévost, *Baudelaire* cit., p. 334.
[43] Ivi, p. 335.
[44] G. Gorni, *Chi ha paura della zeppa?*, in *Metrica e analisi letteraria*, Bologna, Il Mulino, 1993, pp. 275-293.
[45] M. Proust, *Sainte-Beuve et Baudelaire*, in *Contre Sainte-Beuve*, Paris, Gallimard, 1954, p. 223.

zo, senza dover sacrificare neanche una fra le sue bellezze di dettaglio»[46]. Appunto a questo paradossale e provocatorio tipo di emendazione tenderanno i suoi sforzi, in quella sorta di «traduzione» metrica che è finalmente venuto il momento di esaminare da vicino.

VI

Rispetto alla metamorfosi subìta da alcuni versi dell'*Invitation au voyage* (passando da sette a otto sillabe), adesso il procedimento metrico appare inverso. Nel passaggio dall'alessandrino (composto di dodici sillabe) all'ottosillabo, invece che salire di una unità, occorre discendere di quattro. È proprio questo scarto a fare di una simile riscrittura la sfida più impegnativa affrontata da Prévost. Eccoci dunque alla nuova versione di *Recueillement*, sorta di singolare riscrittura:

Ma Douleur, tiens-toi plus tranquille.
Tu voulais le Soir; le voici:
L'air obscur verse sur la ville
Plus de paix ou plus de souci.

Cependant que la foule vile
Que fouette un plaisir sans merci
S'écoeure à la fête servile,
Prends-moi la main; viens par ici.

Aux balcons du ciel, mainte année
Se penche en robe surannée;
Emerge un regret souriant;

Le Soleil s'endort contre une arche;
Un linceul traîne à l'Orient:
Entends la douce Nuit qui marche[47].

Come già in altri casi, diamo qui di seguito una semplice traduzione ausiliaria, che non tiene alcun conto della scansione metrica:

[46] J. Prévost, *Baudelaire* cit., p. 336.
[47] *Ibid.*

Mia Pena, sta' più tranquilla.
Tu invocavi la Sera; eccola:
L'aria oscura versa sulla città
Più pace o più affanno.

Mentre la folla vile
Frustata da un piacere senza pietà
Si disgusta nella festa servile,
Prendimi la mano; vieni qua.

Ai balconi del cielo, una quantità di anni
Si affaccia in veste antiquata;
Emerge un rimpianto sorridente;

Il Sole si addormenta contro un'arcata;
Un sudario si trascina a Oriente:
Ascolta la dolce Notte che cammina.

Proviamo a riassumere i tratti principali di questa transmetrizzazione che Hartmut Köhler, definendola una «versione scheletrica che mette i brividi», ha liquidato come un semplice gioco «spiritoso e crudele»[48]. La prima cosa da osservare riguarda la conservazione dell'intero sistema rimico (salvo che per la sfumatura rappresentata dall'introduzione del singolare ai versi 9 e 10: *mainte année* e *robe surannée*). Si tratta dello stesso procedimento che più tardi, in *Bâtons, chiffres et lettres*, Queneau adotterà per trasformare in haiku un sonetto di Mallarmé. Al pari di Prévost, anch'egli si affiderà alla conservazione delle sezioni finali dei versi, per estrarre così, dal testo di partenza, una sorta di «luminoso elisir».

Tornando alla riscrittura di *Recueillement*, il secondo elemento da notare riguarda una serie di abbreviazioni sul piano lessicale, in funzione di quella riduzione sillabica necessaria al passaggio dalle dodici sillabe dell'alessandrino alle otto del metro di arrivo, come nel caso di *air* («aria») per *atmosphère* («atmosfera»), o *verse* («versa») per *enveloppe* («avvolge»), al verso 3. Non meno rilevante la scomparsa di varie maiuscole, forse casuale, ma indubbiamente significa-

[48] H. Köhler, *Valéry und Baudelaire*, in AA.VV., *Beiträge zur vergleichenden Literaturgeschichte*, Festschrift für Kurt Wais zum 65. Geburstag, a cura di J. Hösle, Tübingen, Max Niemeyer, 1972, p. 212.

tiva per l'importanza della personificazione in Baudelaire. La mossa di maggior spicco, comunque, consiste nell'abolizione dell'*enjambement* fra la seconda quartina e la prima terzina. Una scelta del genere appare tanto più sorprendente in quanto compiuta dalla stessa mano che altrove, ossia nell'analisi di *Châtiment de l'orgueil*, aveva voluto ricrearne uno a viva forza, sul modello degli *enjambements* di Hugo, «semplici e sicuri come commessure di falegname»[49].

Sarebbe però ingeneroso elencare tutte le insufficienze della transmetrizzazione, insufficienze di cui è ben conscio lo stesso Prévost. Genette è anzi arrivato a sostenere che il giudizio dell'autore sul proprio lavoro risulti, in definitiva, sin troppo severo. Infatti non dobbiamo dimenticare che l'obiettivo dell'esperimento consiste nel dimostrare come, ritoccando l'originale, si finisca per ottenere solo «un avanzo»[50] privo di alcun valore. La logica, insomma, risulta del tutto in linea con quanto praticato dagli antichi tecnografi, secondo i quali «un testo può essere manipolato, riscritto, per mostrarne contemporaneamente la funzione espressiva e la perdita di efficacia in caso di trasformazione»[51]. Servili e gregari per eccellenza, questi residui metrici hanno lo scopo di svelare retrospettivamente lo splendore della poesia originale, ossia la sua assoluta intangibilità. Pertanto, mentre alcuni fra gli esercizi di «rieducazione» metrica condotti nel volume tendono ambiziosamente alla correzione dei rispettivi testi di partenza (come nel caso dell'*Invitation au voyage*), altri, culminanti nella trasposizione di *Recueillement*, mirano invece a ratificare, sia pure per via negativa, l'inscindibilità delle loro componenti: «Restano le immagini, così come la concatenazione delle idee. Tuttavia, nel sonetto dimagrito, non rimane quasi nulla della squisita e lenta incarnazione del dolore [*chagrin*]; rimangono soltanto delle parole qualsiasi, e la seduzione cessa di esercitare il suo potere su di noi». Da qui la conclusione, che ricalca le già citate posizioni di Proust: «Quel che sembra un difetto per la retorica classica, ad esempio i pleonasmi e le lungaggini, può costituire parte inseparabile del valore di una poesia».

[49] J. Prévost, *Baudelaire* cit., p. 311.

[50] Ivi, p. 336.

[51] L. Spina, *Un uso particolare dei testi nei manuali di retorica*, in AA.VV., *Ars / Techne. Il manuale tecnico nelle civiltà greca e romana*, Atti del convegno internazionale Università «G. d'Annunzio» di Chieti-Pescara, 29-30 ottobre 2001, a cura di M.S. Celentano, Alessandria, Edizioni dell'Orso, 2003, p. 208.

Inseparabile: ecco affiorare la parola-chiave dell'intero programma di Prévost, la quale suggerirà forse al lettore italiano la celebre formula dantesca sull'illegittimità di ogni traduzione poetica, in quanto atto di effrazione condotto su un'opera «per legame musaico armonizzata»[52]. Come si è detto, è questa la lezione suggerita da un libro per tanti aspetti così distante da noi – una lezione che, per quanto ingenua, trae il suo interesse dalla sfrontata libertà d'azione su cui si basa. La sconcertante disinvoltura di cui dà prova il critico con il suo falso, dischiude cioè la possibilità di un rapporto fra lettore e autore talmente intimo da apparirci imbarazzante, scandaloso, aperto all'esistenza potenziale di versioni che «avrebbero potuto essere»[53].

A questo punto sorge spontanea una domanda: come valutare i prodotti di questa «critica immaginaria ed esemplarmente drastica»[54]? Cosa fare dei suoi improbabili reperti, doppi perturbanti, testi in un certo senso paralleli al loro originale? Con che coraggio dare cittadinanza scientifica al lavoro di uno studioso così eterodosso nei riguardi del concetto stesso di autorialità? In qualunque modo li si voglia giudicare, di fronte a questi campioni di critica «eugenetica» non resta che convenire con Genette, secondo cui, per comprendere il meccanismo poetico, «nulla è più utile di simili giochi»[55].

[52] Dante, *Convivio*, I, VII, 14-5. Ma cfr. al riguardo M. Chiamenti, *Dante Alighieri traduttore*, Firenze, Le Lettere, 1995, pp. 195-208.

[53] L. Richer, *Jean Prévost* cit., p. 92.

[54] G. Genette, *Palimpsestes* cit., p. 255.

[55] Ivi, p. 256.

6
Colette si sposa (1944): *pastiches*, rebus e *calembours*

I

Rispetto alla profonda e articolata riflessione di Prévost su *Recueillement*, il contributo offerto in quegli stessi anni da Colette apparirà poco più che un *divertissement*, ancorché lievemente malinconico. Il motivo per cui questo capitolo tira in ballo il suo nome, risale infatti a una piccola prosa di neanche dieci pagine. Si tratta di *Noces*, nella quale, tra emozione e ironia, si racconta il primo matrimonio dell'autrice, andata sposa il 15 maggio 1893 al suo fidanzato e pigmalione Henry Gauthier-Villars (Willy). Prima di esaminare il testo, vale la pena ricostruire le tappe della sua pubblicazione. Quest'operina dal taglio autobiografico apparve a Losanna nel 1944, ossia all'indomani dello sbarco alleato in Normandia, in coda a un volume che, con il titolo *Gigi*, comprendeva altri tre testi, ovvero due novelle (la stessa *Gigi* e *La dame au photographe*) e un poema in prosa (*Flore et Pomone*).

L'anno seguente, quando il libro fu ristampato, la situazione era completamente mutata. A guerra conclusa, Colette aveva ritrovato il suo editore francese Ferenczi (con cui aveva iniziato a pubblicare sin dal 1922, e presso il quale aveva diretto una collana). Inoltre, dal 2 maggio 1945, la sua firma poteva finalmente essere seguita dalla menzione «dell'Académie Goncourt». Tante trasformazioni si riflessero sulla struttura del volume, che vide *Noces* sostituito dal racconto *L'enfant malade*. Ha commentato Alain Brunet: «Chi ama i simboli e le immagini potrà forse vedere in tutto ciò una sorta di trasposizione, e considerare che *L'enfant malade* è la Francia del 1940-1944, e che il delirio dell'uno può essere assimilato agli errori dell'altra»[1].

Oltre agli interrogativi legati a questa modifica, *Noces* presenta alcuni problemi di datazione. Brunet, ad esempio, sostiene che tutti i testi di *Gigi* sarebbero stati composti durante la seconda guerra mondiale; altri studiosi, invece, hanno situato la redazione di *Noces* intorno al 1924. I curatori dell'edizione Pléiade ne parlano poi come di un «breve racconto-ricordo di cui si ignora quando venne scritto»[2]. Quanto alle vicissitudini della pubblicazione, secondo alcuni critici la decisione di escludere la prosa dal volume in cui era uscita nel 1944 non sarebbe stata giustificata da criteri di valore, bensì da ragioni d'ordine letterario, poiché, a loro avviso, queste pagine, non appartenendo né a un racconto né a una novella, sarebbero risultate più adatte a un libro di ricordi. Così, mentre *Gigi* si affermò di lì a poco grazie all'adattamento cinematografico e teatrale (con una toccante Audrey Hepburn che la leggenda vuole sia stata scoperta proprio da Colette), *Noces* rientrò nell'ombra, trovando posto tutt'al più in appendice a qualche edizione del libro.

La tesi di Brunet è che il titolo espunto stonasse rispetto all'insieme, gettando sugli altri testi una luce troppo personale, e suggerendo così un'eccessiva identificazione fra la protagonista della raccolta e la sua autrice. Con l'inserimento dell'*Enfant malade*, l'assetto complessivo del libro risulta dunque radicalmente mutato, e all'evocazione di un matrimonio infelice subentra l'emblematica storia di una guarigione. Per dirla con una battuta, «*exit* l'autobiografia a favore della finzione»[3].

II

Questo per quanto riguarda la genesi del volume che accolse inizialmente la nostra prosa. Prima di esaminare il testo vero e proprio, passando per così dire dalla macro- alla microstruttura, è tuttavia necessaria una rapida annotazione riguardo agli autori amati da Colet-

[1] A. Brunet, *Avant-propos*, in Colette, *Gigi*, Paris, Hachette, 2004, p. 8.

[2] C. Pichois, A. Brunet, *Notices, notes et variantes*, in Colette, *Oeuvres*, édition publiée sous la direction de C. Pichois et A. Brunet, «Bibliothèque de la Pléiade», vol. IV, Paris, Gallimard, 2001, p. 1217.

[3] A. Brunet, *Avant-propos* cit., p. 8.

te. Rari sono i nomi di poeti che appaiono sotto la sua penna. A parte Léon-Paul Fargue (cui la legavano sentimenti d'amicizia e affinità intellettuali) e Cocteau (soprattutto perché suo vicino al Palais-Royal), nei suoi scritti non è nominato quasi nessun poeta. Valéry non compare da nessuna parte, e Claudel deve la sua menzione solo alla propria opera drammatica, che Colette recensì coscienziosamente. Ecco perché, come è stato affermato, nelle sue pagine «non figurano né un surrealista, né un dissidente surrealista o un poeta franco tiratore»[4].

Se la tradizione poetica, francese o meno, risulta nel complesso piuttosto lontana dall'ispirazione dell'autrice, per quanto riguarda i suoi rapporti con Baudelaire non è invece mancata qualche incursione critica. Nell'ampia bibliografia a lei consacrata si trovano infatti alcuni interventi volti a indagare l'influenza esercitata dalle *Fleurs du mal* sulla sua scrittura, ora attraverso il tema dei paradisi artificiali, ora tramite quello dell'amore saffico. Certo, c'è chi ha sostenuto che, «per quanto abbia forse letto l'opera di Baudelaire, Colette non la menziona mai»[5]. L'affermazione, però, viene smentita, prima ancora che dalle pagine di *Noces*, da un importante passo di *Le pur et l'impur*, in data 1932.

Nel tracciare un ritratto di Renée Vivien, poetessa inglese di lingua francese, il saggio si sofferma sulla sua diseguale produzione lirica, avanzando una serie di riserve. Dopo aver respinto alcune obiezioni di taglio moralistico, dopo aver rivendicato la piena dignità tematica dell'omosessualità femminile, il testo prosegue: «Ammirabilmente esperta della nostra lingua, avvezza ai rigori del metro francese, Renée Vivien tradisce la sua origine straniera – cioè l'assimilazione rallentata dei capolavori francesi – essudando il suo baudelairismo solo fra gli anni 1900-1909. Il che, per noialtri, era davvero un po' tardi»[6]. Il ritardo con cui la scrittrice d'Oltremanica recepisce il modello rappresentato dalle *Fleurs du mal*, fa sì che la sua opera, seb-

[4] H. Bouiller, *Colette et la poésie*, «Cahiers Colette», n. 15, *Le génie créateur de Colette*, colloque à la Sorbonne et à l'Inrp, 1-2 juin 1992, p. 165.

[5] M. Milner, *Colette et les paradis artificiels*, in AA.VV., *Hommage à Claude Pichois. Nerval, Baudelaire, Colette*, textes recueillis par J.-P. Avice et J. Thélot, Paris, Klincksieck, 1999, p. 145.

[6] Colette, *Le pur et l'impur*, in *Oeuvres* cit., vol. III, 1991, p. 606. Pichois ha notato che il termine «baudelairisme» era già apparso sotto la penna di Charles Maurras in un articolo del 1903.

bene collocata in «una regione di elevata tristezza», sia quella di «un poeta che canta il pallore delle amanti, i singhiozzi e le albe desolate». Simili stereotipi, ha commentato Jacques Dupont, dimostrerebbero insomma come, stando a Colette, Renée Vivien finisca per indebolire l'energia del verbo baudelairiano, degradandolo a prevedibile repertorio letterario[7].

L'idea di questa tardiva «essudazione» meriterebbe un approfondimento. Tuttavia, sarà bene riportare l'attenzione su *Noces*. È in questo testo, infatti, che fa la sua comparsa *Recueillement*, con due versi citati e variati in forma parodica.

III

Dedicato alla ricostruzione di un «piccolo, assai modesto matrimonio»[8], il racconto descrive il pomeriggio del rinfresco, fra qualche parente, i testimoni, pochi amici e nessun fotografo. L'atmosfera festosa, in verità, nasconde il presagio di uno scacco amoroso, come trapelerà dall'amara conclusione. Sarà la madre, la leggendaria Sido, a presentire i dissapori che di lì a poco emergeranno fra la giovanissima figlia (chiamata a svolgere il compito di io narrante) e il suo maturo, mondano, disinvolto marito (sorta di don Giovanni della Belle Époque). Ma ecco il passo che più ci sta a cuore.

Nel giardino dell'abitazione, il fratello maggiore della sposa ingaggia una brillante gara di indovinelli con il cognato. Di quindici anni più anziano della consorte, quest'ultimo non rinuncia a lavorare neanche il giorno del suo matrimonio, preparando battute e storielle da inviare, per via ferroviaria, alla redazione della testata in cui lavora. Il «prestigioso giornalista molto parigino»[9] spera di averne un paio per l'indomani, da destinare a rubriche come «Pubblicità poetica» o «Pubblicità letteraria»[10]. Quanto alla giovane convolata

[7] J. Dupont, *Baudelaire et Colette. Du côté de Lesbos*, ivi, pp. 155-167. Cfr. anche G. Jasser, *La hiérarchie des genres dans «Le pur et l'impur» de Colette*, «Nouvelles questions féministes», 1993, vol. 14, n. 3, pp. 63-82, e J. Dupont, *Faire une fin: remarques sur «Le pur et l'impur» de Colette*, «Revue d'histoire littéraire de la France», vol. 105, 2005/4, pp. 929-938.

[8] Colette, *Noces*, in *Oeuvres* cit., vol. IV, p. 559.

[9] Ivi, p. 561.

[10] Ivi, pp. 560 e 561.

a nozze, essa si dice ormai da tempo abituata a tali divertimenti maschili, fra i quali annovera «giochi di spirito come *pastiches* irriverenti, rebus, *calembours* e acrostici satirici»[11].

Quattro sono gli esempi riportati nelle pagine di *Noces*, senza contare un quinto, appena accennato, relativo a Sully Prudhomme. Il primo, di carattere bilingue, presenta una frase olorima, in cui, cioè, la rima risulta costituita dalla totalità delle sue componenti (alcuni precedenti si trovano già in Victor Hugo). Giocando sul passaggio fra livello fonetico e livello semantico, Colette parte dalla formula latina «Morituri te salutant» per ottenere un secondo enunciato, questa volta in francese. Grammaticalmente corretta, e soprattutto identica, almeno nella pronuncia, al campione iniziale, la nuova espressione suona: «Mauri, tu ris, tes saluts tentent»[12] (ossia «Mauri, tu ridi, i tuoi saluti tentano»).

L'esordio appare brillante, ma senza riferimenti letterari. Con le tre prove successive, invece, il racconto si volge a materiali specificamente poetici. Anche se l'edizione Pléiade delle opere di Colette non ne indica la fonte, il primo esempio si riferisce a La Fontaine, tirato in ballo con i versi di *Le cochet, le chat, et le souriceau* (*Il galletto, il gatto e il topolino*). I personaggi di *Noces* lavorano sul bisticcio tra i due significati del sostantivo *mine*: mentre l'autore delle *Fables* lo intende in quanto «aspetto», essi lo interpretano come «miniera». Da qui la riscrittura del finale, in forma di avvertenza rivolta a un ipotetico coltivatore. Il distico di La Fontaine, diretto contro i pericoli dell'ipocrisia, recitava: «Garde-toi, tant que tu vivras, / De juger des gens sur la mine»[13] (cioè: «Bada finché vivrai / A non giudicare la gente dal suo aspetto»). Muovendo dall'originale, i nostri buontemponi affidano a due versi alessandrini l'illustrazione dei rischi legati allo sprofondamento di un terreno in aperta campagna. Sotto la dicitura di *Moralità* viene quindi proposta questa variante agricola: «Garde-toi, tant que tu vivras, / De jucher les champs sur la mine»[14] (cioè: «Bada finché vivrai / A non collocare i campi sopra la miniera»).

[11] *Ibid.*

[12] Ivi, p. 560.

[13] J. de La Fontaine, *Oeuvres complètes*, t. I, *Fables, contes et nouvelles*, texte établi et annoté par R. Groos et J. Schriffin, «Bibliothèque de la Pléiade», Paris, Gallimard, 1954, p. 137.

[14] Colette, *Noces* cit., p. 560.

Nello stesso registro goliardico si colloca il secondo esercizio poetico, riferito all'*incipit* di una composizione tratta da *Feuilles d'automne* di Victor Hugo. In questo caso, lo scambio comico non riguarda le parole usate, bensì la situazione che ha luogo nella scena descritta. I due versi del poeta tratteggiano un quadretto domestico: «Lorsque l'enfant paraît, le cercle de famille / Applaudit à grands cris»[15] («Quando il bambino appare, la cerchia familiare / Applaude con alte grida»). Rispetto a essa, la nuova versione prospetta una lettura dislocata e straniante. In questo caso, la frase non cambia, ma viene situata in un contesto del tutto differente. Prendendo in senso letterale il verbo *paraître* (ossia «apparire»), il bambino diventa un neonato colto nell'atto di venire alla luce, mentre gli astanti si felicitano con l'abile levatrice, una qualunque Madame Lachapeigne capace di guidare a buon fine le fatiche del parto. Riformulato in una prospettiva ginecologica, il lirismo di Hugo si traduce così nell'esclamazione di gioia che accoglie un brillante intervento di ostetricia: «Quando il bambino appare, la cerchia familiare / Applaude con alte grida»[16].

Arriviamo così al terzo e ultimo gioco di parole letterario. Questa volta a idearlo è la sposa stessa, che riceverà l'entusiastica approvazione del compagno. Dopo aver ascoltato le proposte degli amici, eccola finalmente prendere l'iniziativa: «Io ne ho un'altra, gridai da lontano, ho un Baudelaire!»[17]. A questa esclamazione segue l'inizio del nostro sonetto. Il testo riportato, tuttavia, subisce alcune lievi, ma significative alterazioni rispetto all'originale.

Riportiamo i due versi di *Recueillement*:

> Sois sage, ô ma Douleur, et tiens-toi plus tranquille.
> Tu réclamais le Soir; il descend; le voici:

con la loro traduzione di servizio:

> Fa' la brava, o mia Pena, e sta' più tranquilla.
> Tu invocavi la Sera; essa scende; eccola:

[15] V. Hugo, *Feuilles d'automne*, in *Oeuvres poétiques. Avant l'exil, 1802-1851*, édition établie et annotée par P. Albouy, «Bibliothèque de la Pléiade», vol. I, Paris, Gallimard, 1964, p. 756.

[16] Colette, *Noces* cit., p. 560.

[17] *Ibid.*

Così, invece, Colette:

> Sois sage, ô ma douleur, et tiens-toi plus tranquille.
> Tu demandais *Le Soir*, il descend, le voici...[18]

ovvero, in italiano:

> Fa' la brava, o mia Pena, e sta' più tranquilla.
> Tu chiedevi *La Sera*; essa scende; eccola...

Se l'alterazione del verbo rispetto all'originale importa poco (da *réclamais* [«invocavi»] a *demandais* [«chiedevi»]), se la minuscola di *douleur* non ha troppo valore (come pure le sostituzioni, dopo *Soir* e *descend*, del punto e virgola con la semplice virgola), a rivelarsi fondamentali sono due cambiamenti: da un lato la trasformazione del sostantivo *Soir*, che ora figura in un carattere diverso dal resto della composizione (corsivo rispetto al tondo), dall'altro quella dell'articolo determinativo, anch'esso riprodotto ora in maiuscolo. Bastano queste due mosse, e il gioco è fatto: la sera baudelairiana è diventata il nome di un quotidiano popolare, la cui uscita viene attesa con impazienza. Altrimenti detto, il poetico arrivo del tramonto si è trasformato nella prosaica diffusione di un giornale. E tutto ciò soltanto ricorrendo a un paio di minime modifiche!

L'effetto non potrebbe essere più beffardo, specie per quanto riguarda l'uso delle maiuscole. Infatti, mentre nelle *Fleurs du mal* questo accorgimento era posto al servizio della personificazione, in *Noces* lo si ritrova impiegato per segnalare il titolo di un periodico. A spiegarlo sarà la sposa stessa, la quale, riferendosi appunto alla testata «Le Soir», precisa: «...ma ormai apparirà su sei pagine, con due rubriche quotidiane firmate dai nomi più amati dal pubblico... Può andare, così?». Il plauso del marito conferma la piena riuscita della freddura.

Siamo di fronte a un bisticcio di genere diverso rispetto a quelli dei tre esempi precedenti. Dopo la frase olorima (con il passaggio dal latino al francese), dopo lo scherzo imperniato sulla doppia accezione del termine *mine* (a partire da La Fontaine), dopo il lazzo basato sullo scambio di situazione (la trasposizione dei versi di Hu-

[18] *Ibid.*

go in un contesto clinico), ora Colette si affida all'artificio della stampa. La parodia, cioè, si risolve in un semplice gioco tipografico, facendo sì che la sofferta invocazione del sonetto baudelairiano si tramuti nella banale richiesta di un lettore, avido di ricevere il suo giornale preferito...

(Qualche precisazione tecnica. I quattro esempi di *Noces* possono essere definiti come esercizi in crescendo su un gioco senza modifiche, del tipo che Stefano Bartezzaghi ha definito «impassibile»: una sorta di prestidigitazione a mani legate. Essi, però, divergono sensibilmente fra di loro: se gli olorimi vertono sulla perfetta equivalenza, l'omofonia si muove piuttosto nella dimensione dell'*à-peu-près*. *Mine*, ad esempio, è omonimia perfetta, anche se il verso di La Fontaine viene poi ritoccato con bisticci. Con il suo cambio di contesto, il terzo caso [dove il verso di Hugo non viene affatto alterato] può invece ricordare i cosiddetti «ambigrammi a oscillazione»[19]. Il quarto esempio, infine, relativo a *Recueillement*, funziona solo su base tipografica. Tanto più strano è il fatto che esso sia stato concepito in un àmbito orale, come quello che caratterizza l'intero racconto. Un'ultima osservazione: a rigore, la qualifica di «indovinello» può risultare imprecisa. Probabilmente sarebbe più giusto dire che siamo nella sfera delle parole-chiave, dell'ambiguità o del doppio senso. In effetti, se il procedimento è tipico degli indovinelli, qui non si chiede di decifrare il testo. Al limite, si potrebbe parlare anche di inghippo o di tranello).

IV

«Colette non indietreggia davanti ai *calembours*»[20], è stato giustamente rilevato, e *Noces* ne è la riprova più evidente. D'altronde, come non ricordare, in tanti suoi romanzi, le virtuosistiche variazioni

[19] S. Bartezzaghi, *L'elmo di don Chisciotte. Contro la mitologia della creatività*, Roma-Bari, Laterza, 2009, p. 66.

[20] N. Houssa, *Le souci de l'expression chez Colette*, Bruxelles, Palais des Académies, 1958, p. 151. La Houssa ricorda un altro gioco di parole in *Claudine à Paris*, composto sempre a partire da una poesia di Hugo, *Napoléon II*. Alterando i nomi degli animali araldici chiamati a simboleggiare l'imperatore e suo figlio, il verso originale: «L'Angleterre pris l'aigle, et l'Autriche l'aiglon» («L'Inghilterra prese l'aquila, e l'Austria l'aquilotto») diventa: «L'Angleterre pris Leygues [...] et l'Autriche: l'Héglon» («L'Inghilterra prese Leygues [...] e l'Austria: l'Héglon» [allusione a due personaggi pubblici dell'epoca di Colette], *ibid.*).

eseguite sul corpo stesso di molte parole? Femminilizzazione di sostantivi maschili, modifica dell'ortografia, giochi fra suono e senso: in buona parte della sua produzione, la narratrice sottopone il materiale verbale a un fantastico lavoro di manipolazione. Così, se a proposito dell'*Entrave* si è parlato di una «percezione tattile»[21] della scrittura, l'*Enfant* mette in scena un'autentica deriva linguistica, perfetto corrispettivo del delirio che attanaglia il piccolo, febbricitante protagonista. Indubbiamente, rispetto a questa forza metamorfica, gli scherzi allestiti in *Noces* sono poca cosa. Forse però, parlando di *Recueillement*, possiamo aggiungere che la citazione non si esaurisce nella *boutade*, ma va incontro a una rifrazione ulteriore. In certo modo, infatti, è come se i versi di Baudelaire, a differenza di quelli di La Fontaine e Hugo, superassero il fragile spunto di partenza per attecchire all'interno del breve racconto, trasmettendogli il loro senso profondo. Una volta inoculato, il sonetto pare proseguire la sua azione, fino a impregnare di sé le pagine successive. Per verificarlo, è sufficiente osservare come la parola-chiave dell'indovinello (*Soir*, ossia «Sera») e il verbo correlato (*descendre*, ovvero «scendere») compaiano nuovamente all'interno del testo.

Mentre scorrono tristi e malinconiche alcune considerazioni sul matrimonio, la giornata si avvia alla conclusione. La giovane ha accettato il nuovo vincolo, eppure sembra perfettamente cosciente dell'errore commesso, tanto da dirsi già pronta a lanciare «il grande grido opportuno e sincero, il grande grido di risveglio e paura»[22]. Per dirla con Walter Benjamin, essa si mostra insomma come una delle molte «creature abbandonate, uomini e animali, che Colette ha saputo descrivere con tanta verità e tanta amarezza»[23].

Continuando nei loro motteggi, gli ospiti non trovano di meglio che paragonarla prima a un ritratto di Beatrice Cenci (l'infelice nobildonna romana giustiziata nel Cinquecento), poi a una colomba «pugnalata» (con riferimento a quel tipo di volatili, amati da Apol-

[21] C. Boustani, *L'écriture-corps chez Colette*, Paris, L'Harmattan, 2002, p. 220.

[22] Colette, *Noces* cit., p. 561.

[23] W. Benjamin, *Soll die Frau am politischen Leben teilnehmen? Dagegen: Die Dichterin Colette*, in *Gesammelte Schriften*, IV, I, Frankfurt am Main, Suhrkamp Verlag, 1972-1982 (trad. it. *La donna deve prendere parte alla vita politica? Contraria la scrittrice Colette*, in *Strada a senso unico. Scritti 1926-1927*, Torino, Einaudi, 1983, p. 276).

linaire e Proust, che portano sul petto una macchia rossa simile a una ferita). Da qui la brusca, superstiziosa reazione della madre.

Intanto il pomeriggio continua ad avanzare, e l'eroina confessa: «Il sole rosa saliva lungo la casa; la fatica di questa giornata mi ubriacava; e anche il fastidio d'aver vissuto sin dal mattino sotto sguardi che calcolavano il mio rischio. Come, così poca angoscia, così poca poesia? Ma la mia vecchia poesia erano la solitudine, l'indipendenza, la mia selvatichezza familiare, e sin dal mattino tutto le metteva in forse...»[24].

La voce del fratello interrompe queste meditazioni: «Non potreste lasciarci un angolo di tavolo per le nostre carte?». Per un istante, i giochi di parole tornano a reclamare l'attenzione. Nel salone, tuttavia, si comincia ad apparecchiare, e già si ode il tintinnìo delle stoviglie. Colette, allora, sembra guardarsi intorno, e si distoglie un istante dai suoi personaggi, per chiosare: «La lunga sera scendeva, senza acquietare il calore fuori stagione».

È appena un cenno, ma inequivocabile, per la ripetizione di sostantivo e verbo («Tu chiedevi *La Sera*; essa scende; eccola...»). Eccola veramente, verrebbe quasi da dire. Ormai non è più tempo di rebus e *calembours*. C'è poco da scherzare: l'età dell'innocenza, la sua dolce poesia, va tramontando. Messi da parte tutti i passatempi, il Tempo ritorna sovrano, e ciò che cala, adesso, è solo la splenetica, inconfondibile Sera baudelairiana, la cui pervasiva mestizia, senza più alcun sorriso, accompagna il sacrificio della sposa e insieme lo straziante crepuscolo della sua infanzia.

[24] Colette, *Noces* cit., p. 562.

7
Qualche barbaglio in Nabokov (1955): un eroe francesista

I

Nabokov ci perdoni: le pagine che seguono infrangeranno infatti uno dei suoi più espliciti interdetti. Espressa in diverse occasioni, e sempre con la medesima veemenza, la sua perentoria richiesta di non essere paragonato ad altri scrittori risulta compiutamente dalla prefazione di *Invito a una decapitazione*, datata 25 giugno 1959. «Le affinità spirituali non trovano posto nella mia concezione di critica letteraria», leggiamo: «Non sono mai riuscito a capire perché ogni mio libro scateni invariabilmente i critici alla ricerca frenetica di nomi più o meno famosi per appassionati confronti»[1]. Segue una lista di alcuni fra i tanti «missili inoffensivi» che, a detta dell'autore, sarebbero via via stati scagliati contro di lui nel corso di trent'anni: «Gogol', Tolstoevskij, Joyce, Voltaire, Sade, Stendhal, Balzac, Byron, Beerbohm, Proust, Kleist, Makar Marinski, Mary McCarthy, Meredith (!), Cervantes, Charlie Chaplin, la baronessa Murasaki, Puškin, Ruskin, e perfino Sebastian Knight». Come si vede, nell'elenco di Nabokov non mancano attori (Charlot), personaggi immaginari (il Sebastian Knight del suo omonimo romanzo) e perfino un ircocervo favoloso, nato dalla fusione fra due giganti della sua madrepatria (Tolstoevskij)!

[1] V. Nabokov, *Invitation to a Beheading*, trad. ingl. di D. Nabokov, New York, Putnam, 1959 (trad. it. *Invito a una decapitazione*, Milano, Adelphi, 2004, p. 14).

Inutile precisare che questo amore per gli scambi letterari, lungi dall'appannare l'originalità di Nabokov, ne costituisce al contrario una fra le caratteristiche principali. La pletora, l'immensa varietà dei prestiti, è stato osservato, rappresentano il tratto inconfondibile di uno scrittore che pure si vedeva come una preda poco interessante per i cacciatori di influenze[2]. Nabokov ci perdoni, dicevamo, perché, oltre a riprendere una pratica tanto detestata, aggiungeremo alla lista un nome ulteriore: quello di Baudelaire. A nostra parziale discolpa, sta il fatto che qui non si cercheranno possibili paralleli sul piano compositivo, bensì la traccia di un flebilissimo richiamo criptato che forse egli lanciò, dal suo capolavoro, verso gli sconfinati spazi dell'intertestualità. L'unico scopo di questo capitolo sarà appunto quello di captarlo e trascriverlo.

Cominciamo da un'osservazione preliminare: se Carl Ray Proffer ha notato la presenza di un'autentica «orgia di allusioni» riscontrabile nella produzione di questo romanziere, Maurice Couturier ha ribadito come, al suo interno, proliferino *pastiches*, parodie e citazioni, letterali o deformate: «Leggere Nabokov, significa in un certo senso percorrere tutta la letteratura occidentale»[3]. Sarebbe particolarmente interessante indagare questa zona ibrida, dove diverse culture si incrociano, spazio di un meticciato in cui convergono le suggestioni più varie. Per farlo, potremmo seguire l'appassionato, baudelairiano invito con cui, in *Lolita*, Nabokov chiama a sé il lettore («Lettore! Bruder!»[4]), rifacendosi al verso che chiude la prima poesia delle *Fleurs du mal*: «Ipocrita lettore, - mio simile, - mio fratello!» («Hypocrite lecteur, - mon semblable, - mon frère!»[5]).

[2] D. Roth-Souton, *Vladimir Nabokov, l'enchantement de l'exil*, Paris, L'Harmattan, 1994, p. 196. Si veda al riguardo anche J.B. Foster, *Nabokov's Art of Memory and European Modernism*, Princeton, Princeton University Press, 1993.

[3] Cfr. rispettivamente C.R. Proffer, *Keys to «Lolita»*, Bloomington-London, Indiana University Press, 1968, p. 15, e M. Couturier, *Nabokov ou la tyrannie de l'auteur*, Paris, Seuil, 1993, p. 67. Sull'uso parodico delle fonti, si veda anche J.B. Foster Jr., *Parody, Pastiche, and Periodization: Nabokov/Jameson* («Cycnos», vol. 12, n. 2, 1995, pp. 109-116), dove si parla di una cannibalizzazione casuale di tutti gli stili del passato, praticata dal primo autore nominato nel titolo, e teorizzata dal secondo.

[4] V. Nabokov, *Lolita*, trad. it. di G. Arborio Mella, Milano, Adelphi, 1993, p. 326.

[5] C. Baudelaire, *Oeuvres complètes* texte établi, présenté et annoté par C. Pichois, «Bibliothèque de la Pléiade», vol. I, Paris, Gallimard, 1973, vol. I, p. 6. Secondo Annapaola Cancogni, forse sarebbe meglio modificare il genere grammaticale di questa formula, così da declinarla al femminile e riferirla al personaggio di

Muovendo da tale esortazione, proviamo a circoscrivere, fra tanti, disparati richiami, il ruolo riservato alla cultura e alla storia francese. Che si tratti, in effetti, di una posizione privilegiata, lo ha sostenuto fra gli altri Philippe Sollers, ricordando che un libro scabroso come *Lolita*, rifiutato da tutti gli editori americani, fu pubblicato, al pari dell'*Ulisse* joyciano, a Parigi[6]. D'altronde, la conferma dell'attenzione con cui Nabokov guardò alla Francia ci viene dalla ricca bibliografia critica, che offre una serie di contributi dedicati ai rapporti fra la sua opera e quella di narratori o poeti quali Proust (soprattutto nel *Dono*, apparso in russo come *Dar* e in inglese come *The Gift)*, Flaubert (specie in *Re, donna, fante*, ossia *King, Queen, Knave*)[7], Chateaubriand, Rimbaud o addirittura Perec[8]. Un altro esempio al riguardo è inoltre offerto dal già citato *Invito a una decapitazione*. Composto in russo, questo romanzo breve, particolarmente amato da Nabokov, risulterebbe ispirato a *L'invitation au voyage* di Baudelaire, lirica che compare sia in *Ada*, sia in *Lolita*[9].

Soffermiamoci allora su quest'ultimo titolo, dato alle stampe nel 1955 e destinato a un successo tanto sensazionale sul piano mediatico, quanto lontano dagli auspici dell'autore. Ai fratelli, alle sorelle spirituali invocati da Nabokov subentrerà difatti un'immensa folla di *voyeurs*, tale da decretare la gloria del romanzo, ma insieme il più beffardo dei fraintendimenti. Accusato di pornografia, portato alla ribalta giornalistica e cinematografica, il libro entrò in una sorta di eclisse da abbacinamento, quasi che la luminosità della sua fama avesse cancellato la visione delle sue sofisticatissime strutture com-

Ada dell'omonimo romanzo: «Il lettore ideale dovrebbe essere un alter ego, una sorta di doppio, come Ada, il suo quintessenziale 'lecteur, son semblable, sa soeur' ['lettore, suo simile, sua sorella']» (A. Cancogni, *The Mirage in the Mirror: Nabokov's «Ada» and its French Pre-Texts*, New York, Garland, 1985, p. 93).

[6] P. Sollers, *Vladimir Nabokov l'enchanteur*, «Le Monde», 18 marzo 1988.

[7] In particolare, secondo Couturier, *Madame Bovary* costituirebbe l'ipotesto più ossessivo di tutta l'opera romanzesca di Nabokov (M. Couturier, *Nabokov ou la tyrannie* cit., p. 81).

[8] Oltre a questi interventi, si vedano almeno quelli di B.T. Quinn, *The Occurrence of French Idiomatic Phrases in Nabokov's «Lolita»*, «Studies in English Languages and Literature», febbraio 1989, 39 (2), pp. 85-111; B.D. Walter, *Romantic Parody and the Ironic Muse in «Lolita»*, «Essays in Literature», primavera 1995, 22 (1), pp. 123-143, e C. Raguet-Bouvart, *«Lolita»: un royaume au-delà des mers*, Talence, Presses Universitaires de Bordeaux, 1996.

[9] Cfr. G. Barbedette, *Entre exil et parodie*, «Magazine littéraire», n. 233, settembre 1986.

positive. Così, questa mirabile *performance* stilistica, questa toccante prova di devozione e dedizione all'arte della parola, fu accolta come un prodotto scandalistico, scivolando dai cieli della filologia ai sospetti di pedofilia.

II

Profondamente imbevuto di richiami alle culture più diverse, *Lolita* offre quasi a ogni pagina una parola francese, «accuratamente distinta grazie all'uso di quel corsivo che reclama ancora un po' più forte la sua viva estraneità»[10]. È lo stesso io narrante a riconoscerlo, aggiungendo ad esempio tra parentesi, nel bel mezzo di un discorso: «Sintomatici, questi *cliché* francesi»[11]. A ciò si aggiungano le decine e decine di rinvii a scrittori transalpini, con citazioni o allusioni a Proust, Gide, Flaubert, Maeterlinck, Ronsard, Belleau, Sade, Balzac, Mérimée, Verlaine e Rimbaud (giocosamente trasfigurato in «Rainbow», ovvero «arcobaleno»[12]). *Lolita* tradisce dunque in molti modi una spiccata preferenza per la Francia. Ma come si spiega una scelta del genere, in un narratore fuggito dall'Unione Sovietica per riparare prima a Berlino, poi negli Stati Uniti e infine in Svizzera? E come mai tutto ciò si verifica proprio nel suo romanzo più americano, romanzo che nella seconda parte vede sfilare, durante un frastornante viaggio letterario, i quarantotto Stati dell'Unione?

Per rispondere a tale domanda, bisogna esaminare la dettagliata biografia del protagonista, offerta da Nabokov nelle prime pagine del testo. Nato a Parigi da padre svizzero e madre inglese, vissuto da ragazzo sulla Costa Azzurra frequentando una scuola inglese, Humbert Humbert studia in un liceo di Lione, prima di iscriversi alle uni-

[10] Y. Chupin, *«Do you Mind Very Much Cutting Out the French?». Le français de Humbert dans «Lolita» de Vladimir Nabokov*, «Revue française d'études américaines», n. 115, 2008/1, p. 51.

[11] V. Nabokov, *Lolita*, trad. it. di G. Arborio Mella cit., p. 195.

[12] V. Nabokov, *Lolita*, London, Penguin, 1995, pp. 75 e 250 (d'ora in avanti citato senza indicazione di traduttore). Nella traduzione italiana di Giulia Arborio Mella il sostantivo è reso vuoi con un iridescente «Rimbaudelaire» (V. Nabokov, *Lolita*, trad. it. di G. Arborio Mella cit., p. 99), vuoi con un semplice «Rembò» (ivi, p. 313). Per una lista completa degli autori menzionati in *Lolita*, che include i nomi di Hugo, Rostand, Rolland, Cocteau, Leblanc (il creatore di Arsène Lupin) e Perrault, si veda C.R. Proffer, *Keys* cit., pp. 21-23 e 40.

versità di Londra e Parigi. Incerto se laurearsi in psichiatria, decide infine di passare alla letteratura inglese. Intanto scrive saggi, *pastiches* e versi, confessando la sua passione di immergersi «nella poesia altrui»[13]. Questo interesse lo porta a progettare una *Histoire abrégée de la poésie anglaise* «per conto di un editore importante»[14]. L'iniziativa, però, verrà abbandonata a favore di un'altra, perfettamente speculare, ossia quel «manuale di letteratura francese per studenti anglofoni (con paragoni tratti da scrittori inglesi)»[15], altrove definito come una «storia comparata della letteratura francese ad uso degli studenti di lingua inglese»[16]. Lavorerà alla sua stesura per tutti gli anni Quaranta, confessando: «L'ultimo volume, quando fui arrestato, era quasi pronto per la stampa»[17].

Il maturo amante di *Lolita*, che Nabokov definisce come un «europeo fragile, *frileux* [«freddoloso»][18], è insomma, innanzitutto, un perfetto bilingue, studioso di poesia e narrativa francese. Egli ne risulta anzi talmente imbevuto da esasperare talvolta l'amata con i suoi ripetuti gallicismi. Così, dopo aver ascoltato un'ennesima parola, non precisamente francese, ma comunque di origine latina («I palpiti e singhiozzi dell'idolo dei tuoi coevi» [*coevals*][19]), la giovane sbotta: «Dei miei che? Parla inglese!» («Of my what? Speak English!»[20]). E in modo ancor più esplicito, dopo un'ennesima scena di gelosia: «Ti spiacerebbe eliminare il francese? Irrita tutti»[21]. Nabokov, ha chiosato Yannicke Chupin, ricevette un analogo invito anche da Maurice Girodias, il primo, coraggioso editore di *Lolita*, che lo invitò a limitare il ricorso a termini francesi non tradotti; come risulta dalla corrispondenza, l'autore dovette accettare il suggerimento, visto che decise di espungerne un gran numero dal testo iniziale.

Resta comunque il fatto che «l'America di Humbert viene costantemente percepita attraverso il filtro dello sguardo europeo»,

[13] V. Nabokov, *Lolita*, trad. it. di G. Arborio Mella cit., p. 321.
[14] Ivi, p. 25.
[15] Ivi, pp. 25-26.
[16] Ivi, p. 46.
[17] Ivi, p. 26.
[18] Ivi, p. 341.
[19] V. Nabokov, *Lolita* cit., p. 149.
[20] La traduzione di Giulia Arborio Mella recita invece: «Dei miei che? Parla normale!» (V. Nabokov, *Lolita*, trad. it. di G. Arborio Mella cit., p. 188).
[21] Ivi, p. 304.

e che, altrimenti detto, per tutto il romanzo si svolge «una partita di scacchi linguistici tra Francia e America»[22]. Ciò spiega perché, a differenza di quanto fa il protagonista di *Pnin* con la lingua russa, l'io narrante di *Lolita* non impieghi il francese per colmare le lacune dell'inglese, ma solo per distanziarsi dagli altri parlanti. Humbert, cioè, recalcitra rispetto all'idea di essere confuso con gli indigeni, e appunto per distinguersi da loro ricorre a un'altra lingua. In tal senso, il suo francese si potrebbe definire come «una 'lingua commento' o una 'metalingua' che serve a commentare il vernacolo americano, impedendogli così di prendere il controllo del racconto»[23].

Questo per quanto attiene all'eroe di *Lolita*. Ma la struttura del romanzo prevede un'ingegnosa simmetria, poiché, nel corso della vicenda, anche Quilty, l'avversario del protagonista, risulterà condividere il medesimo amore per le cose di Francia. Non che manchino altri personaggi in grado di condividere tale predilezione. Basti pensare a Gaston Godin, un «genio francese»[24] che «ignorava trionfalmente la lingua inglese»[25], a Eva Rosen, «francesina espatriata»[26] che chiacchiera in francese insieme a Humbert «con gran fastidio di Lo»[27], o a un non meglio specificato marchese francese, citato di sfuggita come costruttore di «un castello [...] nel North Dakota»[28]. Quilty, però, si va progressivamente affermando come l'autentico alter ego dell'eroe. Lo si capisce innanzitutto da una lettera che egli spedisce a Lolita sotto falso nome.

Spacciandosi per una sua amica, il seduttore commenta una recita scolastica ricorrendo a due versi alessandrini tratti da una «tiritera francese»[29]. Ascoltiamo il brano: «Ti ricordi? *Ne manque pas de dire à ton amant, Chimène, comme le lac est beau car il faut qu'il t'y mène* ['Non mancare di dire al tuo amante, Chimène, quanto è bello il lago, perché bisogna che ti ci porti']. Fortunato cicisbeo. *Qu'il*

22 Y. Chupin, *«Do you Mind Very Much Cutting Out the French?»* cit., pp. 53 e 57.

23 Ivi, p. 56.

24 V. Nabokov, *Lolita*, trad. it. di G. Arborio Mella cit., p. 222.

25 Ivi, p. 230.

26 Ivi, p. 238.

27 Ivi, p. 239.

28 Ivi, p. 199.

29 Ivi, p. 279.

t'y... Che scioglilingua!»[30]. L'indicazione non è di poco conto. Così facendo, infatti, l'autore della missiva inscrive la sua vera firma all'interno di un gioco di parole francese (*Quilty-Qu'il t'y*). A rendere ancora più beffarda la confessione, sta il fatto che Humbert, colpito dal disinteresse di Lolita, desumerà che «era tutto previsto»[31]. Siamo di fronte a un'importante svolta del romanzo, poiché Nabokov ci fa capire che, con quelle righe, Quilty non intendeva rivolgersi alla fanciulla, bensì al suo diretto rivale, spingendo la derisione fino al punto di svelargli la propria identità. Ora, Chimène è il nome dell'eroina nel *Cid* di Corneille, ma nel *Cid* questi versi non compaiono. A cosa si deve, quindi, la loro presenza? In parte, come si è detto, alla necessità di inserire l'indizio onomastico; in parte, ha però aggiunto Proffer, per far perdere tempo al lettore troppo zelante (non bisognerebbe mai dimenticare il gusto, più che lievemente sadico, provato da Nabokov nello sviare i propri critici...).

All'amore di Humbert per la cultura francese occorre insomma aggiungere quello, appena minore, professato dal suo nemico, come dimostrano ad esempio gli indizi sapientemente disposti durante la fuga nei registri degli alberghi, a esclusivo uso e dolore del protagonista. Località come «N. Petit, Larousse, Ill.»[32] o «D. Orgon, Elmira, N.Y.»[33] (rispettivamente riferite al celebre vocabolario o al personaggio di Molière), pseudonimi come Morris Schmetterling (per Maeterlinck) o il già citato «Rainbow» (per Rimbaud), sono soltanto alcune delle impronte disseminate da Quilty in omaggio alla propria gallofilia. A rimarcare simili preferenze sta poi il nome da lui adottato durante il rapimento di Lolita. Spacciandosi per il fratello di Humbert, quasi a ribadire la sua natura di doppio, l'autore del misfatto si firma «il signor Gustave»[34]. Ma lasciamo direttamente all'io narrante il compito di descrivere il proprio avversario: «Il suo genere, il suo tipo di umorismo – quand'era al suo meglio, almeno –, la tonalità del suo cervello erano affini ai miei. Mi scimmiottava e mi prendeva in giro. Le sue allusioni erano decisamente dotte. Aveva letto molto. Sapeva il francese»[35].

[30] *Ibid.*
[31] Ivi, p. 278.
[32] Ivi, p. 310.
[33] Ivi, p. 313.
[34] Ivi, p. 307.
[35] Ivi, p. 312.

Colpisce, dunque, la funzione cruciale svolta da questa lingua e da questa cultura nel tessere l'ambigua complicità fra i due uomini. Sia prima, sia dopo essersi scambiati i ruoli di cacciatore e preda, essi sembrano infatti accordarsi per comunicare attraverso tale canale privilegiato. Ma per vedere quanto ciò sia vero, bisognerà aspettare l'incontro da cui scaturirà l'omicidio conclusivo. Sin dalle prime battute, Quilty identifica il suo futuro assassino con un «agente letterario straniero»[36], e anzi gli sottopone di punto in bianco un problema di traduzione dall'inglese al francese. «Che cosa vuole?», lo incalza poi: «È francese, mister? Vulé vù buar?»[37]. Le formule in francese si susseguono, fino allo scoppio di un'improvvisa, breve colluttazione, da cui Humbert uscirà vittorioso. Da parte sua, sprofondato nella poltrona, Quilty si limita a sbuffare: «'Adesso voglio vederla!' disse. '*Vous voilà dans de beaux draps, mon vieux*' [Si è cacciato in un bel pasticcio, vecchio mio]»[38]. Davanti a questa uscita, la replica del narratore suona stranamente distaccata: «Il suo francese stava migliorando»[39] – migliorando, verrebbe da aggiungere, con l'avvicinarsi della morte.

E siamo alle battute di congedo. Ancora poche pagine, e assisteremo al tragicomico epilogo. La lotta fra i due riprende di nuovo, per l'ultima volta, ben diversa, comunque, da quanto il lettore potrebbe immaginare. Le epiche risse da western appaiono remote, commenta infatti Nabokov davanti all'ansimare dei goffi personaggi: «Era una zuffa silenziosa, molle, informe, messa in atto da due letterati»[40]. Ancora una volta i rivali tradiscono la loro profonda affinità, e Quilty svela un'anima inconfondibilmente flaubertiana, la stessa che, al momento del rapimento, lo aveva spinto ad adottare lo pseudonimo di Gustave.

III

Ma abbandoniamo il viluppo dei nostri contendenti, per concentrarci finalmente sulla presenza specifica di Baudelaire all'interno del ro-

[36] Ivi, p. 368.
[37] Ivi, p. 369.
[38] Ivi, p. 370.
[39] *Ibid.*
[40] Ivi, p. 371.

manzo. Il compito, in realtà, si rivela abbastanza agevole. Oltre alla figura del lettore-fratello di cui si è già detto, spiccano solamente tre occorrenze. Nella prima, collocata all'interno di una scena di gelosia, vengono riportati un paio di richiami ai versi di *Crépuscule du matin* (*Crepuscolo del mattino*): si tratta dei sintagmi *brun adolescent* («bruno adolescente») e di *se tordre* («contorcersi»). Al culmine di questa evocazione, un breve inciso recita: «Oh Baudelaire!»[41], in modo simile a quel *Poor Baudelaire* («Povero Baudelaire») che figura in *Pale Fire* (*Fuoco pallido*)[42]. La seconda citazione riguarda invece la semplice comparsa di un «rapato Baudelaire»[43]. Nulla, insomma, che parli di *Recueillement*. Per trovare un'allusione al nostro sonetto, occorrerà rivolgerci a un passo ulteriore, allorquando la direttrice del Beardsley College, dopo aver sollecitato l'incontro fra Humbert e Godin, designa l'insegnante cui affidare Lolita.

La parodia non potrebbe essere più smaccata, visto che il nome della prescelta, ovvero «Cormorant»[44], rinvia all'immagine dell'albatros cantata sia da Coleridge, sia da Baudelaire. A concentrare l'attenzione su quest'ultimo, sta il fatto che Nabokov, nel lontano 1924, aveva lavorato sulle *Fleurs du mal*, pubblicando una sua traduzione russa dell'*Albatros*. L'allusione, tuttavia, si spinge più in là: a ribadire il senso del bisticcio ornitologico (rafforzato dalla contiguità fra i nomi *Beardsley* e *bird*, vale a dire «uccello»), la donna si rivolgerà infatti a Humbert ribattezzandolo erroneamente «Mr. Humbird», e dunque sostituendo la seconda parte del cognome (-bert) con il sostantivo *bird*.

Fin qui il facile gioco di parole dedicato al più celebre volatile del paesaggio baudelairiano. Indubbiamente questo *calembour* potrebbe sembrare fine a se stesso, se non fosse che, nella stessa riga, Nabokov introduce un'ulteriore cripto-citazione. Accesa, per così dire, la spia mimetica, ora il testo può far scattare la sua trappola, descrivendo la medesima signora di poc'anzi nell'atto di aggrottare la fronte «in una sorta di *recueillement*»[45]. Lungamente rimasto in sospen-

[41] Ivi, p. 204.
[42] Citato in A. Appel, *Vladimir Nabokov: The Annotated Lolita*, New York, McGraw-Hill, 1970, p. 393.
[43] V. Nabokov, *Lolita*, trad. it. di G. Arborio Mella cit., p. 354.
[44] Ivi, p. 222.
[45] *Ibid.*

sione, il nostro sonetto fa così il suo timido ingresso in uno fra i vertici della narrativa contemporanea.

Inutile negarlo: siamo di fronte a un semplice barbaglio, giusto la breve evocazione del titolo. Eppure, per quanto esile, questo filo sembra prolungarsi anche altrove. Un'altra traccia, infatti, si rinviene, in forma analoga, in *Ada*. Nel tredicesimo capitolo della sua prima parte, assistiamo alla realizzazione di un *pastiche* poetico composto da cinque versi ingegnosamente «intrecciati» a partire da due fonti, ossia *Romance à Hélène* di Chateaubriand e *L'invitation au voyage* di Baudelaire. Ebbene, proprio all'inizio del paragrafo seguente, trapela un altro possibile avatar di *Recueillement*, laddove si descrive uno sciame di zanzare giunto improvviso, senza neanche un ronzio, «in un silenzio *recueilli*»[46].

Tale richiamo, appena percettibile, suggella la presenza di un'illustre genealogia letteraria, e testimonia, se ce ne fosse bisogno, quanto diffusa, capillare, profonda fosse la presenza di Baudelaire nell'opera del gran maestro russo di lingua inglese. Per questo dovremmo forse riprendere la sollecitazione con cui il romanziere americano John Updike, al termine di un fitto elenco di citazioni sui rapporti fra Nabokov e Chateaubriand, volle consegnare ai futuri studiosi un'ideale staffetta delle indagini: «La lista delle allusioni nascoste e delle canzonature potrebbe senz'altro essere allungata. (Dottorando, datti da fare!)»[47].

IV

Diamo una mano al dottorando, allora. Dopo aver tradotto con «canzonature» il sostantivo inglese *twittings* impiegato da Updike, mi è ritornato in mente un particolare, non certo secondario, di *Lolita*. Si tratta nientemeno che del cognome della protagonista, os-

[46] V. Nabokov, *Ada or Ardor: A Family Chronicle*, Greenwich (Conn.), Fawcett, 1969 (trad. it. *Ada o ardore*, Milano, Adelphi, 2000, p. 120). Oltre che a diversi autori francesi, il romanzo presenta almeno un altro paio di richiami a Baudelaire, e specificamente a *Le crépuscule du matin*, lirica che peraltro ritorna, con alcune varianti, anche nell'epistolario dello scrittore (*The Nabokov-Wilson Letters. 1940-1971*, a cura di S. Karlinsky, New York-Hagerstown-San Francisco-London, Harper & Row, 1979, p. 162).

[47] J. Updike, *Picked-up Pieces*, New York, Alfred A. Knopf, 1976, p. 205.

sia Haze, equivalente di un verbo inglese che può tradursi sia come «appannarsi, velarsi, offuscarsi», sia come «prendersi gioco, farsi beffe» di qualcuno. Ma non è forse questa la definizione stessa dell'indovinello, ossia di un discorso che, letteralmente, «nasconde irridendo»?

Ciò spiega, d'altra parte, la caratteristica impressione crittografica che suscitano le opere di Nabokov. Sempre a proposito di *Lolita*, per esempio, uno studioso di enigmistica come Stefano Bartezzaghi ha osservato: «Quasi ogni frase lascia la sensazione che ci sia un messaggio cifrato, e che una lettura sufficientemente sospettosa e informata potrebbe spiegare il testo in ogni dettaglio e in ogni connessione. Ma questa lettura è riservata all'Autore – se pure ci riesce: l'Autore come modello di Lettore. Per tutti gli altri, la lettura è parziale: l'arto fantasma delle interpretazioni a cui si è dovuto rinunciare si fa sentire, anche solo soffusamente, durante tutte le letture nabokoviane»[48].

Bartezzaghi ha pazientemente esaminato giochi di parole, allitterazioni, doppi sensi. Massimo esempio di simili bisticci è ovviamente il celeberrimo *incipit* sul nome «Lolita», autentica «tarantella di consonanze, anagrammi saussuriani, metagrammi carroliani»[49]. Ma una simile pirotecnia del significante non esaurisce il lavoro, o meglio il lavorìo di Nabokov. Accanto a questi puri guizzi fonici, egli sviluppa infatti un'articolata riflessione sul piano del significato, attraverso la tecnica del *senhal*, vale a dire tramite l'uso mascherato di nomi e cognomi. Se ciò vale per tutti i personaggi del romanzo, tanto più ricco di implicazioni si rivelerà il nome proprio per eccellenza, ossia quello indicato nel titolo e declinato, o meglio delibato, nelle righe iniziali. Stiamo parlando di «Lolita», ovvero, e siamo al punto, di «Dolores».

Ecco in che modo l'io narrante ricostruisce il delicato slittamento onomastico impresso all'identità dell'eroina: «Era Lo, semplicemente Lo al mattino, ritta nel suo metro e quarantasette con un calzino solo. Era Lola in pantaloni. Era Dolores sulla linea tratteggiata dei documenti. Ma tra le mie braccia era sempre Lolita»[50]. Il passo

[48] S. Bartezzaghi, *La lingua che cammina*, in AA.VV., *Vladimir Nabokov*, a cura di M. Sebregondi ed E. Porfiri, «Riga», n. 16, p. 225.

[49] Ivi, p. 226.

[50] V. Nabokov, *Lolita*, trad. it. di G. Arborio Mella cit., p. 17.

è evidentemente fondamentale, e spiega tra l'altro perché, nella prefazione di *Lolita* a firma John Ray, venga affermato: «Mentre 'Haze' fa soltanto rima con il vero cognome della protagonista, il suo nome è troppo strettamente intessuto nella più intima fibra del libro perché ci sia lecito alterarlo»[51].

Rispetto a una questione così cruciale, molte sono le ipotesi sulle fonti da cui Nabokov potrebbe aver tratto il suo nome-talismano: si va dalla *Dolores* di Swinburne (con il sottotitolo *Notre-Dame de sept Douleurs*), allo scrittore tedesco Heinz von Lichberg, su su fino a James Joyce; per quanto riguarda l'area francese, sono stati invece segnalati un testo di Isidore Gès, *En villégiature, Lolita*, del 1894, i romanzi di René Riche, *La chanson de Lolita*, del 1920, e di Chriss Frager, *Cette saloperie de Lolita*, del 1953, nonché la *pièce* teatrale *La maison des remparts* di Henri-René Lenormand, del 1942 (la cui eroina si chiama appunto Lolita). Ciò che più colpisce, però, è un breve scritto di Valéry Larbaud, *Des prénoms féminins*, pubblicato nel 1927 e ispirato al capitolo *Des noms* degli *Essais* di Montaigne. Vi si legge: «È indubbiamente la Spagna, il più attrezzato fra i paesi occidentali per quanto riguarda i nomi propri. Ha degli autentici nomi-matrioska, provvisti di un gioco di diminutivi capace di esprimere ogni specie di sfumatura: l'età, il grado di familiarità che abbiamo con l'interlocutore... Lolita è una ragazzina; Lola ha l'età per sposarsi; Dolores ha trent'anni; donna Dolores, sessanta [...]. Un giorno, ispirato dall'amore, mormorerò: Lola. E la sera delle nozze, avrò fra le mie braccia Lolita»[52].

Come che sia, non c'è dubbio che il diminutivo abbia praticamente cancellato il nome originale. Il narratore stesso, d'altra parte, definisce quest'ultimo come il «velo formale»[53] del più segreto e autentico «Lolita». Tanto più interessante è scoprire i passi in cui il nome «Dolores» riesce a sopravvivere.

[51] Ivi, p. 12.

[52] V. Larbaud, *Oeuvres*, Paris, Gallimard, 1958, p. 889. Per le ipotesi riportate, cfr. A. Appel, *Vladimir Nabokov* cit., pp. 332-333 ; N. Cornwell, *Intimations of Lo: Sirens, Joyce and Nabokov's «Lolita»*, Zembla (Nabokov studies website, http://www.libraries.psu.edu/nabokov/zembla.htm); C.R. Proffer, *Keys* cit., pp. 28 e 30, e M. Couturier, *Lolita et la France*, Zembla (http://www.libraries.psu.edu/nabokov/coutlol1.htm).

[53] V. Nabokov, *Lolita*, trad. it. di G. Arborio Mella cit., p. 70.

Ora l'eroe lo adatta al proprio cognome anagrafico («Dolores Humbert»[54], più in là variato in «Dorothy Humbird»[55] e in «Dorothy Hummerson»[56]), ora lo glorifica in una poesia di tredici quartine[57], ora infine, attraverso Robert Browning, ritrae l'amata come «la scura Dolores»[58]. Quest'ultimo indizio ci conduce al XXIII capitolo della seconda parte. Nel definirlo specificamente criptologico, Bartezzaghi ha evidenziato la lunga serie di segnali linguistici lasciati dal seduttore di Lolita, sulle cui tracce il protagonista si lancia in un disperato inseguimento. Tra gli indizi che il fuggiasco ha voluto seminare nei registri dei motel visitati, con tanto di nome e città di provenienza, risalta per esempio un «Bob Browning, Dolores. Colo.»[59].

Se il richiamo al poeta inglese si spiega con il fatto che questi dovette rapire sua moglie prima di sposarla, la trasformazione del nome di Lolita in toponimo sancisce una cristallizzazione delle pene amorose, disegnando una sorta di nuova *Carte de Tendre* – dal nome di un paese immaginario, descritto nel Seicento da Madame de Scudèry, dove le differenti fasi della vita amorosa venivano rappresentate topograficamente, sotto forma di mappa. «Dolores. Colo.» (per «Colorado») descrive quindi una vera e propria geografia erotica, nel segno di una perdita ribadita dall'immediata chiosa proustiana su «Dolorès disparue» («Dolores scomparsa»[60], con tanto di accento grave alla francese). L'Albertine della *Recherche*, insomma, ha lasciato il posto all'eroina americana, che condivide con il suo prototipo un destino di fuga. Una simile metamorfosi, comunque, non è la prima compiuta nel romanzo, poiché, già nel secondo capitolo della seconda parte, leggendo l'illustrazione dell'itinerario seguito dalla coppia, ci imbattiamo nella frase: «Missione Dolores: bel titolo per un libro»[61]. Qui, finalmente, vediamo riaccendersi l'etimo originale, in un doppio gioco di parole, tra incarico e sede religiosa da

[54] Ivi, p. 109.
[55] Ivi, p. 223.
[56] Ivi, p. 224.
[57] Ivi, pp. 319-320.
[58] Ivi, p. 306.
[59] Ivi, p. 314, poi ripreso a p. 368.
[60] Ivi, p. 317.
[61] Ivi, p. 199.

un lato (Missione), identità dell'eroina e sofferenza del protagonista dall'altro (Dolores). Ciò consente all'autore di far scoccare quell'interferenza fra il nome proprio e il suo significato, altrimenti preclusa in inglese: «Dolores» come «donna dei dolori».

Meno pervasiva, ma quasi altrettanto cruciale, risulta l'azione dei nomi «Lolita» e «Dolores» in *Ada*. Il primo rinvia ancora una volta a un toponimo («Lolita, nel Texas»[62]), ma anche a un tipo di gonna così chiamata «dal nome della piccola zingara andalusa della novella di Osberg»[63]. Quanto al secondo, oltre che in una velata allusione ai versi della *Dolores* di Swinburne[64], la sua presenza si segnala in un film, proiettato a bordo della nave dove si compirà il suicidio della giovane Lucette. Tratta dal già citato racconto di Osberg[65], la pellicola narra la storia di Don Juan. Siamo dunque alle prese, ancora una volta, con le potenze della seduzione erotica. Ebbene, ad arricchire la trama cinematografica, ecco emergere la presenza di una gitana, appunto Dolores, che si scoprirà essere impersonata proprio da Ada, sorella e amante del personaggio principale[66].

V

A questo punto si sarà capito che la traccia fin qui seguita mira a individuare un possibile legame fra il nome talismano di Nabokov e la figura femminile che campeggia all'inizio del sonetto di Baudelaire. A rischio di aderire a una lettura inventiva come quella suggerita da Jean Prévost, viene da chiedersi se lo scrittore russo non abbia aggirato il riferimento diretto a *Recueillement*, preferendo affidare il suo segnale, piuttosto che al titolo della poesia, alla contiguità fra *Douleur* e Dolores. In questo pretestuoso tentativo ci viene in aiuto un rilievo di Proffer. Dopo aver ricordato il sottotitolo *Notre-Dame de sept Douleurs*, scelto da Swinburne per la sua opera *Dolores*, egli sottolinea alcuni giochi di parole creati da Humbert alterando il nome spagnolo della protagonista. Tra gli esempi portati, spiccano le

[62] V. Nabokov, *Ada o ardore* cit., p. 29.
[63] Ivi, p. 91.
[64] Ivi, p. 381.
[65] Ivi, pp. 91, 479, 504.
[66] Ivi, pp. 503-505.

espressioni «dolorous darling, dumps and dolors, *adolori*, etc.» («cara dolorosa, abbattimenti e dolori, *adolori*, ecc.»)[67].

Del resto, pur senza avere in inglese un'assonanza diretta con questo nome proprio femminile, la nozione di dolore si impone prepotentemente nel corso dell'intero racconto. Nabokov parla infatti di «un dolore senza speranza»[68] (*helpness pain*[69]), definisce la fanciulla come la piccola Herr Doktor che lo avrebbe «guarito da tutti i [...] dolori»[70] (*aches*[71]), allude a «dolorose giornate»[72] (*doleful days*[73]), si riferisce a un «Genio del Dolore»[74] (*Genius of Pain*[75]), descrive una grande lettera alfabetica composta di pietre bianche e tale da sembrare «l'iniziale del [...] dolore»[76] («the very initial of woe»[77]), su su fino a confessare: «E ne ho altri, di ricordi soffocati, che adesso si svolgono in deformi mostri di dolore»[78] (*monsters of pain*[79]). Sarà d'altronde proprio la «musica del dolore»[80] (quella *music of pain*[81] cui già alludeva il personaggio di Monsieur Teste ideato da Paul Valéry) a risuonare in tutta la sua grottesca ferocia nella scena conclusiva dell'assassinio. Si tratta di riferimenti numerosi, però, bisogna ammetterlo, piuttosto generici. Meglio quindi orientarsi su un'altra serie di passi, tre per la precisione, che possono acquistare un particolare rilievo alla luce della vertigine interpretativa sin qui evidenziata.

[67] C.R. Proffer, *Keys* cit., pp. 28-29. Giulia Arborio Mella ha tradotto la frase completa cui appartiene la formulazione «dumps and dolors» («I spend my doleful days in dumps and dolors» [V. Nabokov, *Lolita* cit., p. 43]) con: «Trascorro tetre e lente le mie dolorose giornate» (V. Nabokov, *Lolita*, trad. it. di G. Arborio Mella cit., p. 59), mentre Bruno Oddera ha proposto: «Passo le mie dolenti giornate tra malinconie e sofferenze» (V. Nabokov, *Lolita*, trad. it. di B. Oddera, Milano, Mondadori, 1959, p. 53).

[68] V. Nabokov, *Lolita*, trad. it. di G. Arborio Mella cit., p. 45.

[69] V. Nabokov, *Lolita* cit., p. 32.

[70] V. Nabokov, *Lolita*, trad. it. di G. Arborio Mella cit., p. 54.

[71] V. Nabokov, *Lolita* cit., p. 39.

[72] V. Nabokov, *Lolita*, trad. it. di G. Arborio Mella cit., p. 59.

[73] V. Nabokov, *Lolita* cit., p. 43.

[74] V. Nabokov, *Lolita*, trad. it. di G. Arborio Mella cit., p. 92.

[75] V. Nabokov, *Lolita* cit., p. 70.

[76] V. Nabokov, *Lolita*, trad. it. di G. Arborio Mella cit., p. 280.

[77] V. Nabokov, *Lolita* cit., p. 224.

[78] V. Nabokov, *Lolita*, trad. it. di G. Arborio Mella cit., p. 353.

[79] V. Nabokov, *Lolita* cit., p. 284.

[80] V. Nabokov, *Lolita*, trad. it. di G. Arborio Mella cit., p. 367.

[81] V. Nabokov, *Lolita* cit., p. 295.

Il primo riguarda un dialogo che ha luogo verso la metà del romanzo. Durante uno dei tanti percorsi in auto che punteggiano la narrazione, sentiamo Humbert ingiungere a Lolita: «Senti, abbiamo ancora un bel pezzo di strada [...] e voglio arrivare prima che venga buio. Quindi fa' la brava, per piacere»[82]. «Fa' la brava bambina»[83], suggeriva la precedente traduzione italiana, più aderente al «be a good girl»[84] dell'originale. Come che sia, davanti a questa frase, forte è la tentazione di aggiungere il nome della protagonista femminile, inferendo in tal modo la presenza di un abbagliante: «Fa' la brava, Dolores». Se così fosse, mentre scende la sera («prima che venga buio»), il nostro professore di francese, in fuga col suo amore nel cuore dell'America, si troverebbe magicamente a replicare la straziante invocazione del sonetto, prolungando gli armonici del baudelairiano «Sois sage, ô ma Douleur».

Quest'impressione trova un'ulteriore conferma con il secondo reperto. Si tratta di una fra le sequenze più inquietanti del libro, venata com'è di riflessioni provocatoriamente incestuose. Ebbene, rivolgendosi a Lolita come «un papà di sogno che protegge la sua bambina di sogno»[85], Humbert esclama: «*Ma chère Dolorès!* Io voglio proteggerti, mia cara [...] e se farai la brava spero di poter presto avere la sanzione di un tribunale»[86]. Il ricorso al francese nell'invocazione (ribadito dalla frase «comme vous le savez trop bien, ma gentille»[87]) sembra confermare l'affinità fra il nome proprio nabokoviano e la personificazione baudelairiana. E benché in questo testo, a differenza di quanto accade in *Recueillement*, la qualificazione dell'interlocutrice («if you are good»[88]) preceda la sua invocazione («My *chère Dolorès!*»[89]), da tutto ciò trapela una curiosa aria di famiglia.

Lo stesso effetto viene ribadito poco dopo nel terzo e ultimo brano del nostro spoglio, quello che, già citato, si riferisce alla lettera spedita dal rivale di Humbert a firma *Quilty-Qu'il t'y*. Proprio a ri-

[82] V. Nabokov, *Lolita*, trad. it. di G. Arborio Mella cit., p. 146.
[83] V. Nabokov, *Lolita*, trad. it. di B. Oddera cit., p. 136.
[84] V. Nabokov, *Lolita* cit., p. 113.
[85] V. Nabokov, *Lolita*, trad. it. di G. Arborio Mella cit., p. 189.
[86] *Ibid.*
[87] *Ibid.*
[88] V. Nabokov, *Lolita* cit., p. 149.
[89] *Ibid.*

dosso di questo «scioglilingua» leggiamo infatti: «Be', fai la brava, Lolitina»[90], che in originale suona: «Well, be good, Lollikins»[91]. Per quanto l'accostamento suoni forzato, lo scioglimento del diminutivo («Fa' la brava, Dolores») potrebbe far risuonare fra le righe una possibile eco di *Recueillement*.

Per verificare la plausibilità di una simile, fragilissima ipotesi, può forse essere utile analizzare il modo in cui i tre passi indicati sono stati resi nelle due versioni francesi di *Lolita*, la prima del 1959, la seconda del 2001[92]. Nel primo caso («be a good girl»), le soluzioni coincidono: «Tâche d'être une bonne petite fille». Nel secondo brano («if you are good»), Eric H. Kahane adotta l'espressione usata nel sonetto, proponendo «si tu es sage». Rispetto alla sua scelta, quella di Couturier («si tu es gentille») risulta discutibile, perché pare ignorare che lo stesso aggettivo era appena comparso due righe prima, e in francese, nella citazione di cui si è detto («comme vous le savez trop bien, ma gentille»). Ma è nel terzo campione che la presenza soggiacente di *Recueillement* si fa più decisa, laddove, per «Well, be good, Lollikins», entrambi i traduttori ricorrono all'esatta espressione usata da Baudelaire, suggerendo rispettivamente «Allez, sois sage, Lolichette» e «Allons, sois sage, Lollikins». Sarebbe sufficiente un minimo ritocco e otterremmo, letteralmente: «Sois sage, ô ma Dolorès»[93]...

Sarà bene, però, riaprire gli occhi, e giudicare immagini del genere per ciò che realmente sono: esempi di miraggio, più ancora che

[90] V. Nabokov, *Lolita*, trad. it. di G. Arborio Mella cit., p. 279.

[91] V. Nabokov, *Lolita* cit., p. 223.

[92] Si tratta di V. Nabokov, *Lolita*, trad. fr. di E.H. Kahane, Paris, Gallimard, 1959 (di cui si citano le pp. 182, 237 e 356) e di V. Nabokov, *Lolita*, trad. fr. di M. Couturier, Paris, Gallimard, 2001 (di cui si citano le pp. 208, 267 e 392).

[93] A titolo puramente indicativo, segnaliamo alcune versioni inglesi del primo verso di *Recueillement*: «Lie still, my Dolour; let thy tossing cease» (*Recueillement*, trad. di L. Piaget Shanks, in *Flowers of Evil*, New York, Ives Washburn, 1931); «Be good, my Sorrow: hush now: settle down» (*Meditation*, trad. di R. Campbell, in *Poems of Baudelaire*, New York, Pantheon Books, 1952); «Be quiet and more discreet, O my Grief» (*Meditation*, trad. di W. Aggeler, in *The Flowers of Evil*, Fresno, CA, Academy Library Guild, 1954); «Rest still, lie quiet, be chastened, O my Grief» (*Self-Communion*, trad. di J. LeClercq, in *Flowers of Evil*, Mt Vernon, NY, Peter Pauper Press, 1958); «Calm down, my Sorrow, we must move with care» (*Meditation*, trad. di R. Lowell, in *The Flowers of Evil*, a cura di M. e J. Matthews, New York, New Directions, 1963); «Be wise, O my Sorrow, be calmer» (*Meditation*, trad. di G. Wagner, in *Selected Poems of Charles Baudelaire*, New York, Grove Press, 1974).

di omaggio. Miraggi, a ogni modo, inseparabili dalla poetica di un autore che ha fatto della citazione criptata un autentico marchio di fabbrica, tanto più in un romanzo come *Lolita*, dove il protagonista, per rintracciare l'amata, si vede costretto a risolvere gli enigmi del proprio nemico. «In quell'inseguimento crittografico e cartaceo è probabile che qualche elemento mi sia sfuggito»[94], dichiara Humbert. A noi è piuttosto capitato l'inverso, trascinati dal desiderio di trovare a ogni costo una traccia di Baudelaire in Nabokov, o meglio, l'impronta della *Douleur* di *Recueillement* nella Dolores di *Lolita*.

Fermiamoci allora su un altro dolore, per una volta davvero reale: quello provato dal lettore in cerca di un anello mancante, spintosi cioè fino al limite di una conferma che il testo sembra negargli ostinatamente. Ora riconosciamo per intero la fondatezza della tesi esposta da Bartezzaghi. Adesso, di fronte all'ostinato silenzio del romanzo, possiamo infine ammettere di avvertire la pulsazione di quell'arto fantasma di tutte le possibili interpretazioni a cui si sarà dovuto necessariamente, sia pure a malincuore, rinunciare.

[94] V. Nabokov, *Lolita*, trad. it. di G. Arborio Mella cit., p. 312.

8
Beckett a memoria (1957): nel finale del *Finale*

I

Dopo le speranze fallite di trovare in Nabokov un dichiarato ammiratore della composizione di Baudelaire, con Samuel Beckett torniamo a registrare un riconoscimento senza riserve. Dopo le incertezze offerte da una ricezione dubbia o quantomeno assai labile, ritroviamo una lettura che sancisce in modo incontrovertibile la presenza di *Recueillement*. Mi riferisco all'azione che i suoi versi esercitano su uno fra i capolavori della drammaturgia novecentesca, ossia *Fin de partie* (1957), testo che, sarà bene ricordarlo, fu definito dal suo stesso autore come quello a lui più caro. Proprio alle sue pagine, fra l'altro, è dedicato il saggio da cui Adorno prenderà le mosse per la sua *Teoria estetica*. Per questo non è eccessivo sostenere che il sonetto rappresenti un punto cruciale nel rapporto fra Beckett e Baudelaire, due scrittori intorno ai quali il pensatore tedesco fonderà «l'*ultima* grande riflessione *estetica* della modernità, un formidabile e raffinato strumento per comprendere l'arte che [...] ha saputo dar figura alla disumanizzazione e all'insensatezza del mondo in cui era stato possibile l'orrore dei campi di sterminio»[1].

Oggetto di questo capitolo sarà in realtà un aspetto assai circoscritto della questione, ossia il problema della «solubilità» di *Re-*

[1] P. Montani, *Bioestetica. Senso comune, tecnica e arte nell'età della globalizzazione*, Roma, Carocci, 2007, p. 109.

cueillement (o meglio di un suo singolo verso) all'interno del linguaggio teatrale beckettiano. Da un punto di vista più generale, la nostra indagine andrà però ricondotta nel quadro di una più ampia teoria della citazione, per capire in che maniera il drammaturgo introducesse e accogliesse nei propri lavori voci estranee, vuoi nella loro lingua originale, vuoi in traduzione (come sarà per il verso di Baudelaire nella versione inglese di *Fin de partie*, intitolata *Endgame*).

Prima di esaminare il testo francese, sarà dunque opportuno ripercorrere la riflessione che egli sviluppò a partire dal concetto di memoria culturale. La sua intera opera, ha osservato Ludovic Janvier, sembra avanzare appoggiandosi ai classici. Per ripercorrerne l'insieme dei riferimenti, occorrerebbe un libro intero e tra i più voluminosi, tanti sono i riferimenti a filosofi, narratori, poeti. Si va da quelli cui l'autore dedicò appositi studi (il *Dante... Bruno. Vico... Joyce* del 1929 o il *Proust* del 1931), fino agli innumerevoli nomi che compaiono nei suoi scritti: da un lato Eraclito, Descartes, Geulincx, Malebranche, Leibniz e Schopenhauer, dall'altro Burton, Swift, Johnson, Voltaire, Sterne, Hölderlin, Goethe, Fontane, Rimbaud e Céline (che per alcuni avrebbe addirittura soppiantato la doppia eredità di Joyce e Proust[2]).

Davanti alla vastità di tali reperti, occorre precisare un punto essenziale: nel corso della sua produzione, l'atteggiamento di Beckett di fronte al patrimonio del sapere occidentale cambia sensibilmente. In particolare, concentrandosi sulla pratica (o sulla politica) della citazione, Bruno Clément ha individuato tre momenti salienti. Lo scrittore passerebbe cioè da un folle accumulo di materiali altrui a un uso più parco, fino alla loro totale scomparsa: «Più l'opera avanza nel tempo, più diventano rare le allusioni ad altre opere che non a quell'opera stessa, fino a farsi, negli ultimi testi, praticamente inesistenti»[3]. I

[2] J.-M. Rabaté, *Beckett et la poésie de la Zone (Dante... Apollinaire. Céline... Lévi)*, in *Samuel Beckett Today / Aujourd'hui. Poetry and Other Prose / Poésies et autres proses*, a cura di M. Engelberts, M. Buning, S. Houppermans, Amsterdam-New York, Rodopi, 2000, p. 75. Circa problemi di intertestualità in Beckett, cfr. invece W.C. Kay, *Blake, Baudelaire, Beckett: The Romantics of Nihilism*, «The Southern Quartertly: A Journal of the Arts in the South», 1971, 9, pp. 253-259, e AA.VV., *Interfaces: image, texte, langage. Samuel Beckett: intertextualités et psychanalyse*, «Cahier du Centre de recherches Image, texte, langage», Université de Bourgogne, Dijon, 1992.

[3] B. Clément, *L'oeuvre sans qualité: rhétorique de Samuel Beckett*, Paris, Seuil,

differenti aspetti che, sotto forma di innesto o di prelievo, viene assumendo il rapporto di Beckett con la tradizione, riflettono quindi un insieme di scelte stilistiche ed estetiche che mutano con l'andare del tempo.

La stessa evoluzione è stata rilevata da chi ha parlato dell'abbandono della classica «referenza deferente» a favore di una progressiva disseminazione e rarefazione del materiale evocato[4]. Del pari, altri lettori hanno rilevato come l'uso dei classici (che arriva addirittura a ingombrare un testo quale *Murphy*) tenda ad assumere sempre più spesso un tono di derisione. Da rassicurante patrimonio di beni, la tradizione diventa cioè una consolazione passeggera, un espediente, un semplice aiuto per tirare avanti: «La cultura appartiene al tempo della certezza e del possesso. Ma al tempo dell'incertezza e dello spossessamento, il suolo è vacillante, la cultura è fuggita lontano, ci sono troppe cose da estrarre da se stessi, per aspettare un *vero* soccorso dall'esterno»[5].

Seguiamo allora i tre stadi che, secondo Clément, segnano l'impiego della citazione in Beckett. Quello iniziale appare caratterizzato da un pullulare di richiami ai libri più diversi, la cui sovrabbondanza, molto spesso ironica, produce «una specie di ebbrezza della libertà giovane, un'eccitazione ludica, e fa proliferare [...] i riferimenti, le allusioni ai libri, alle *pièces*, alle figure rese famose dalla tradizione»[6]. Di fatto, una memoria tanto pletorica e disordinata equivale (almeno fino a *Murphy*, del 1938) a una parodia della memoria stessa. Le cose, però, cambiano con il primo romanzo scritto in francese, *Mercier et Camier* (composto nel 1946 e pubblicato nel 1970), «opera che si propone puramente e semplicemente di eliminare la memoria culturale ed estetica»[7]. Clément ritiene che un obiettivo del genere verrà pienamente raggiunto solo nei testi dell'ultimo periodo, nei quali, come si è detto, ogni residua traccia di citazioni ester-

1994, p. 354. Per i riferimenti alla nozione di «autotestualità», l'autore rinvia a R. Debray-Genette, *Métamorphose du récit*, Paris, Seuil, 1988, p. 28.

[4] F. Godeau, *Parasites et autres perturbations*, in *Présence de Samuel Beckett / Presence of Samuel Beckett*, colloque de Cérisy, édité par S. Houppermans, Amsterdam-New York, Rodopi, 2006, p. 372.

[5] L. Janvier, *Beckett par lui-même*, Paris, Seuil, 1969, pp. 53-54. Cfr. anche L. Janvier, *Pour Samuel Beckett*, Paris, Minuit, 1966.

[6] B. Clément, *L'oeuvre sans qualité* cit., p. 356.

[7] Ivi, p. 358.

ne, intertestuali, risulterà sostituita da riferimenti interni, autotestuali. È quanto accadrà ad esempio in *Compagnie* (edito nel 1979), laddove, dicendo addio al personaggio di Belacqua e dunque a Dante stesso, l'autore prenderà congedo da ogni realtà letteraria e artistica estranea al proprio mondo.

Questo, dunque, il movimento complessivo relativo alla poetica della citazione in Beckett. Una volta chiarita la questione nel suo insieme, cerchiamo di esaminare più specificamente la sua seconda fase, al cui interno si colloca appunto *Fin de partie*. In questo stadio, prima che si abolisca per intero il rinvio a opere altrui, assistiamo a una strategia compositiva tale da prevedere sì il ricorso a citazioni, ma in una prospettiva per così dire debole, depotenziata: «Pensieri, domande, versi, canzoni [...] continuano a 'bucare' di tanto in tanto la monotonia, la banalità quotidiane. Da loro, comunque, non dobbiamo più aspettarci nulla; sono oggetti curiosi, divertenti, intriganti o pericolosi, che possono ancora nuocere o ritardare, ma non far progredire l'azione, poiché appartengono per sempre [...] 'al vecchio stile'»[8] – quel «vecchio stile», precisiamo, al quale accenna Winnie in *Happy Days* (1961, poi tradotto come *Oh les beaux jours*). Altrimenti detto, alla superficie del testo galleggiano i resti di un mondo che la citazione ha salvato dal naufragio completo, «residui di per sé insignificanti, ma il cui ammasso, il cui carattere eteroclito, la cui rovina lasciano intendere che non c'è da aspettarsi nulla d'essenziale»[9].

Soffermandoci ancora sul secondo periodo del citazionismo beckettiano, merita una speciale attenzione il già citato *Mercier et Camier*. Lo scambio di battute tra i due protagonisti tratteggia infatti le linee di un autentico programma estetico, basato sul divieto di utilizzare materiali di riporto: «Sì, dice Camier, invece di ascoltarmi tu pensavi soltanto a raccontare il tuo sogno. Eppure non ignori quel che abbiamo deciso al riguardo: nessun racconto di sogno, e per nessun pretesto. Una analoga convenzione ci proibisce le citazioni. *Lo bello stilo che m'ha fatto onore* [in italiano nel testo], dice Mercier, è una citazione? *Lo bello* [in italiano nel testo] che? dice Camier. *Lo bello stilo che m'ha fatto onore* [in italiano nel testo], dice Mercier.

[8] Ivi, p. 360.
[9] Ivi, p. 363.

Come vuoi che lo sappia? dice Camier. Ha tutta l'aria d'esserlo. Perché? Sono parole che mi frusciano in testa da ieri, dice Mercier, e mi bruciano le labbra. Tu mi disgusti, Mercier, dice Camier»[10].

Una simile, perentoria messa al bando di discorsi o testi altrui trova conferma in *Malone meurt* (composto nel 1948 ed edito nel 1951), dove il protagonista arriva addirittura a denunciare il pericolo insito in ogni citazione: «Conosco quelle frasette che hanno l'aria di non voler dire niente e che, una volta ammesse, vi possono impestare una lingua intera [...]. Escono dall'abisso e non hanno pace finché non vi ci trascinano. Ma questa volta saprò come difendermene»[11]. Rispetto a un atteggiamento tanto drastico, assai diversa appare la posizione abbracciata da Beckett con *En attendant Godot* (la sua prima *pièce*, edita nel 1952 e messa in scena l'anno seguente). L'opera non propugna alcun divieto riguardo all'uso di riferimenti letterari, né vuole segnalare i rischi connessi a una pratica simile. Ciononondimeno, la critica che ne risulta finisce per colpire a morte il senso stesso della tradizione come sistema di trasmissione culturale. Lo dimostra ad esempio il personaggio di Pozzo, il quale, col suo comportamento, mira a ratificare un definitivo scadimento della parola poetica. Non solo: ai suoi occhi la letteratura in genere è diventata qualcosa di completamente derisorio, «un piccolo brano scelto, mal ricordato e mal recitato»[12].

Si tratta di un tema ricorrente nel testo, a cominciare dalla scena in cui, dopo essersi prodotto in una lunga tirata con voce vibrante e tono lirico (come indicato dalle didascalie), Pozzo chiede l'applauso dei due ascoltatori, rivelando così, con loro grande stupore, che il suo intervento rappresentava una recita. In modo analogo, per concedere una distrazione ai compagni, egli offre loro un'esibizione del suo schiavo Lucky, non prima di aver domandato: «Cosa preferite? Che balli, che canti, che reciti, che pensi, che...?»[13]. A questa altezza cronologica, insomma, il repertorio della tradizione è ancora disponibile, sia pure come mera fonte di intrattenimento. Ciò significa che le citazioni continuano sì a infestare le opere beckettiane, tanto teatrali quanto narrative, ma in una maniera sempre più fatua e vacua, sve-

[10] S. Beckett, *Mercier et Camier*, Paris, Minuit, 1970, pp. 99-100.
[11] S. Beckett, *Malone meurt*, Paris, Minuit, 1951, p. 32.
[12] B. Clément, *L'oeuvre sans qualité* cit., p. 358.
[13] S. Beckett, *En attendant Godot*, Paris, Minuit, 1952, p. 54.

lando una profonda, irrimediabile insignificanza. Sparpagliate e innumerevoli, tali reminiscenze vanno oramai mostrando la loro natura di «briciole di altre briciole di un antico pasticcio // immemoriale imperituro»[14], secondo quanto si legge in *Comment c'est* (1961).

Certo, qualche frammento tratto dal tesoretto della lirica riesce ancora a emergere nei dialoghi, ma solo nella forma puramente ornamentale e interlocutoria del passatempo. È il caso di *Waiting for Godot* (1954, la versione inglese di *En attendant Godot*), in cui Estragon riprende un piccolo frammento dell'apostrofe alla luna con cui si apre *To the Moon* di Shelley. Questo inserto erudito (del tutto assente dalla versione francese) sembrerebbe preludere a un qualche cambiamento nel rapporto fra i due personaggi. Invece, nell'equilibrio della *pièce*, nulla muta davvero. Dopo la timida evocazione pronunciata di fronte alla bellezza del paesaggio notturno, la conversazione riprende il suo corso, senza che il riferimento al capolavoro romantico modifichi l'andamento della trama. In questo modo, l'atto del citare, in quanto specifica pratica compositiva, si avvia verso quella definitiva esautorazione che avrà luogo nell'ultima fase dell'opera beckettiana.

II

Queste, dunque, le principali strategie adottate dall'autore nei riguardi della tradizione letteraria in senso lato. Prima di affrontare la singola apparizione di *Recueillement* in *Fin de partie*, è però necessario domandarsi quale ruolo svolga la poesia come genere letterario nella sua narrativa e nel suo teatro. Una tra le prime dichiarazioni reperibili al riguardo risale al saggio su Vico, dove leggiamo: «La poesia fu la prima operazione della mente umana, e senza di essa non potrebbe esistere il pensiero»[15]. L'assunto, ovviamente, va riferito al filosofo napoletano, più che al suo esegeta. Per indagare come quest'ultimo sviluppi l'argomento, è consigliabile seguire il percorso ricostruito da Myriam Boucharenc.

[14] S. Beckett, *Comment c'est*, Paris, Minuit, 1961, pp. 162-163.

[15] S. Beckett, *Dante... Bruno. Vico... Joyce*, in *Disiecta*, London, John Calder, 1983 (trad. it. *Disiecta. Scritti sparsi e un frammento drammatico*, Milano, Egea, 1991, p. 27).

Ovviamente non bisogna dimenticare che fu Beckett stesso a ricordare quanto la propria opera fosse poco incline al rispetto della distinzione fra i generi. Lo si comprende da un passo, quanto mai indicativo, tratto da *Eleutheria* (testo scritto nel 1947, ma pubblicato nel 1995): «Dr. PIOUK – A quale genere vanno le sue preferenze? M. KRAP – Al genere merda. Mme. PIOUK – Davvero? Dr. PIOUK – In prosa o in versi? M. KRAP – Un giorno all'uno, un giorno all'altro»[16]. Il critico, insomma, è avvertito. Non per niente, partendo da un analogo presupposto, c'è stato chi ha proposto di considerare la poesia in Beckett, più che alla stregua di un genere a sé stante, come una sorta di funzione topologica, «qualcosa come un bordo, un limite fra generi»[17]. Ciò detto, resta il fatto che questa specifica forma di espressione, in quanto distinta dal teatro e dalla narrativa, occupa un ampio spazio nella produzione dell'autore.

Lo provano gli esordi inglesi, che si collocano appunto sotto la sua egida, con *Whoroscope* (1930), *Echo's Bones and Other Precipitates* (1935) e una serie di versi usciti in rivista e raccolti più tardi nei *Collected Poems in English and French*. Lo stesso accade quando, nel 1937, Beckett inaugura la sua opera in francese. Anche in questo caso, egli decide di farlo tramite alcune poesie. In entrambe le lingue, il momento del debutto è cioè caratterizzato dalla scrittura in versi. Simmetricamente, possiamo constatare che la vena poetica dello scrittore comincia a rarefarsi proprio allorquando, intorno agli anni Quaranta-Cinquanta, si rivolge al teatro, con *Eleutheria* e *En attendant Godot*.

Anche da quest'ultimo testo, tuttavia, continua a trapelare un profondo interesse verso il genere letterario appena abbandonato. Uno dei suoi protagonisti, Estragon («il primo personaggio pubblico del teatro di Beckett»[18]), è infatti un vecchio poeta. Lo si comprende sin dalla scena iniziale, che si apre sugli sforzi da lui compiuti per togliersi una scarpa. Per Myriam Boucharenc, è chiaro il riferimento alla postura di quel poeta vagabondo dalle «scarpe ferite» di cui parlano i versi di *Ma Bohème*. Come nella leggendaria compo-

[16] S. Beckett, *Eleutheria*, Paris, Minuit, 1995, pp. 43-44.

[17] J.-M. Rabaté, *Beckett* cit., p. 75.

[18] M. Boucharenc, *Les matinées poétiques de Samuel Beckett*, in *Samuel Beckett. L'écriture et la scène*, textes réunis par E. Grossman et R. Salado, Paris, Sedes, 1998, p. 32.

sizione di Rimbaud, l'accanimento di Estragon per liberare il piede serve a mettere in luce la trasformazione della lira d'Orfeo, con le sue corde magiche, nei poveri lacci di una calzatura. Siamo di fronte a uno scadimento irreversibile, simbolo del processo di diminuzione cui viene abbandonata la parola poetica. Con questa indicazione, Beckett sembra ratificare che il teatro «comincia là dove finisce la poesia», o meglio che esso si erige «sulle rovine della poesia»[19].

La questione viene ripresa poco dopo, quando la conversazione con Vladimir cade sulla Bibbia. Come la Winnie di *Oh les beaux jours*, Estragon afferma di possedere alcuni bei resti del tempo andato, testimonianze del suo antico stato di poeta. Si tratta di carte a colori della Terra Santa, con il Mar Morto di un bell'azzurro pallido, che gli suggeriscono il romantico sogno di un viaggio di nozze. Di fronte a un'evocazione tanto struggente e *kitsch*, Vladimir si sente in dovere di commentare: «Avresti dovuto essere un poeta»[20]. La risposta di Estragon non si fa attendere: «Lo sono stato», afferma, e come prova indica i propri stracci (*haillons*), aggiungendo: «Non si vede?». Il termine usato nella versione francese costituisce un'altra spia importante. Questo stesso sostantivo, ha notato sempre la Boucharenc, ritorna infatti nei versi del *Dormeur du val*, a conferma di come Rimbaud continui ad agire quale segreto nume tutelare di *En attendant Godot*.

Ridotto in cenci, preda dell'incompletezza e del frammento, l'ex poeta descritto da Beckett ha quindi perduto ogni slancio, per diventare l'emblema del prosaismo. Ma esiste un ulteriore cenno relativo ai suoi lontani trascorsi letterari. Si tratta della scena nella quale, dopo che Pozzo gli ha chiesto il suo nome, Estragon risponde senza esitazione: «Catullo»[21]. Al campione del maledettismo francese subentra adesso quello dell'antichità classica, convocato per dimostrare ancora una volta come ogni attività lirica sia ormai definitivamente sprofondata in una dimensione parodica.

In *En attendant Godot* la riflessione sulla poesia e sul suo processo di svalutazione non è però affidata al solo Estragon. Abbiamo già ricordato l'apparizione di Pozzo: enfatico, retorico e amante della paccottiglia, egli è stato giudicato come la sfacciata caricatura di un

[19] Ivi, pp. 32 e 33.
[20] S. Beckett, *En attendant Godot* cit., p. 14.
[21] Ivi, p. 51.

vate decadente. Roger Caillois ha addirittura scorto in lui il personaggio che maggiormente ostenta le imposture della poesia, poiché, pur diventando cieco come Tiresia, non riesce a trasformarsi né in profeta, né in veggente. Diverso, anzi antitetico, il caso del suo servo Lucky, che «spazza via i conformismi poetici» e «pratica [...] l'anti poesia»[22]. Generalmente considerato come un'irrisione del sapere, il suo astruso monologo, volto a scandalizzare il pubblico, è stato letto come un'eco del nichilismo dada e della scrittura automatica surrealista. Al di là della sfera strettamente verbale, il significato del personaggio si esprime però soprattutto nel calcio con il quale, colpendo Estragon, sembra voler condannare ogni residuo aspetto, sia pure degradato, della tradizione poetica.

Ma non è tutto. In *En attendant Godot*, come si è visto, la figura di Pozzo, pur svuotando di senso l'atto del citare, riesce ancora, bene o male, a compierlo. Questo semplice gesto, tuttavia, in lui tende a incepparsi: il ricordo vacilla e l'elocuzione si infrange, dando luogo ad uno spossante annaspare. Sarà il personaggio stesso a confessare: «Il fatto è che la mia memoria è difettosa»[23], battuta cui risponde, poco dopo, il commento di Vladimir: «La memoria ci gioca brutti scherzi»[24]. Sul piano della scrittura ciò si traduce nel fatto che il testo da evocare appare disintegrato, e rivela la necessità di un paziente ripristino, inteso a ricucire i vuoti aperti, tra una parola e l'altra, dai punti di sospensione. Da qui, l'affacciarsi di un dubbio: se l'atto del ricordare non funziona più, se richiamare dei versi pare così difficile, forse è solo perché, in definitiva, non ne vale la pena. Siamo nel cuore di quell'idea teatrale che culminerà, nel finale di *Fin de partie*, appunto con l'evocazione di *Recueillement*. L'originale appare ormai lontano, e a chi cerca di attingerlo non resta che un estenuante sforzo mnestico.

A questo punto, si impone una precisazione. Negli ultimi esempi riportati, la posta in gioco non riguardava tanto la scrittura, quanto la sua espressione fonica. Il tutto, e qui veniamo al punto cruciale, attraverso un esercizio di rammemorazione. Proprio di questo parla *L'innommable*, uscito lo stesso anno della prima rappresentazione di *En attendant Godot* (1953). Il romanzo, con cui si conclu-

[22] M. Boucharenc, *Les matinées* cit., 1998, p. 34.
[23] S. Beckett, *En attendant Godot* cit., p. 53.
[24] Ivi, p. 70.

de la trilogia iniziata con *Molloy* e *Malone meurt*, presenta la particolarità di un lunghissimo paragrafo, che si distende per oltre cento pagine. Giusto verso la fine, vediamo l'io narrante che, imbattutosi nella scoperta di un pubblico in attesa di qualcosa, sembra dedurne il carattere teatrale della propria funzione: «Si sente una voce, si tratta forse di una recita, è questo lo spettacolo, qualcuno che recita, dei brani scelti, provati, sicuri, una *matinée* di poesia»[25]. Nel buio in cui arranca l'eroe del monologo, la constatazione assume un deciso rilievo. E tanto più colpisce, poco dopo, un'inattesa confessione sulla disponibilità con cui i versi si offrono alla lettura dell'appassionato: «Quando diciamo una poesia che ci piace, nel caso che ci piaccia la poesia, nella metropolitana o nel nostro letto, per noi stessi, le parole sono già lì, da qualche parte, senza fare il minimo rumore»[26]. In entrambe le affermazioni, si badi, non è in ballo il significato di un testo, bensì la sua declamazione («Qualcuno che recita»), o quantomeno la sua dizione («Quando diciamo una poesia»). Ciò che qui preme a Beckett, in definitiva, è soprattutto il versante pubblico, performativo, drammaturgico, della parola poetica.

Sotto questo profilo, *L'innommable* anticipa quanto accadrà in *Oh les beaux jours*, laddove Winnie tenta faticosamente di ricordare una lirica di Victor Hugo. Il personaggio si riferisce in particolare a due versi da *Napoléon II*, i quali, sarà il caso di sottolinearlo, vertono proprio sul tema dell'oblio: «Quali sono quei versi squisiti? (*Pausa*). Tutto... ta-la-la... tutto si dimentica... l'onda... no... scioglie... tutto ta-la-la tutto si scioglie... l'onda... no... flutto... sì... il flutto sul flutto si dimentica... ripiega... sì... il flutto sul flutto si ripiega... e il flutto... no... onda... sì... e l'onda che passa dimentica... dimentica... (*Pausa. Con un sospiro*). Perdiamo i nostri classici (*Pausa*). Oh non tutti. (*Pausa*). Una parte. (*Pausa*). Ne resta una parte. (*Pausa*). Ecco che cosa trovo magnifico, il fatto che ve ne resti una parte, dei vostri classici, per aiutarvi a tirare avanti la vostra giornata»[27].

Sebbene estratto con tanto accanimento dal fondo dei ricordi infantili, ogni lontano frammento poetico finirà per rivelarsi nient'altro che un vecchio, nostalgico gingillo. Ma la questione è un'altra. Al

[25] S. Beckett, *L'innommable*, Paris, Minuit, 1953, p. 193.
[26] Ivi, p. 195.
[27] S. Beckett, *Oh les beaux jours*, Paris, Minuit, 1963, p. 69.

pari di Pozzo e Vladimir in *En attendant Godot*, anche Winnie rivela una memoria difettosa, così come difettoso si rivela il suo rapporto con le macerie della tradizione. È appunto questo che, in *Fin de partie*, accadrà a un verso del sonetto di Baudelaire, perfetto esempio di un'esperienza consunta, raffinata e inservibile, buona sì e no per ingannare il tempo rievocando un linguaggio ormai remoto.

Tratteniamoci ancora su *Oh les beaux jours*. Qui, come abbiamo visto, Winnie è condannata all'incessante ritorno del «vecchio stile», al ricordo di quei «classici» che la sua memoria lacunosa sbriciola e disperde. In un certo senso possiamo dire che, da *En attendant Godot* fino a questa *pièce*, «la poesia ha seguito il cammino che porta dall'ontologia all'antologia, passando dalla questione dell'essere a quella del repertorio»[28]. La riduzione della tradizione a florilegio, a mero passatempo, ha però un suo curioso risvolto: se da questo teatro è ormai stata bandita la poesia, in compenso sulle sue scene si canta in continuazione. La ragione di ciò potrebbe risiedere nel fatto che la canzone, in quanto citazione di una felicità trascorsa e fotografia del tempo passato, si presenta come la lingua morta della poesia. Morta, ma tanto più facile da usare. Infatti «se il ritornello si recita e si ripete, la poesia non si può citare senza che si perda. Winnie conserva la canzone ma perde i suoi classici»[29]. E non è un caso che proprio con una canzone si concluda *Oh les beaux jours*. Il suo primo verso, *eure exquise*[30], potrebbe trarre in inganno, suggerendo un riferimento all'omonima lirica di Verlaine. Ben altra, però, è l'origine del testo, ovvero un valzer che proviene dalla *Vedova allegra* di Franz Lehár. Insomma, alle parole di una celebre poesia, Winnie preferisce quelle di una celeberrima operetta.

Una simile trasformazione farebbe pensare che, verso la fine della sua produzione teatrale, Beckett abbia cessato di rivolgersi alla scrittura in versi. Scrutando meglio, invece, il contrastato rapporto fra i due generi rivela un'ultima sorpresa. Ne è la dimostrazione *...but the cloud...* (ossia *...Nuvole...*), composto in inglese nel 1976. Appositamente ideato per la televisione, il testo avrebbe dovuto intitolarsi *Poetry only Love* (*Poesia unico amore*), e in effetti si presta a essere letto come un'allegoria di quella fugacità che caratterizza

[28] M. Boucharenc, *Les matinées* cit., p. 38.
[29] Ivi, p. 41.
[30] S. Beckett, *Oh les beaux jours* cit., p. 76.

l'accensione lirica[31]. Possiamo dunque dire a buon diritto che l'interesse del drammaturgo verso la sua prima forma di espressione letteraria terminerà soltanto con la morte. Ecco perché, lasciando ancora una volta la parola alla studiosa che ci ha fatto da guida, dobbiamo rassegnarci a constatare come questo teatro non abbia veramente mai finito di finirla con la poesia...

III

Esaminate le modalità che regolano la pratica della citazione in Beckett, analizzata la funzione della scrittura in versi rispetto alla sua opera narrativa e drammaturgica, proviamo adesso a concentrare le indagini sui rapporti che egli ha intrattenuto con Baudelaire. Su un piano generale, sarebbe agevole additare vari punti di contatto: basti pensare alla tesi secondo cui le sue *pièces* riecheggerebbero la concezione baudelairiana del comico assoluto[32]. D'altra parte, chiunque può constatare facilmente come lo scrittore conosca a fondo i simbolisti francesi, tanto da far pensare che i nomi di Rimbaud o Verlaine appartengano alla sua «tappezzeria familiare»[33]. Questa rapida inchiesta, tuttavia, intende attenersi alle sole occorrenze testuali. Venendo dunque più specificamente a Baudelaire, e procedendo in ordine cronologico, cominciamo dal saggio su Proust del 1931.

Troviamo innanzitutto un verso del *Balcon*, che appare anche nel *Temps retrouvé* («ce gouffre interdit à nos sondes»[34], ossia «questo abisso vietato alle nostre sonde»). Abbiamo poi una pagina in cui, a proposito dell'eroe descritto da Huysmans in *A rebours*, viene detto: «Des Esseintes è un personaggio favoloso, un Alfred Lord Baudelaire»[35] (come dire, un miscuglio onomastico fra Musset, lord Byron e

[31] Cfr. M. Fehsenfeld, *De la boîte hermétique au regard implacable: le champ de l'image va se rétrécissant dans l'oeuvre théâtrale de Beckett*, in *Samuel Beckett*, «Revue d'esthétique», n. 7, 1990, p. 367.

[32] R.C. Lamont, *To Speak the Words of «The Tribe»: The Wordlessness of Samuel Beckett's Metaphysical Clowns*, in *Myth and Ritual in the Plays of Samuel Beckett*, a cura di K.H. Burkman, London-Toronto, Associated University Press, 1987, p. 69.

[33] E. Brater, *The Drama in the Text. Beckett's Late Fiction*, New York-Oxford, Oxford University Press, 1964, p. 7.

[34] C. Baudelaire, *Oeuvres complètes*, texte établi, présenté et annoté par C. Pichois, «Bibliothèque de la Pléiade», vol. I, Paris, Gallimard, 1973, p. 37.

[35] S. Beckett, *Proust*, Paris, Minuit, 1990, p. 93.

il poeta delle *Fleurs du mal*). Molto più interessante, però, un brano che recita: «Ma in Proust l'affettività gioca un ruolo troppo grande perché il simbolismo intellettuale di un Baudelaire, astratto e discorsivo, possa soddisfarlo. L'unità baudelairiana è un'unità *post rem*, un'unità estratta dalla pluralità. Il suo sistema di 'corrispondenze' è determinato da un concetto, dunque, strettamente limitato ed esaurito dalla sua stessa definizione. Proust non si cura dei concetti, persegue l'Idea, il concreto [...]. In Proust, l'oggetto può essere un simbolo vivente a condizione che sia il simbolo di se stesso. Il simbolismo di Baudelaire è diventato in Proust *antisimbolismo*»[36]. Secondo Beckett, alla nozione di «idea» in Proust si contrappone quella di «concetto» in Baudelaire. Ma al di là del giudizio sul romanziere francese, quel che importa notare è che la poetica delle *Fleurs du mal* venga utilizzata come una sorta di reagente, necessario a far emergere i lineamenti profondi della *Recherche du temps perdu*.

Quattordici anni dopo il libro su Proust, il nome di Baudelaire ritorna ancora sotto la penna di Beckett, questa volta nella grottesca favola amorosa narrata in *Premier amour*. È il passo in cui si legge: «Ho amato molto, insomma, ho amato abbastanza, abbastanza a lungo le parole vaso da notte, mi facevano pensare a Racine, o a Baudelaire, non so più a quale, forse a tutti e due, sì, ho qualche rimpianto, allora c'era la lettura, e grazie a loro arrivavo là dove il verbo si ferma, sembra Dante»[37]. Il sarcasmo beckettiano nasce dallo stridente contrasto fra il più degradato degli oggetti (che si richiama forse alla fontana-orinatoio di Duchamp) e il riferimento a due fra i massimi esponenti del verso francese. Così facendo, il testo giunge a officiare le paradossali nozze fra escrementi e poesia. A rimarcare l'importanza di un simile, provocatorio accostamento (da un lato l'indecenza del vaso da notte, dall'altro l'eccellenza del metro alessandrino), sta il fatto che la scena ha il suo corrispettivo nella pagina in cui il protagonista si sorprende a scrivere, sovrappensiero, il nome della donna amata su dello sterco secco di mucca.

Diverso il caso di *En attendant Godot*, in quanto qui, a rigore, l'autore delle *Fleurs du mal* non è menzionato. Eppure, riferendosi alle carte della Terra Santa conservate da Estragon quale presagio

[36] Ivi, pp. 91-92.
[37] S. Beckett, *Premier amour*, Paris, Minuit, 1970, p. 44.

della Terra Promessa, è stato rilevato come il senso della scena risponda perfettamente alle aspirazioni del romanticismo baudelairiano, con la sua miscela di intimità, spiritualità, colore e aspirazione verso l'infinito (per impiegare i medesimi termini che compaiono nel *Salon de 1846*)[38]. Ancora più evidente risulterebbe poi la cripto-citazione affidata a Pozzo, il quale, a un certo punto, comincia ad armeggiare con un «vaporizzatore»[39], estraendolo dalla tasca, irrorandosi la gola, sputando. Lo vediamo in più occasioni trafficare con questo spray (chiamato anche, per via della sua forma, *poire*, ossia «pera»[40]). Il gioco si ripete (*jeu du vaporisateur*[41]) fino a quando, qualche pagina dopo, il proprietario comunica con voce dolente, anzi, addirittura «morente», d'aver smarrito l'aggeggio: «Ho perso il mio polverizzatore»[42].

Davanti a uno sketch del genere, che riflette ancora una volta la degradazione del personaggio, viene spontaneo pensare alla ben nota e già citata intuizione di Baudelaire sulla «vaporizzazione dell'*Io*»[43]. Invece che fregiarsene, però, Beckett sembra volerla irridere, trasponendo la crisi spirituale del soggetto nell'immagine di un oggetto legato alle funzioni corporali. Difficile spingersi oltre. Grazie a una violenta commistione di stili e di registri, l'alto diventa basso, mentre la dissoluzione del concetto di individuo arriva a incarnarsi nella meccanica di un grottesco articolo sanitario, destinato all'igiene dei nostri orifizi e parente stretto del vaso da notte evocato in *Premier amour*.

Proseguendo nella perlustrazione avviata, scopriamo che, sebbene nel *Krapp's Last Tape* (*Ultimo nastro di Krapp*, 1958) il nome di Baudelaire non sia citato, se ne potrebbe avvertire la presenza nella scena della gita in barca. Questo genere di passeggiata amorosa si ritrova anche in altre opere di Beckett, da *Eleutheria* a *Oh les beaux jours*. A ogni modo, la descrizione offertane nell'*Ultimo nastro di Krapp* risulterebbe del tutto ineguagliata, tanto per l'incanto della visione, quanto per l'armonia fra gli amanti e la natura, aspetti estre-

[38] C. Baudelaire, *Qu'est-ce que le Romantisme*, in *Oeuvres complètes* cit., vol. II, p. 421. Cfr. M. Boucharenc, *Les matinées* cit., p. 33.

[39] S. Beckett, *En attendant Godot* cit., p. 41.

[40] Ivi, p. 56.

[41] Ivi, pp. 43 e 50.

[42] Ivi, p. 156.

[43] C. Baudelaire, *Oeuvres complètes* cit., vol. I, p. 676.

mamente rari nel teatro dell'autore. Ebbene, in questa stessa pagina, il dispiegarsi di una vivissima sensibilità acquatica (forse ispirata a Rousseau e Lamartine) si sposerebbe al ricordo di una poesia quale *L'invitation au voyage*[44].

Arriviamo così all'ultimo esempio della nostra rassegna, tratto da *Ohio Impromptu* (1981). In questo caso, la constatazione dell'eco baudelairiana si deve a Enoch Brater, secondo cui quest'opera si inscriverebbe nella proverbiale apostrofe che chiude la prima lirica delle *Fleurs du mal*: «Ipocrita lettore, - mio simile, - mio fratello!» («Hypocrite lecteur, - mon semblable, - mon frère!»[45]). A parere del critico, il verso (di cui si è già discusso nel capitolo su Nabokov) racchiuderebbe lo stesso tema del doppio affidato ai due personaggi della *pièce*, ossia il Lettore e l'Ascoltatore. Infatti, nel corso del dramma, essi dovrebbero arrivare a somigliarsi fisicamente, al punto da apparire gemelli nonostante la loro totale incomunicabilità: «Senza mai scambiarsi una parola, diventarono un tutt'uno» («Sans jamais échanger un mot, ils devinrent comme un seul»[46]). Insomma, a riprova di quanto l'influenza del poeta francese agì su Beckett, *Ohio Impromptu*, spingendo le due figure alle soglie dell'identificazione, porterebbe a compimento quel senso di «ipocrita» fraternità che Baudelaire colse fra autore e pubblico.

IV

Dopo tanti accertamenti, veniamo in ultimo a *Fin de partie*. Anche questo lavoro pullula di richiami letterari, dalla Bibbia (con il libro di Daniele) a Sofocle e Shakespeare, tanto che nelle sue pagine «l'arco semicelato delle intertestualità è [...] insolitamente differenziato

[44] M. Boucharenc, *Les matinées* cit., p. 40. Il saggio rinvia all'analisi di R.C. Lamont, *Krapp, un anti-Proust*, in *Samuel Beckett*, «Cahiers de l'Herne», 1976, pp. 341-359. Meno convincente l'ipotesi della Boucharenc circa un'ulteriore epifania baudelairiana, riscontrabile, sempre nell'*Ultimo nastro di Krapp*, in relazione al sonetto *A une passante* (M. Boucharenc, *Les matinées* cit., p. 41).

[45] C. Baudelaire, *Oeuvres complètes* cit., vol. I, p. 6. La tesi sulla derivazione baudelairiana dell'opera viene esposta in E. Brater, *Beyond Minimalism. Beckett's Late Styl in the Theater*, New York-Oxford, Oxford University Press, 1987, pp. 125 e 133.

[46] S. Beckett, *«Catastrophe» et autres dramaticules: «Cette fois», «Berceuse», «Impromptu d'Ohio»*, Paris, Minuit, 1982, p. 65.

e di sorprendente ampiezza»[47]. Anche quest'opera mette in scena l'espunzione della poesia dal mondo e dal teatro: al Mar Morto evocato dall'ex poeta Estragon in *En attendant Godot*, corrisponde adesso un paesaggio desolato, post-atomico, che sancisce la morte di ogni sogno d'evasione. Come scrivere versi in un mondo dove, oltre allo squallore, non c'è più nulla da celebrare? «Il teatro di Beckett», è stato detto, «si dispiega in un universo che, soprattutto da *Fin de partie*, esclude l'avvenimento poetico»[48]. In una realtà ormai totalmente prosaica, non resta che rinunciare a qualsiasi progetto di abbellimento. Ecco perché alla fine, più per fatalità che per vocazione, il personaggio di Hamm diventerà romanziere: un romanziere fallito, intento a raccontare in maniera allegorica un destino di perdita.

A temperare la prosaicità della vita, resta comunque sempre disponibile il ricorso alla canzone, di cui avevamo già seguito un esempio in *Oh les beaux jours*. Ebbene, *Fin de partie* non è certo da meno. Verso la conclusione, infatti, Clov, rispondendo a una sdolcinata richiesta di Hamm, intona una quartina in ottosillabi pervasa di disgusto e di cinismo. Assenti nella versione inglese, questi versi iniziano descrivendo un uccellino in gabbia, per terminare con un sarcastico «je suis emmerdé» («ne ho le scatole piene»[49]). Secondo alcuni, la loro fonte andrebbe cercata in Théophile Gautier[50]. Come che sia, la breve apparizione ha il compito di precedere l'arrivo di un testo poetico vero e proprio, tratto da quelle *Fleurs du mal* di cui proprio Gautier, «poeta impeccabile», fu il dedicatario.

Il momento che più ci interessa è appunto costituito dalla scena finale, nella quale il commediografo irlandese chiama in causa Baudelaire tramite un verso di *Recueillement*. Abbiamo già riportato i brani dell'*Innommable* e di *Oh les beaux jours* dedicati al compito di recitare i classici. Ma ecco il passo che più ci sta a cuore, il centro stesso della nostra ricerca, tutto giocato su un ricco alternarsi di iterazioni e indicazioni grafiche:

[47] G. Restivo, *Le soglie del postmoderno: «Finale di partita»*, Bologna, Il Mulino, 1991, p. 10.

[48] Ivi, p. 41.

[49] S. Beckett, *Fin de partie*, Paris, Minuit, 1957, p. 107.

[50] H. Cockerham, *Bilingual Playwright*, in AA.VV., *Beckett the Shape Changer*, a symposium edited by K. Worth, London-Boston, Routledge and Kegan Paul, 1975, pp. 154-155.

Un peu de poésie. (*Un temps*). Tu appelais - (*Un temps. Il se corrige*). Tu RECLAMAIS le soir; il vient - (*Un temps. Il se corrige*). Il DESCEND: le voici. (*Il reprend, très chantant*). Tu réclamais le soir; il descend: le voici (*Un temps*). Joli ça. (*Un temps*). Et puis? (*Un temps*). Instants nuls, toujours nuls, mais qui font le compte, que le compte y est, et l'histoire est close (*Un temps. Ton de narrateur*)[51].

Questa la traduzione di servizio:

Un po' di poesia. (*Pausa*). Tu chiamavi - (*Pausa. Si corregge*). Tu INVOCAVI la sera; essa viene - (*Pausa. Si corregge*). SCENDE: eccola. (*Riprende, assai cantabile*). Tu invocavi la sera; essa scende: eccola (*Pausa*). Grazioso questo. (*Pausa*). E poi? (*Pausa*). Istanti nulli, sempre nulli, ma che fanno il conto, che fanno tornare il conto, e la storia è chiusa (*Pausa. Tono da narratore*).

L'analisi del breve lacerto richiede alcune precisazioni. Occorre innanzitutto spiegare il criterio secondo cui la citazione è stata espunta dal suo *continuum* drammaturgico. È qui d'obbligo il riferimento ad Antoine Compagnon, per il quale «ritaglio e *collage* costituiscono le esperienze fondamentali della carta, rispetto a cui lettura e scrittura sono soltanto forme derivate, transitorie, effimere». A tale proposito, lo studioso ha precisato: «Quando cito, amputo, mutilo, prelevo»[52]. Quale logica ha dunque guidato la nostra ablazione testuale? Come si sono scelti i punti in cui operare la resezione del corpo verbale?

Ferma restando l'arbitrarietà di un gesto simile, possiamo dire che la risposta si fonda su immediate ragioni d'ordine lessicale, e riguarda il modo in cui Beckett gioca con il rapporto fra teatro, narrativa e poesia. La sequenza riportata comincia infatti con l'apparizione del

[51] S. Beckett, *Fin de partie* cit., pp. 110-111. Riportiamo di seguito la traduzione di Carlo Fruttero: «Un po' di poesia. (*Pausa*). Chiamavi - (*Pausa. Si corregge*). RECLAMAVI la sera; ed eccola che viene - (*Pausa. Si corregge*). CHE SCENDE. (*Ricomincia, in tono declamatorio*). Reclamavi la sera; ed eccola che scende (*Pausa*). Mica male. (*Pausa*). E poi? (*Pausa*). Attimi nulli, sempre nulli, ma che fanno il conto, che fanno che il conto torni, e che la storia si chiuda (*Pausa. Tono di narratore*)» (S. Beckett, *Teatro completo*, a cura di P. Bertinetti, Torino, Einaudi, 1994, p. 131).

[52] A. Compagnon, *La seconde main ou le travail de la citation*, Paris, Seuil, 1979, pp. 16-17.

sostantivo «poesia» (pronunciato da Hamm), per chiudersi con il termine «narratore» (inserito nella didascalia per indicare il tono suggerito all'interprete). Essa, cioè, si articola a partire da una decisa rottura del discorso teatrale propriamente detto. A comprovare questa spiegazione, sta la battuta immediatamente precedente l'inserto: «Arriviamo. Ancora qualche stupidaggine [*conneries*] come questa, e chiamo (*Pausa*)»[53]. In certo modo, è come se Hamm decidesse di risollevarsi dal fondo detritico di un linguaggio ridotto a *conneries*, impiegando una sorta di additivo: la poesia. Specularmente a ciò, il ritorno al registro propriamente diegetico viene sottolineato da un ulteriore passaggio di regime («tono da narratore»).

Arriviamo così a un primo dato: il ricorso al sonetto di Baudelaire esprime l'intenzione di operare, sia pure in via parodica, un innalzamento stilistico del monologo, immediatamente proiettato verso i cieli dell'arte. Segnale inconfondibile di questo salto di temperie è il termine «grazioso» (*joli*), con cui Hamm definisce il verso ricomposto, quasi a marcare l'abisso che separa il lascito romantico dal desolato universo beckettiano. Come sappiamo, si tratta di un indizio importante, in quanto, nella fortuna critica del testo di Baudelaire, la definizione ha un precedente illustre in Valéry (ferocemente criticato da Fondane)[54]. L'autore della *Jeune Parque*, si è visto, aveva usato questo stesso aggettivo per definire un verso del sonetto. Alla sua presa di posizione in prima persona, si aggiunge adesso quella «per interposto personaggio» in *Fin de partie*.

V

È venuto il momento di esaminare in che maniera Beckett realizzi la sillabazione del verso baudelairiano nel dialogo in prosa fra i due protagonisti della *pièce*. Prima di procedere a un'analisi ravvicinata, sarà però opportuno offrire alcune informazioni sul passo in oggetto. Per quanto riguarda le immediate tracce intertestuali, è stato segnalato un plausibile rinvio al *Voyage autour de ma chambre* (*Viaggio intorno alla mia camera*) di Xavier de Maistre. Un altro riferimento abbastanza evidente si nasconderebbe dietro la frase: «Volete che lui

[53] S. Beckett, *Fin de partie* cit., p. 110.
[54] Cfr. note 21 e 22 del capitolo su Valéry.

cresca mentre voi vi rimpicciolite?»[55]. In essa traspare un brano dalla *Hérodias* di Flaubert, intento a sua volta a citare un'affermazione del Battista nel Vangelo di Giovanni[56]. Sulla scorta di tali indicazioni, avviciniamoci adesso alle poche righe in esame – poche ma assai accortamente collocate e manipolate, secondo quella magistrale arte della citazione praticata dallo scrittore di Dublino.

In verità, il nome di Baudelaire potrebbe aver già fatto la sua comparsa qualche pagina prima. Difatti, in una precedente battuta di Hamm («Poveri morti»[57]), sembrerebbe lecito avvertire l'eco di un altro verso illustre: «Les morts, les pauvres morts, ont des grandes douleurs»[58] («I morti, i poveri morti, hanno grandi dolori»), da *La servante au grand coeur*. Se così fosse, l'apparizione di *Recueillement* risulterebbe insomma anticipata da un'altra allusione alle *Fleurs du mal*. L'ipotesi è acuta, ma non cambia l'assunto: preannunciato o meno, il frammento del sonetto ci interessa soprattutto per il particolare trattamento a cui viene sottoposto da Hamm. Siamo di fronte a una specie di disarticolazione vocale: la risillabazione di un alessandrino operata da quel grande «specialista del ritmo [*rythmicien*]»[59] che fu Beckett, secondo la bella definizione di Lucien Dällenbach.

La prima cosa da osservare al riguardo concerne l'alternanza tra parola e silenzio, tra corpo verbale e pausa, tra emissione e respiro (nel senso di quel *breath* che dà il titolo al noto dramma del 1968). Assistiamo cioè al singolare innesto, in ambito teatrale e all'interno della prosa, di un testo metricamente formalizzato. Hamm, però, non si limita a riportare il verso scelto come paradigma del fare poetico, ma racconta piuttosto lo sforzo profuso nel tentativo di ricostruirlo. La sua non sembra tanto una recitazione, quanto la messa in scena di un processo centrato sull'anamnesi, e scandito dalle pause che esso richiede. Ha detto bene Mena Mitrano: mentre nel passo di Shelley scandito da Estragon in *Waiting for Godot* avvertiamo

[55] S. Beckett, *Fin de partie* cit., p. 111.

[56] P. Nykrog, *In the Ruins of the Past: Reading S. Beckett Intertextually*, «Comparative Litterature», 1984, 36 (4), pp. 289-311.

[57] S. Beckett, *Fin de partie* cit., p. 89.

[58] C. Baudelaire, *Oeuvres complètes* cit., vol. I, p. 100. L'ipotesi è proposta in E. Jacquart, *Beckett et la forme sonate*, in *Samuel Beckett Today / Aujourd'hui* cit., p. 170.

[59] L. Dällenbach, *La question primordiale*, in AA.VV., *Sur Claude Simon*, Paris, Minuit, 1987, p. 87.

un *buzzing*, un rumore di fondo che rispetta interi sintagmi del testo di partenza, qui assistiamo piuttosto alla distruzione dell'alessandrino baudelairiano, smembrato per esser poi fatto rinascere[60].

Quanto siamo lontani dalla citazione dello stesso verso effettuata da Colette in *Noces*! A quell'amabile forma di *calembour*, Beckett oppone lo sforzo, vocale e fisico, del ricordo. Al centro della sequenza di *Fin de partie* campeggia la tormentosa estrazione dell'originale dalle reminiscenze del protagonista. Anticamente conosciuto a memoria, adesso *Recueillement* pare sfuggirgli di mente. Per ben due volte l'interprete incespica, ed è costretto a rettificare i verbi usati. Lo spettatore, così, diventa partecipe di un vero e proprio restauro del testo, che solo gradualmente approderà al ripristino della versione corretta. Sarebbe difficile immaginare un commento migliore a ciò che Jacques Derrida osservò in un intervento intitolato *Che cos'è la poesia?* Giocando sull'espressione idiomatica francese «apprendre par coeur» (ossia «imparare a memoria», «mandare a mente»), egli prima paragona questo atto a una preghiera, poi collega il battito cardiaco alla nascita del ritmo, per affermare infine che la poesia «insegna» e «inventa» il cuore[61]. Ebbene, cosa fa Hamm attraverso il suo «esercizio spirituale», se non appunto ri-apprendere, con il cuore e la mente, il dettato poetico?

Atteniamoci al verso del sonetto. La prima cosa da segnalare riguarda l'uso dello stampatello nei due verbi, come a marcare una pronuncia accentuata. Non meno interessante l'abolizione della maiuscola di «soir», scelta che sembra tradire il disinteresse di Beckett per quel procedimento della personificazione tanto caro a Baudelaire. Un'analisi a sé meriterebbe invece la traduzione inglese di *Fin de partie*, reso, come si è detto, con *Endgame*.

Qui abbiamo il prezioso campione di un verso di Baudelaire offerto nella traduzione di Beckett: «You cried for night; it falls: now cry in darkness»[62]. Rispetto alla nostra versione di servizio («Tu invocavi la sera; essa scende; eccola»), l'inglese suona: «Tu invocavi la notte; essa cade; ora piangi nel buio». Come si vede, si tratta di una

[60] M. Mitrano, *The Sense of Negation: Beckett, Bion, and a Pair of Old Shoes*, in corso di stampa.

[61] J. Derrida, *Che cos'è la poesia?*, «Poesia», I, 11, novembre 1988, pp. 5-10.

[62] S. Beckett, *Endgame. With a Revised Text*, a cura di S.E. Gontarski, London, Faber and Faber, 1992, p. 42.

trasformazione radicale, tesa a marcare il passaggio da una sera che scende impassibile, a una notte che cade fra le lacrime. Non per niente, sottolineando il salto di registro fra le due lingue, Giulia Restivo ha insistito sulla tendenza di Beckett ad adattare il testo all'ambiente culturale, differenziando talvolta sensibilmente le versioni: «Se in francese lo stile è colloquiale, alzandosi solo nella [...] citazione (fedele) di un verso dal sonetto *Recueillement* di Baudelaire, l'inglese altera stile e livello retorico, trasformandosi in 'qualcosa di barocco e profetico', pur oggetto di ironica autoriflessione. Il tono appare qui a Hughes quello di un 'drastico imperativo', di un '*De Profundis* rovesciato' o ancora [...] di 'una *nekuia* attraverso Pound o Eliot o Joyce'»[63].

Ma nella traduzione inglese del verso baudelairiano si insinua un'ulteriore allusione, quella a *The Hollow Men* (*Gli uomini vuoti*) di Thomas Stearns Eliot. A rivelarla sarebbe l'impiego del sostantivo *darkness* per il francese *soir*[64]. Proprio su quest'ultimo tema si è concentrato Clément. Dopo aver indagato il legame fra il titolo del sonetto e il contesto in cui esso viene evocato («*Recueillement* è la poesia citata proprio mentre Hamm sta raccontando la fine della storia in cui il suo personaggio *raccoglie* un bambino»[65]), egli rileva come l'autore di *Fin de partie* veda nella sera il momento per eccellenza della confusione: «È il tempo indefinito, il tempo grigio, il tempo senza tempo, il quale, piuttosto che trovarsi 'fra' il giorno e la notte, non è né l'uno né l'altro»[66]. Rifacendosi dunque alle *Fleurs du mal*, Beckett intenderebbe sottolineare la sua predilezione per un'ora vaga, indistinta, sottratta a ogni possibile forma di individuazione.

[63] Cfr. G. Restivo, *Le soglie del postmoderno* cit., p. 304. Il riferimento dell'autrice è a P. Hughes, *From Allusion to Implosion. Vico. Michelet. Joyce. Beckett*, in AA.VV., *Vico and Joyce*, a cura di D.P. Verene, Albany, State University of New York Press, 1987, pp. 95-96. Per la trasformazione intervenuta nel passaggio da *Fin de partie* a *Endgame*, si veda anche R. Cohn, *The Comic Gamut*, New Brunswick, Rutgers University Press, 1962, pp. 271 e 327.

[64] G. Restivo, *Le soglie del postmoderno* cit., pp. 302-304. Lo studio mette in luce altri due possibili richiami a Eliot: la ripresa di un'espressione che appare poco oltre (*with a bang*, ossia «con un'esplosione») e la presenza del verbo *to fall* («cadere»).

[65] B. Clément, *L'oeuvre sans qualité* cit., p. 292.

[66] Ivi, p. 293. Sempre sul tema della sera, cfr. anche R. Chambers, *Beckett's Brinkmanship*, in *Samuel Beckett. A Collection of Critical Essays*, a cura di M. Esslin, Englewood Cliffs (NJ), Prentice-Hall, 1965, p. 153.

Ma ritorniamo a immergerci nel flusso del monologo. Mentre la rappresentazione si conclude, Hamm, quasi volesse rivivere le fasi di una recita scolastica, prova a ricostituire il brano smarrito. Tale dimenticanza ha un motivo preciso: essa funge da pretesto per preparare l'acme della sequenza, rappresentato dal trionfale arrivo dell'alessandrino («assai cantabile» [*très chantant*], secondo quanto recitano le indicazioni di regia). Annunciata quattro battute prima, la promessa di «un po' di poesia» non si compirà che nel momento in cui la materia sillabica sarà riuscita a coagularsi. Soltanto dopo due approssimazioni, il verso potrà erompere nella ben nota coppia di emistichi.

In un certo senso, siamo invitati a una scena di agnizione: come se la scrittura drammaturgica di Beckett, ormai ridotta a un insieme di brandelli verbali, fosse infine chiamata a confrontarsi con il regale incedere del metro magnificato sulla scena francese del «Secolo d'oro». Così, lasciando per un istante la sua pronuncia abituale, Beckett torna a intonare la cadenza del grande teatro classico. Solfeggiando Baudelaire, potremmo dire, Hamm fa ritorno alla lingua di Racine (e non dimentichiamo come, in *Premier amour*, i nomi dei due autori fossero sarcasticamente appaiati nel ricordo del «vaso da notte»). In questo modo il verso di Baudelaire, superata la prima, balbuziente scansione, viene a certificare l'esistenza di un orizzonte del tutto diverso da quello delle *conneries* quotidiane. Benché breve ed effimera, la sua comparsa evoca la presenza della Poesia come di una dimensione ormai definitivamente inabissata, sì, ma nondimeno capace di «forare»[67] la plumbea cappa del linguaggio usato da tutti i personaggi della *pièce*.

Il ritorno dell'alessandrino (nella stessa maniera in cui si parla di un «ritorno del rimosso») costituisce dunque il coronamento di questa pagina. Evocato al momento del congedo, quando l'opera si avvia alla conclusione, il pallido fantasma di Baudelaire proclama la natura ironico-residuale della poesia e dei suoi trascorsi prestigi (quel che Adorno ha chiamato «il processo poetico come logorio»[68]), ma

[67] Il verbo allude alla *Lettera tedesca del 1937*, nella quale Beckett indica lo scopo più alto di uno scrittore nel tentativo di fare un buco dopo l'altro nel velo della propria lingua, «finché incominci a filtrare ciò che si cela oltre di esso, si tratti di qualcosa o di nulla» (S. Beckett, *Lettera tedesca del 1937*, in *Disiecta* cit., p. 69).

[68] T.W. Adorno, *Versuch «Endspiel» zu verstehen*, in *Noten zur Literatur*, vol.

nel contempo lacera il tessuto verbale. L'intrusione del verso nella prosa provoca infatti una violenta mescolanza espressiva. L'effetto di questo shock ha nome «ritmo». Nell'oscuro brancolare mnestico dell'eroe, fittamente scandito da pause, la pulsazione del verso si sostituisce all'indistinto fluire del parlato[69]. Di fronte a una simile, faticosa riemersione del ricordo, non resta che rivolgersi al cupo corollario con cui Nietzsche volle sancire l'identità fra sofferenza e ricordo: «Forse nell'intera preistoria dell'uomo addirittura nulla è più spaventoso e sinistro della sua *mnemotecnica*. 'Si incide a fuoco qualcosa affinché resti nella memoria: soltanto quel che non cessa di dolorare resta nella memoria' – è questo un assioma della più antica (purtroppo anche più longeva) psicologia sulla terra»[70].

VI

Come si è visto, l'incanto metrico della citazione (o forse, più semplicemente, il «canto» stesso) dura assai poco. Con il riferimento al «tono da narratore» il discorso rientra nell'alveo della prosa. Adesso è veramente il caso di dire: «La storia è chiusa», tanto più se si tiene conto che questa sconsolata considerazione precede di qualche riga l'abbassarsi del sipario. A ogni modo, rimane ancora tempo per un'ultima apparizione, quella del fazzoletto spiegazzato, cui Hamm rivolge la battuta conclusiva della *pièce*: «Vecchio straccio! (*Pausa*) Quanto a te – ti conservo / *Pausa. Si avvicina il fazzoletto al viso*»[71].

Non è evidentemente possibile ricordare le innumerevoli letture di cui questa scena è stata fatta segno dalla critica. Velo di Maia o velo di Veronica, maschera funebre o Sindone profana, il «vecchio straccio» è stato addirittura interpretato come il simbolo della letteratura o del linguaggio. Certo è comunque che, come ha spiegato Adorno, un oggetto del genere tradisce l'inconfondibile presenza

II, Frankfurt am Main, Suhrkamp, 1961 (trad. it. *Tentativo di capire «Finale di partita»*, in *Note per la letteratura*, 1943-1961, Torino, Einaudi, 1979, p. 270).

[69] Si veda al riguardo il saggio di H. Weinrich, *Il polso del tempo o ciò che le tempie sanno del tempo*, «Critica del testo», *Il testo e il tempo*, I/1, 1998, pp. 1-21.

[70] F. Nietzsche, *Zur Genealogie der Moral. Ein Streitschrift*, in *Werke*, Bd. II. 6, a cura di G. Colli e M. Montinari, Berlin-New York, Walter de Gruyter, 1968 (trad. it. *Genealogia della morale. Uno scritto polemico*, Milano, Adelphi, 1968, pp. 48-49).

[71] S. Beckett, *Fin de partie* cit., p. 112.

della morte. La descrizione di qualcuno che fa la sua siesta pomeridiana con un panno sugli occhi, sia pure per proteggersi dalla luce o dalle mosche, assume un inconfutabile aspetto luttuoso. Riducendo un uomo vivo al puro fatto corporeo, Beckett sembra volerlo collocare fra i cadaveri, con il volto «velato come lo sono i morti»[72]. Questa sorta di epifania, aggiunge Adorno, stabilisce un significativo parallelo con la scena d'apertura: mentre nelle prime battute del dramma si parla di un quadro, appartenente a Hamm e coperto da un vecchio lenzuolo, «alla fine egli si avvicina al volto il fazzoletto, sua ultima proprietà»[73]. Ora, a quel quadro, è subentrato il corpo, anzi, per meglio dire, un corpo-salma.

Rispetto a tutto ciò viene spontaneo pensare a un altro fazzoletto, che un personaggio estrae dalla sua sporta in *Oh les beaux jours* per pulire occhiali e spazzolino da denti. Esaminandone la funzione rispetto alla «menomata umanità che è in scena»[74], Francesco Orlando ha proposto una convincente analogia proprio con il contesto desolato-sconnesso di *Fin de partie*. In quest'ultima *pièce*, però, l'oggetto in causa svolge un ruolo assai più incisivo, e con la sua doppia comparsa, all'inizio e al termine dell'azione (trasformato da lenzuolo in fazzoletto), giunge a delimitare il senso più profondo dell'opera.

È tempo di concludere. Mentre il commento fin qui si è limitato a esaminare tracce inconfutabili, addentriamoci adesso nel campo delle congetture. Davanti al rilievo che assume il «vecchio straccio», giusto a ridosso della citazione di *Recueillement*, forse sarà permesso suggerire un altro accostamento: quello con il *linceul* su cui termina il sonetto. Nel medesimo spirito nichilista che impronta tutto *Fin de partie*, non sembrerà azzardato suggerire che Beckett abbia voluto proporre un'ennesima, inesorabile parodia. Se questo è vero, allora, nel fazzoletto che Hamm estrae dalla tasca potremmo scorgere l'estrema, degradata metamorfosi di quello stesso sudario con cui la notte lentamente incede negli ultimi due versi di Baudelaire: «Et, comme un long linceul traînant à l'Orient, / Entends, ma chère, entends la douce Nuit qui marche» («E, come un lungo sudario trascinato verso Oriente, / Ascolta, mia cara, ascolta la dolce Notte che cammina»).

72 T.W. Adorno, *Tentativo di capire «Finale di partita»* cit., p. 283.

73 *Ibid.*

74 F. Orlando, *Gli oggetti desueti nelle immagini della letteratura*, Torino, Einaudi, 1994, p. 446.

Proviamo a tirare le fila del discorso. Con l'ultima scena di *Fin de partie* assistiamo a una doppia mossa (nell'accezione scacchistica cui allude il titolo): l'evocazione diretta del secondo verso di *Recueillement* e quella, indiretta, del tredicesimo. In un caso, la citazione è letterale; nell'altro, invece, essa viene affidata a una semplice associazione d'idee (tramite l'uso «funebre» di un fazzoletto da tasca). Così, dilatando e protraendo l'effetto della citazione (come avviene allorquando si «fila» una metafora), Beckett fa in modo che *Recueillement* si irradi sulla pagina spingendosi fino al termine dell'opera, a riprova di una penetrazione forse inavvertita, ma indiscutibilmente irresistibile.

9
La quartina di Queneau (1969): raccogliendo versi

I

Nei modi più vari, tutti gli otto scrittori sinora convocati scorgono in *Recueillement* l'occasione per confrontarsi con il gioco di forze che i suoi versi esprimono sul piano stilistico e tematico. Diverso quanto accade con Raymond Queneau, l'autore di quegli *Exercices de style* che proprio Nabokov, per fare un solo nome, riteneva «un capolavoro emozionante, anzi, una delle storie più grandi della letteratura francese»[1]. In questo caso, il richiamo al sonetto, minimo e circoscritto, si limitò a una quartina recante lo stesso titolo. Prima di esaminarla da vicino, proviamo però a ripercorrere i rapporti di Queneau con Baudelaire. Soffermiamoci dunque su qualche esempio, e cominciamo dai testi narrativi, passando poi (per una semplice suddivisione di comodo) a quelli poetici.

La prima parte del nostro esame sarà brevissima. Uno fra i primi esempi risale al 1933, con *Le chiendent*, e consiste di un'eco del *Balcon* di Baudelaire[2]. Ancora qualche anno e, nel 1941, l'influenza delle *Fleurs du mal* torna a emergere all'interno di una riflessione sulla bellezza sviluppata nel romanzo *Les temps mêlés* (in seguito ripudia-

[1] V. Nabokov, *Strong Opinions*, New York, McGraw-Hill, 1973 (trad. it. *Intransigenze*, Milano, Adelphi, 1994, p. 214).
[2] R. Queneau, *Romans*, t. I, in *Oeuvres complètes*, vol. II, édition publiée sous la direction d'H. Godard, «Bibliothèque de la Pléiade», Paris, Gallimard, 2002, p. 175.

to e mai più ristampato da Queneau)[3]. Ma il caso più interessante, almeno a livello narrativo, resta *Les fleurs bleues*, del 1965, che addirittura nasce da una citazione deformata di una poesia di Baudelaire.

Citando il dodicesimo verso di *Moesta et errabunda*, che recita: «Loin! Loin! Ici la boue est faite de nos pleurs!»[4] («Lontano! Lontano! Qui il fango è fatto dei nostri pianti!»), Queneau gioca con l'ultima parola, e cambia il sostantivo originale in *fleurs*[5] («fiori»), modificandone la prima consonante. Certo, come ha ricordato Anne-Marie Jaton, l'esempio non costituisce un'eccezione, visto che tutta quest'opera appare costruita su un tessuto di reminiscenze testuali dirette o indirette[6]. Qui, tuttavia, l'inserto si rivela particolarmente importante perché (lo ha ribadito Alain Calame) esso ha addirittura il compito di fissare il titolo del libro. In definitiva, potremmo dire che i «fiori blu» di Queneau sorgono per diretta impollinazione dai «fiori del male» di Baudelaire.

Sulla scorta di un simile assunto possiamo adesso volgerci alla produzione in versi, a partire dai toccanti alessandrini di *Chêne et chien*, datati 1937. In questo splendido poemetto autobiografico spicca un altro esplicito riferimento a *Moesta et errabunda*[7]. Ma ancora più significativa è una pagina, in cui Queneau afferma: «Je retournais le sens des maux inévitables, / car j'aimais ma douleur, petite castration» («Io rovesciavo il senso dei mali inevitabili, / poiché amavo il mio dolore, piccola castrazione»[8]). A costo di forzare la lettura, potremmo forse spingerci fino a cogliere, nel breve arco del distico, quel nodo ossimorico dell'«amore per il dolore» in cui abbiamo visto risiedere l'essenza di *Recueillement*.

Nove anni più tardi, sono le note della *Servante au grand coeur* a risuonare nei versi di *Les vivants et les morts*[9]. Occorre però aggiun-

[3] Ivi, pp. 1033 e 1087.

[4] C. Baudelaire, *Oeuvres complètes*, texte établi, présenté et annoté par C. Pichois, «Bibliothèque de la Pléiade», vol. I, Paris, Gallimard, 1973, p. 63.

[5] R. Queneau, in *Romans*, t. II, in *Oeuvres complètes* cit., vol. III, 2006, p. 992.

[6] A.-M. Jaton, *Lecture(s) des «Fleurs bleues» de Raymond Queneau*, Pisa, Ets, 2000.

[7] C. Baudelaire, *Oeuvres complètes* cit., vol. I, p. 63. Cfr. R. Queneau, *Oeuvres complètes*, édition établie par C. Debon, «Bibliothèque de la Pléiade», vol. I, Paris, Gallimard, 1989, p. 22.

[8] Ivi, p. 13.

[9] Ivi, p. 119.

gere che *L'instant fatal*, la raccolta in cui compare quest'ultima poesia, presentava un risvolto di copertina in cui Queneau indicava i suoi poeti preferiti in Rutebeuf, Villon, Jacques, Boileau, Chénier e Péguy. Il nome di Baudelaire, dunque, non figurava nella lista, né in quella stilata dai recensori del volume, che spaziava da Brecht, Agrippa d'Aubigné, Fargue, Michaux, fino a Hugo e Laforgue. Malgrado ciò, le *Fleurs du mal* continuano a esercitare la loro influenza sullo scrittore, come risulta dalla *Petite cosmogonie portative* del 1950.

In questo libro troviamo un'esplicita allusione all'*Albatros* baudelairiano: «On parle d'albatros aux ailes de géants» («Si parla di albatros dalle ali da giganti»[10]). A rendere il riferimento ancor più notevole, sta il fatto che esso si colloca in una serie di altre cinque citazioni, provenienti rispettivamente da Racine, Musset, Mallarmé, Rimbaud e Corbière. Tutti questi autori sono elencati in funzione polemica, per propugnare una difesa della letteratura in chiave antiletteraria. Siamo nel cuore della poetica di Queneau, deciso a dimostrare la pari dignità estetica di ogni tema e di ogni terminologia. Come ha spiegato Italo Calvino, «si tratta [...] d'elaborare una linea linguistica quanto mai lontana dal lessico canonico della poesia lirica, e tanto elastica da farsi carico dei neologismi e dei lessici specializzati, da inglobare tutte le voci d'un'enciclopedia ('tentativo di dare cittadinanza poetica a tutti i vocaboli', così è stato definito questo poema da un critico, Paul Gayot)»[11]. Non solo. Oltre a una citazione da *Lesbos*[12], a ratificare l'importanza dell'eco baudelairiana sta il fatto che, verso la fine dell'opera, il richiamo all'*Albatros* viene ulteriormente ripreso: «Les ailes de géant se mettent à marcher» («Le ali da gigante si mettono a camminare»[13]).

Continuando con lo spoglio della produzione poetica di Queneau, intorno al 1958, nella raccolta *Le chien à la mandoline*, ecco il sonetto *Le crépuscule de l'aube*, che nel testo manoscritto aveva addirittura come titolo *Une fleur du mal: le crépuscule du matin* (*Un fiore del male: il crepuscolo del mattino*[14]). A riprova del suo carattere

[10] Ivi, p. 215.

[11] I. Calvino, *Piccola guida alla «Piccola cosmogonia»*, in R. Queneau, *Piccola cosmogonia portatile*, Torino, Einaudi, 1982, p. 148.

[12] Ivi, p. 222.

[13] Ivi, p. 236.

[14] Ivi, p. 324.

dedicatorio, un sardonico appunto di Queneau, riportato in nota nell'edizione della Pléiade, recita: «Ah ah, ecco qua un tema davvero baudelairiano»[15].

Sempre restando a *Le chien à la mandoline*, vanno poi segnalati i versi *Les linges noirs*, in cui si rievoca la triste «rue Baudelaire»[16]. Il fatto sembrerebbe di per sé poco rilevante, se non fosse che in un volume del 1967, *Courir les rues*, compare un testo, *Concordances baudelairiennes*, in cui sono riportate tutte le occorrenze della parola «Paris» e dei suoi derivati nell'opera di Baudelaire (nove, più un riferimento al Louvre). Ciò spiega il sottotitolo posto fra parentesi: *avec la gracieuse autorisation du Centre de lexicologie de Besançon*[17]. In questo curioso omaggio a una tavola delle concordanze (piccolo ready-made forse ispirato a *PSST* di Breton), convergono poesia e topografia. Inoltre, quasi a conferma dell'indissolubile nesso fra Baudelaire e la sua città, lo stesso spunto formulato in *Les linges noirs* torna nei versi di *Exil*, dove ci imbattiamo nella descrizione di una squallida «rue Baudelaire (Charles)»[18].

Concludiamo questa rapida carrellata con l'indicazione di qualche altra citazione sparsa: sempre riguardo a *Courir les rues*, vanno menzionati i versi di *La Toussaint généralisée* (che svelano un'ulteriore citazione da *La servante au grand coeur*[19]), mentre *Un moment de repos* (da *Battre la campagne*, del 1968[20]) e *Ma mère chantait* (una poesia inedita datata 1969-1970[21]) rinviano al *Voyage* baudelairiano. *Discorde mélodie des terrains d'épandages* (un testo inedito risalente agli anni Sessanta[22]) allude infine al *Cygne*. Non c'è che dire: per quanto secon-

[15] Ivi, p. 1312.

[16] Ivi, p. 276.

[17] Ivi, p. 364. Cfr. al riguardo C. Baudelaire, *«Les Fleurs du mal», concordances, index et relevés statistiques établis d'après l'édition Crépet-Blin par le Centre d'étude du vocabulaire français de la Faculté des lettres de Besançon*, Université de Besançon, Centre d'étude du vocabulaire, Paris, Larousse, 1965. Si vedano anche R. Baligand, *Les poèmes de Raymond Queneau*, Paris, Klincksieck, 1972, p. 45, e I. Papaspyridou, *Les surréalistes lecteurs de Baudelaire*, Mélusine, Cahiers du Centre de recherches sur le surréalisme, n. 13, *Le surréalisme et son psy*, Lausanne, Editions de l'Age de l'Homme, 1992, pp. 283-293.

[18] R. Queneau, *Oeuvres complètes* cit., p. 405.

[19] Ivi, p. 385.

[20] Ivi, p. 489.

[21] Ivi, p. 1085.

[22] Ivi, p. 841.

daria, la presenza delle *Fleurs du mal* costituisce un presupposto discreto ma costante della poesia, oltre che della prosa, di Queneau.

II

«Ah ah, ecco qua un tema davvero baudelairiano». Riprendendo l'esclamazione riferita al sonetto *Le crépuscule de l'aube*, giungiamo finalmente al centro del nostro discorso, basato su una raccolta di versi del 1969, *Fendre les flots*. Vi ritroviamo diverse allusioni alle *Fleurs du mal*, fra cui, in *Un petit théâtre*[23], quella all'ormai consueto *Albatros*. In questo libro, però, la particolarità del gioco intertestuale risiede soprattutto nel trattamento dei titoli, esplicitamente coniati su quelli di altre opere. Oltre a richiami più o meno generici, come quelli a Hemingway (nel caso di *Le vieil homme et l'enfant* [da *Il vecchio e il mare*]), Rimbaud (*Les petits bateaux*) o Apollinaire (*Port-aviation*), non mancano campioni perfettamente riprodotti, come nel caso di *Kraken* (da Borges), *Résipiscence* (da Cros), *La vue* (da Roussel), *L'invitation au voyage* (dallo stesso Baudelaire), *Cimetière marin* (sia pure senza l'articolo, da Valéry) e *Tempête sous le crâne* (da Hugo).

Al culmine di questo singolare procedimento mimetico-parodico, e proprio nell'ultimo testo della raccolta, ci imbattiamo finalmente in quel *Recueillement* che è ora venuto il momento di esaminare:

Recueillement

J'écrirai le mot fin comme arrivé au port
cette fin n'est autre qu'un recommencement
je ne laisse pas mes poèmes à leur sort
je vais les recueillir en les bien ordonnant[24].

Ecco una versione del testo, nell'italiano più letterale:

Raccoglimento

Scriverò la parola fine appena entrato in porto
questa fine non è altro che un ricominciare

[23] Ivi, p. 553.
[24] Ivi, p. 607.

non lascio le mie poesie al loro destino
le raccoglierò ordinandole per bene.

Posto all'estremo limite del volume *Fendre les flots*, il testo ha la forma di un ironico saluto che Queneau rivolge ai suoi lettori e contemporaneamente a se medesimo. Come chiudendo un ideale anello, la fine viene descritta come un nuovo inizio, nel segno di un ordine ritenuto indispensabile per assicurare l'unità della raccolta. E mentre la navicella della scrittura tocca felice il termine del viaggio, l'autore rivendica un atteggiamento di amorosa protezione nei riguardi delle proprie creazioni. È questo il senso del verbo usato nell'ultimo verso, quel «raccogliere» che si collega direttamente al sostantivo del titolo, per indicare la cura con cui il poeta si volge alle poesie appena terminate.

Per un'adeguata valutazione della quartina, risulta dunque fondamentale tener conto della sua speciale collocazione nella macrostruttura del libro. Ci troviamo di fronte a un autentico «congedo». A questo proposito, su un piano più generale, è bene ricordare come una parte della critica abbia rimarcato l'importanza che la disposizione testuale tende ad assumere nella produzione poetica di Queneau. Ne è un chiaro esempio la raccolta *Battre la campagne*, chiusa da una poesia che reca lo stesso titolo del volume; appunto grazie a tale accorgimento viene a configurarsi «l'inizio di un nuovo ciclo»[25]. Ancora più suggestivo sarebbe il caso di *Recueillement*, composizione destinata a rivelare le difficoltà insite nell'atto di licenziare un'opera. Scorrendone i versi, ogni lettore verrebbe cioè chiamato a domandarsi in cosa consista l'intento di ordinare «per bene» le liriche che compongono *Fendre les flots*.

Ma perché riferirsi proprio a Baudelaire? L'idea di eleggerlo a patrono della raccolta, si è detto, possiede una giustificazione profonda nella presenza di due grandi motivi conduttori che caratterizzano l'opera di Queneau: il tema del mare da un lato, quello del ricordo dall'altro[26]. Come indica il titolo del libro e conferma la sua ultima lirica, scrivere, in ultima analisi, significa serbare memoria, saper

[25] E. Van der Starre, *Ordre et désordre dans la «Trilogie»*, in AA.VV., *Raymond Queneau poète*, Actes du 2ème colloque international Raymond Queneau, *Temps mêlés/Documents Queneau*, n. 150, 25-26-27-28, maggio 1985, p. 113.

[26] C. Debon, *Notes* a R. Queneau, *Oeuvres complètes* cit., p. 1451.

ritrovare il porto della pagina dopo essere riusciti a fendere le onde del tempo.

A questo punto, resta poco da aggiungere. Riassumendo quanto osservato, possiamo solo dire che lo scrittore, sulla base di una assidua, seppur non esclusiva frequentazione delle *Fleurs du mal*, volle intitolare a *Recueillement* un'affettuosa quartina, indubbiamente minore, ma tuttavia collocata in una postazione particolarmente strategica come quella dell'*explicit* di una fra le sue ultime raccolte poetiche. Si tratta di un ossequio alquanto lusinghiero. Ben più considerevole, comunque, fu quello che gli venne offerto con un altro testo, pubblicato nel medesimo anno. Mentre il co-fondatore dell'Oulipo rendeva onore al nostro sonetto con la quartina di *Fendre les flots*, un giovane amico ne preparava la più spettacolare delle rivisitazioni. Il titolo del suo libro era *La disparition*; il nome dell'autore, Georges Perec.

10
Lipogrammi perecchiani (1969): il pronome amputato

I

Proprio nei mesi in cui Queneau affidava la conclusione della sua silloge a una leggera parodia di *Recueillement*, Perec dedicava alla composizione di Baudelaire uno fra i più fervidi omaggi mai ideati. Con questo capitolo, infatti, affrontiamo il passaggio a quel paradossale esempio di riscrittura «dal francese al francese» che ha trasformato il sonetto in un vertiginoso esempio di intra-traduzione. L'indagine sugli stadi di irradiazione e assimilazione del testo ci porta adesso a un esito estremo: l'accoglienza all'interno della sua stessa lingua d'origine. Riformulati in un francese speciale (vedremo fra poco perché), i suoi versi riapparvero cioè uguali ma diversi, sfigurati e insieme riconfigurati.

È giustamente rimasta paradigmatica la frase di Queneau secondo cui un autore classico, che scrive la sua tragedia osservando un determinato numero di regole ben conosciute, è più libero di chi, credendosi libero da qualsiasi costrizione, scrive quanto gli passa per la testa senza accorgersi d'essere schiavo di regole che ignora. Tratta da *Bâtons, chiffres et lettres* e rivolta contro la pratica dada e surrealista della scrittura automatica, tale formula può a buon diritto fungere da introduzione alla poetica di Georges Perec.

Protagonista del Collège de Pataphysique, membro dell'Oulipo, Perec fu vicino a Queneau nell'indagare la natura del segno, ma il suo spirito sistematico, ha osservato Italo Calvino, si esplicò soprattutto nella passione di catalogare gli elementi del proprio vissuto secondo una paziente archeologia del quotidiano. Nelle sue opere, oggetti e fatti minimi formano un dettagliato repertorio dell'irrilevante, dell'incidentale, del non pertinente. Scopo di tali indagini sembra essere quello di salvare dall'oblio quanto nasce per l'oblio. Questa specie di celibato logico, però, non verte sulla disattivazione del senso, bensì sul desiderio di una sua resurrezione attraverso lo spoglio del residuo, del detrito, di ciò che si credeva irrimediabilmente perduto. In Perec ritroviamo così l'esito estremo di una facoltà combinatoria che ha ripudiato ogni legame con i grandi sistemi mnemotecnici del passato. Sullo sfondo delle sue ricerche si scorge ancora la tradizione che va da Quintiliano a Campanella, da Alberto Magno a Tommaso d'Aquino, ma lo scrittore francese fa girare a vuoto il meccanismo del ricordo, alimentandolo con materiali di scarto.

Se nessuna rappresentazione complessiva riesce più a contenere e organizzare l'insieme dei dati particolari, non resterà che perseguire la loro registrazione sistematica. L'immissione e il regesto di elementi futili, il gusto per l'enumerazione applicato a fattori trascurabili, disorientano il lettore proprio per dimostrare, in ultimo, l'impossibilità di qualsiasi orientamento. Al progetto di un ordine divino, finisce allora per sostituirsi la ricerca di un ordine qualsiasi, magari artificiale, alfabetico o cronologico, purché in grado di offrire un surrogato di quella perdita dolorosa e irrimediabile. Questa straziante carica di nostalgia spiega perché Perec coltivi la memoria con fede inflessibile, come se in essa si potesse celare un dono inatteso. In mancanza di altro, ci si affiderà dunque al censimento del rumore di fondo, nella speranza di un segnale che potrebbe anche non manifestarsi mai: una sorta di Messia delle Cose.

Cabalista senza più cabala, cavaliere appiedato, l'autore di *La Vie mode d'emploi* fu dunque un enigmista, certo, ma proiettò i suoi giochi di parole sul fondo dissestato della tragedia storica che ebbe come vittima il popolo ebraico. Nei suoi libri più alti, l'atteggiamento ludico procede di pari passo con la denuncia e la testimonianza, ancorché mascherate. Questo ci porta a parlare della *contrainte* («obbligo», «vincolo»), ossia di quell'insieme di strategie compositive che Perec sviluppò parallelamente al tema del ricordo. Definibile alla stregua di un programma formale preesistente all'opera, la *contrainte* appare come una sorta di autolimitazione produttiva, in grado di innescare, guidare, consentire il gesto stesso della scrittura.

Massimo esempio di tali procedure sarà l'adozione, in un romanzo intitolato *La disparition*, del lipogramma.

Il termine designa una composizione in cui viene deliberatamente omessa una lettera dell'alfabeto, scartando o modificando tutte le parole che la contengono. Nelle trecentododici pagine della *Disparition*, a non comparire mai sarà proprio quella più frequentemente impiegata nella lingua francese, ossia la «e» (presente ben quattro volte nel nome dell'autore). A rimarcare questo vuoto, inoltre, sta la soppressione del quinto capitolo, corrispondente alla messa a morte della quinta vocale. Il tema del racconto, d'altra parte, è appunto la scomparsa di questa lettera maledetta, fatale ai personaggi che tentano di pronunciarla. Si tratterà perciò di riempire i suoi varchi, di aggirarla (non per niente, c'è chi ha parlato di una «circumnavigazione della 'e'»[1]). Per farlo, Perec ricorre a ogni specie di acrobazia lessicale e sintattica, dando vita a un linguaggio irto e inusuale, volta a volta arcaico, ridondante o stilizzato. Malgrado ciò, la sua scrittura nasconde l'artificio alla perfezione; basti pensare che diversi recensori non si accorsero di nulla, ignorarono l'esistenza di una segreta regola compositiva, e credettero di aver a che fare con un semplice poliziesco ispirato all'affare Ben Barka.

L'aneddoto, riportato anche da Perec, riflette d'altronde una fra le principali caratteristiche di questo particolare tipo di *contrainte*, «surgissant», come spiegò egli stesso in un commento lipogrammatico al suo lipogrammatico romanzo, «d'un canon d'autant plus ardu qu'il apparaît d'abord insignifiant pour qui lit sans savoir la solution»[2] (ovvero, in una traduzione normalizzata, «che nasce da un canone tanto più arduo, in quanto all'inizio appare insignificante a chi legge senza conoscere la soluzione»). Ci troviamo di fronte a un procedimento fra i meno immediati e più difficili da comprendere. Infatti, «un lipogramma non si nota, e la maggior parte delle volte l'omissione viene annunciata sin dal titolo. Un lipogramma che non venisse annunciato come tale (ma si potrebbe forse concepire qualco-

[1] D.R. Hofstadter, *Le Ton beau de Marot. In Praise of the Music of Language*, New York, Harpers Collins Publishers, 1997, pp. 121-122. Cfr. anche J. Baetens, *L'éthique de la contrainte (essai sur la poésie moderne)*, Uitgeverij Peeters, Leuven, s.d. [1986].

[2] G. Perec, *Un roman lipogrammatique*, in Oulipo, *La littérature potentielle*, Paris, Gallimard, 1973, p. 91.

sa del genere?), con ogni probabilità passerebbe inosservato»[3]. Ha detto bene Laura Barile: «In fondo, il lipogramma è una regola ascetica, è imparare a fare a meno di qualcosa (di una vocale, ma anche, per esempio, a fare a meno di mettere piede a terra, come già Cosimo nel *Barone rampante* [di Calvino]): addirittura il fare a meno della voce, la lipofonia, che sta alla base della narrazione nel più oulipiano dei romanzi di Calvino, *Il castello dei destini incrociati*»[4].

Perec, in definitiva, volle applicare alla narrativa contemporanea un gioco millenario, «qualcosa come il grado zero della *contrainte*»[5], come si legge in una sua breve *Histoire du lipogramme*. Secondo Ernest Curtius, da lui stesso citato, avremmo addirittura a che fare con il più antico artificio sistematico della letteratura occidentale, il cui primo esempio risalirebbe al maestro di Pindaro, il poeta e musico Laso, vissuto a metà del VI secolo a.C. e autore di poesie totalmente prive della lettera «sigma». Sviluppati dal licio Nestore di Laranda e dall'egiziano Trifiodoro, tali esercizi vennero ripresi nel medioevo (sono del 1200 i testi di Pietro Riga), raggiungendo una certa fortuna nella Spagna del XVII secolo[6]. Furono queste le basi da cui nacque il progetto della *Disparition*. Ma prima di analizzarlo da vicino, vale la pena soffermarsi sulle implicazioni psicologiche di un simile genere compositivo.

II

Si tratta di un punto importante e complesso, dato che, alla tradizione erudita appena citata, corrisponde, su un piano del tutto diverso, una ricca letteratura clinica. Il ricorso a giochi di parole come il li-

[3] G. Perec, *Histoire du lipogramme*, in Oulipo, *La littérature potentielle* cit., p. 87. Si veda, per contro, questa confessione di Tahar Ben Jelloun: «Mi ricordo che leggendo [*La disparition*] provavo malessere, poiché tutta la mia attenzione era obnubilata dall'assenza della lettera 'e'» (T. Ben Jelloun, *A la recherche du «e» manquant*, «Lire», septembre 1995, p. 114).

[4] L. Barile, *Oltreconfine. Incursioni nelle letterature europee*, Pisa, Pacini, 2008, p. 83.

[5] G. Perec, *Histoire du lipogramme* cit., p. 88.

[6] E.R. Curtius, *Europäische Literatur und lateinisches Mittelalter*, Bern, Francke, 1948 (trad. it. *Letteratura europea e Medio Evo latino*, Firenze, La Nuova Italia, 1992, p. 314). Perec indica invece come pioniere Fabius Planciades Fulgentius (G. Perec, *Histoire du lipogramme* cit., p. 79).

pogramma si rivela cioè estremamente diffuso fra alcuni malati nei quali il manierismo confina con la psicopatologia. Limitiamoci a un'unica testimonianza. Nell'ultimo studio del volume *Tre forme di esistenza mancata*, Ludwig Binswanger nota come il trastullarsi di molti pazienti con l'alfabeto assuma spesso una forma lipogrammatica. Ciò lo spinge a interrogarsi sulla differenza fra certi espedienti letterari manieristici (fra cui appunto quelli di «artificiosa amputazione» linguistica) e il «gioco» schizofrenico propriamente detto (basato su esercizi ludici con alcune lettere). La sua analisi chiarisce nettamente la differenza fra le pratiche riscontrabili presso determinati autori a fini estetici e quelle diffuse in alcuni malati a scopi apotropaici: «Là si tratta di modi di produzione artistica che hanno una loro storia, che derivano da certe condizioni e da certi fini coscienti, qui invece di prodotti astorici che non hanno tradizione e che quindi non derivano nemmeno da una 'rottura con la tradizione', prodotti puramente 'personali'»[7].

Binswanger stabilisce un confronto diretto fra il manierismo sviluppato nel Seicento da Baltasar Gracián e quello che caratterizza ad esempio il caso clinico di Lola Voss: al carattere strettamente letterario del primo, la seconda contrappone l'esperienza di un vero e proprio «incubo linguistico». L'atteggiamento della paziente deriva da un senso esclusivamente privato, vincolante soltanto per la sua particolare esistenza e derivato dalla paura esistenziale, ma indispensabile a questa stessa esistenza per sussistere.

Emergono così due aspetti inconciliabili: mentre i giochi di parole del gesuita spagnolo rispondono a un atto di fede, la deformazione alfabetica perseguita dalla malata è il frutto di un terrore infondato:

> Il metodo di Gracián può essere inteso soltanto sulla base del «progetto» cristiano del mondo e della *teoria della lingua* che a esso inerisce, la teoria dell'origine divina del linguaggio. Se si parte da questa teoria, il metodo di Gracián risulta perfettamente sensato, anzi, addirittura acuto. Diversa la cosa per Lola Voss. Il *suo* metodo [...] può essere compreso

[7] L. Binswanger, *Drei Formen missglückten Daseins*, Tübingen, Max Niemeyer, 1956 (trad. it. *Tre forme di esistenza mancata: esaltazione fissata, stramberia, manierismo*, Milano, Bompiani, 2001, p. 174). Si veda anche L. Binswanger, *Der Fall Lola Voss*, in *Studien zum Schizophrenie Problem*, Pfullingen, Neske, 1957.

soltanto sulla base di una forma di esistenza il cui progetto è profondamente minato dalla *paura*, dalla paura di veder irrompere l'orrore nella propria esistenza. Il *progetto* del mondo non avviene qui sul terreno della *fede*, bensì [...] sullo sfondo della superstizione [...]. Nel primo caso, quindi, [abbiamo] un metodo che riveste *anche* un carattere privato, ma ciò soltanto per il fatto che deriva dall'acume personale di un credente, e che per il resto sorge sul terreno della forma garantita di esistenza del cattolico, qui invece [abbiamo] un metodo che comporta l'essere e il non-essere, e che quindi rappresenta l'ultima àncora di salvezza dell'esistente, dopo la cui perdita [...] l'esistenza cade in balia della pazzia[8].

Siamo insomma di fronte a due livelli di elaborazione completamente diversi fra di loro. E tuttavia, è alla luce di queste osservazioni che andrà letta una significativa dichiarazione di Perec, rilasciata durante un'intervista sul tema della *contrainte*: «L'intensa difficoltà che richiede questo tipo di produzione, e la pazienza necessaria, ad esempio, per riuscire ad allineare undici 'versi' di undici lettere l'uno, non mi sembrano nulla, se paragonate al terrore che proverei nello scrivere 'poesia' liberamente»[9]. Ora, è appunto da questo «terrore» di scrivere liberamente che nasce il ricorso al lipogramma come a una tecnica letteraria, se non salvifica, almeno terapeutica. Con ciò, ovviamente, non si vuole ipotizzare la presenza di sintomi schizofrenici nell'autore della *Disparition*, bensì indicare l'azione di una pulsione profonda che ne orientò la poetica. Soltanto in una prospettiva del genere si potrà cercare di sottrarre la sua opera a una vulgata che tende a liquidarla come puro esercizio di intrattenimento. Ne è una riprova l'intervista in cui Philippe Jaccottet ha dichiarato: «Se intendiamo per letteratura un semplice gioco con le parole, per quanto favoloso, gradevole o capace di arricchimento esso possa essere, come in Perec, allora evidentemente devo fare una distinzione. La poesia mi impegna ben al di là di questo genere di divertimenti»[10].

Nessuno può negare l'intento essenzialmente ludico che informa lavori quali *Le grand palindrome* (1969) o *Ulcérations* (1974). Esistono tuttavia testi che esorbitano da tale impostazione per assumere ri-

[8] Ivi, pp. 177-178.

[9] G. Perec/E. Pawlikowska, *Entretien*, «Littérature», n. 7, printemps 1983, p. 70.

[10] *Interview de P. Jaccottet*, propos recueillis par P.-A. Stauffer et A. Duplan (http://membres.lycos.fr/dberdot/licence/haut.htm).

svolti ben più intricati e oscuri. Ecco perché bisogna ribadire che, pur senza condividere la patologia di Lola Voss, Perec non abolisce le «e» *solo* per una scelta compositiva (ossia sulla base di un progetto paragonabile a quello cristiano di Gracián), ma *anche* sotto la spinta di un autentico sgomento, di un effettivo «terrore». Per quanto riguarda *La disparition*, la sua posizione sembra cioè collocarsi a metà strada fra i modelli proposti da Binswanger: se da un lato il suo autore non soffre certo di disturbi mentali, dall'altro non condivide nemmeno la serena, assoluta fiducia riposta nell'applicazione di un programma religioso. Per quanto controllato e cerebrale, il suo gioco finisce per tradire un'inquietudine che, sotto certi aspetti, si rivela prossima al manierismo superstizioso indagato dallo psichiatra svizzero.

A rischio di calcare la mano su questa interpretazione, potremmo allora arrivare a sostenere che, per lo scrittore, il lipogramma (e la *contrainte*, più in generale) rappresenta davvero «l'ultima àncora di salvezza dell'esistente», la cui perdita esporrebbe la vita al pericolo, se non della pazzia, almeno dell'insensatezza. E d'altra parte, davanti a un testimone della Shoah, come non comprendere il pressante bisogno di dare una forma all'orrore, contenendolo, rappresentandolo, tenendolo a bada con gli impalpabili vincoli di un gioco vocalico?

III

Tutto ciò risulterà più chiaro dalla lettura incrociata della *Disparition* e di *W ou le souvenir d'enfance*. Per il momento, però, soffermiamoci ancora sul lipogramma come una sorta di traduzione *sui generis*, capace di produrre messaggi alterati rispetto al sistema linguistico di partenza. Indipendentemente dai moventi che ne determinano l'adozione (gioco o necessità, scelta culturale o disagio mentale), questa pratica mira a trasportare un testo di partenza da un codice integro a un sotto-codice mutilato, esponendolo a un avventuroso viaggio metamorfico. Sensibili a un argomento tanto avvincente, molti narratori di fine Novecento hanno raccolto la sfida, approntando diversi progetti basati su analoghi obblighi compositivi. Naturalmente, per molti di costoro, l'impresa di Perec ha costituito un punto di riferimento privilegiato.

Anche in Italia o in Russia non sono mancati esercizi analoghi[11]. Per limitarsi all'ambito francofono e francese, basti indicare l'esempio del québecquois Daniel Danis, con *E, roman-dit* (un'opera teatrale dedicata all'enigma della lettera «e») e soprattutto di Vassilis Alexakis, con *La langue maternelle*[12]. Quest'ultimo testo, almeno in apparenza, presenta una tematica completamente differente da quella della *Disparition*, perché attinente al passaggio fra due lingue e due culture. Il libro, infatti, ricostruisce il faticoso lavoro di trapianto, biografico e letterario, dovuto all'abbandono del greco a favore del francese. Ma ciò che a noi interessa è il fatto che, per raccontare il suo paese e i suoi miti, Alexakis abbia scelto come filo conduttore un'unica lettera dell'alfabeto, per l'appunto la «e».

Preda di un'autentica ossessione, il protagonista della vicenda annota su un quaderno i termini che presentano questa iniziale: da *Elpida* (speranza), a *Elia* (olivo), su su fino a *Eos* (alba). Se il catalogo gli consentirà di ricostruire tanta parte di un passato perduto, solo alla fine tale lento scavo lo porterà a scoprire la chiave con cui ottenere l'agognata liberazione. La parola magica sarà costituita da *Ellipsi*, sostantivo che significa «mancanza». Si tratterà cioè di elaborare un lutto, così da dare corpo a una nuova identità. Ma cosa ha a che vedere tutto ciò con il lipogramma?

La risposta ci viene da Efstratia Oktapoda-Lu, secondo cui l'opera di Alexakis sarebbe l'esatto contrario della *Disparition*. Mentre il primo romanzo accumula tracce vocaliche, il secondo le cancella sistematicamente: «Al contrario di Georges Perec, che scrive un libro in cui manca completamente la lettera 'e', la *Langue maternelle*

[11] Si vedano almeno G. Almansi, G. Fink, *Quasi come. Letteratura e parodia*, Milano, Bompiani, 1976 (che analizza due imitazioni dalle *Fleurs du mal* a opera di Umberto Eco e Paolo Milano); U. Eco, *Vocali*, Napoli, Guida, 1991 (con un appassionato elogio del lipogramma); S. Bartezzaghi, *Accavallavacca*, Milano, Bompiani, 1992 (ampia rassegna di pratiche enigmistiche e letterarie) e G. Varaldo, *All'alba Shahrazad andrà ammazzata. Capolavori in sonetti monovocalici*, Firenze, Vallardi, 1993 (di cui Douglas Hofstadter tradusse il titolo, mantenendone il gioco, in *Shahrazad shall hang at dawn*). In ambito russo, fra gli esempi di simili pratiche compositive, si segnala l'impresa di Nikolai Koultiapov, autore di un libro, *Olguien Ostrov* (*L'isola di Olga*), composto unicamente da parole aventi per iniziale la lettera «o». Dopo il fiume narrativo di Tolstoj, ha commentato un recensore, ecco una vera e propria «canalizzazione» linguistica (J.-P. Thibaudat, *Ode à l'O*, «Libération», 9 avril 1999).

[12] Cfr. D. Danis, *E, roman-dit*, Paris, L'Arche, 2004, e V. Alexakis, *La langue maternelle*, Paris, Fayard, 1995.

tratta della continua ricerca del linguaggio intorno a quella lettera»[13]. Dunque, potremmo concludere, il progetto del narratore greco rappresenta una specie di antidoto rispetto a quello del francese, un contravveleno che, come vedremo, anche Perec, sia pure a suo modo, cercò di preparare, quasi un tardivo atto d'omaggio e riparazione nei confronti della lettera rubata.

IV

È ora venuto il momento di portare alla luce la riscrittura del nostro sonetto. Ebbene, proprio nel cuore della *Disparition*, manipolata e alterata, straziata e letteralmente ricomposta, troviamo la lirica di Baudelaire. Si tratta di *Recueillement*, ma trasformato, e depurato dalla vocale «e», tanto da figurare al primo posto in una rubrica che porta il titolo di *Trois chansons du fils adoptif du Commandant Aupick* (ossia, in una traduzione non lipogrammatica, *Tre canzoni del figlio adottivo del Comandante Aupick*). Così riformulati, i suoi versi figurano in una specie di piccola antologia della poesia francese, composta da una scelta di quei *madrigaux archi-connus*[14] («madrigali arci-conosciuti») che ogni lettore, come spiega Perec, di solito impara a memoria dall'età di dieci anni.

Gli altri autori presenti nel florilegio sono, nell'ordine, Mallarmé, Victor Hugo e Arthur Rimbaud (il primo trasformato in Mallarmus, gli altri due, invece, passati indenni attraverso il setaccio della *contrainte*). Questo ci porterebbe a segnalare lo sterminato numero di allusioni e citazioni letterarie di cui è disseminata *La disparition*, opera al cui proposito si è addirittura parlato di una onnipresenza dell'intertesto. In effetti, a partire dal 1958, la lista delle letture di Perec esplode letteralmente, in un elenco vastissimo, al cui interno figura obbligatoriamente anche Baudelaire[15]. Ma veniamo piuttosto a *Re-*

[13] E. Oktapoda-Lu, *Alexakis ou la quête de l'identité*, in AA.VV., *La langue de l'autre ou la double identité de l'écriture*, a cura di J.-P. Castellani, M. Chiapparo e D. Leuwers, Actes du colloque international de Tours (9-11 décembre 1999), «Littérature et nation», 24, 2001, Tours, Publications de l'Université de Tours, 2001, p. 286. Cfr. anche J.-B. Harang, *Athènes, Tinos*, «Libération», dossier, 9 septembre 1999.

[14] G. Perec, *La disparition*, Paris, Gallimard, 1969, p. 116.

[15] Cfr. al riguardo D. Bellos, *Georges Perec. Une vie dans les mots*, Paris, Seuil, 1997, e M. van Montfrans, *Georges Perec. La contrainte du réel*, Amsterdam, Rodo-

cueillement, e disponiamoci a leggerlo così come esso appare al termine della sorprendente operazione di riscrittura in assenza di «e»:

Sois soumis, mon chagrin

Sois soumis, mon chagrin, puis dans ton coin sois sourd
Tu la voulais la Nuit, la voilà, la voici
Un air tout obscurci a chu sur nos faubourgs
Ici portant la paix, là-bas donnant souci.

Tandis qu'un vil magma d'humains, oh, trop banals,
Sous l'aiguillon Plaisir, guillotin sans amour,
Va puisant son poison aux puants carnavals,
Mon chagrin saisis-moi la main; là, pour toujours

Loin d'ici. Vois s'offrir sur un balcon d'oubli,
Aux habits pourrissants nos ans qui sont partis;
Surgir du fond marin un guignon souriant;

Apollon moribond s'assoupir sous un arc
Puis ainsi qu'un drap noir traînant au clair ponant
Ouïs, Amour, ouïs la Nuit qui sourd du parc[16].

Per una maggiore comprensione del gioco testuale, offriamo qui di seguito una traduzione non lipogrammatica (cioè inclusiva della lettera «e»):

Sii sommesso, o mio dolore

Sii sommesso, o mio dolore, poi nel tuo angolo sii sordo
Tu la volevi, la Notte, eccola, eccola,
Un'aria tutta oscura è caduta sui nostri sobborghi
Qui portando la pace, laggiù dando angoscia.

pi, 1999. Fra i riferimenti a Baudelaire presenti in altri libri di Perec, si veda almeno l'invocazione: «Les monstres sont entrés dans ta vie, les rats, tes semblables, tes frères» («I mostri sono entrati nella tua vita, i topi, i tuoi simili, i tuoi fratelli»; G. Perec, *Un homme qui dort*, Paris, Denoël, 1967, p. 128), in cui riecheggia il verso che chiude la prima poesia delle *Fleurs du mal* e sul quale si erano già intrattenuti Nabokov e Beckett.

[16] G. Perec, *La disparition* cit., p. 122. Sull'importanza delle sei poesie d'autore tradotte lipogrammaticamente da Perec, cfr. M. Ribière, *Bridging the Gap. A Study of Three Works by Georges Perec*, London, University College, 1985.

Mentre un vile magma di umani, oh, troppo banali,
Sotto il pungolo Piacere, ghigliottina senza amore,
Va attingendo il suo veleno dai maleodoranti carnevali,
Mio dolore afferrami la mano; là, per sempre,

Lontano da qui. Guarda offrirsi su un balcone d'oblio
Con marci abiti i nostri anni che sono partiti;
Sorgere dal fondo marino una scalogna sorridente;

Apollo moribondo assopirsi sotto un'arcata
Poi, quasi un drappo nero trascinantesi al chiaro ponente,
Odi, Amore, odi la Notte che scaturisce dal parco.

La versione seguente cerca invece di rendere l'interpretazione perecchiana di *Recueillement* rispettando, anche in italiano, sia la procedura lipogrammatica (a cominciare dalla lunga perifrasi ideata per "tradurre" un titolo gremito di «e» come *Recueillement*), sia l'impianto metrico dell'originale (qui suggerito dal ricorso ai doppi settenari):

Lirica di un figlio adottivo di un tal Capitano Aupick

Sii calmo, o mio sconforto, sii sordo in un tuo angolo,
Tu domandavi il buio, guardalo, sta già qui,
Un'aria oscura grava sopra i nostri sobborghi
Qui portando la calma, laggiù donando angoscia.

Quando un magma di umani, oh, fin troppo banali,
da Voluttà aguzzato, odiosa ghigliottina,
Si procura il suo tossico tra luridi bagordi,
Mio sconforto, la mano stringimi; mai più indugi,

Via di qui. Guarda offrirsi su balconi d'oblio
Con marci abiti i nostri anni passati; un ghigno
Di scalogna drizzarsi sin dal fondo marino;

Apollo moribondo sotto un arco assopirsi,
Poi, quasi un drappo oscuro trascinato all'aurora,
Odi, caro, odi il Buio avanzarsi dal parco[17].

[17] Si riporta qui di seguito la traduzione lipogrammatica, ma non isometrica, di Pietro Falchetta, relativa al primo dei *3 brani di un figliastro di Capitan Aupick*, inti-

V

Non si può che restare sconcertati davanti a questa stupefacente metamorfosi, aberrante traduzione dal francese in francese, radicale trasformazione dell'identità di una lingua. E tutto ciò, solo per l'abolizione di una vocale! Per comprendere appieno la portata di tale operazione, occorre riandare al *Pierre Menard, autore del «Quijote»* di Jorge Luis Borges, un racconto in cui George Steiner ha scorto «il commento più acuto e denso che sia mai stato proposto al problema della traduzione»[18]. Steiner considera il testo dello scrittore argentino alla stregua di una vera e propria allegoria. Il protagonista di questa parabola, che si immagina redatta nel 1939, ha infatti un'idea semplice e ingegnosa: scrivere un testo già scritto, farlo proprio senza copiarlo, inventare un libro già esistente, in una parola, «creare» l'opera di Cervantes. Il progetto verrà realizzato solo in parte, poiché Menard si limiterà a redigere soltanto alcune pagine. Ciononondimeno, a dispetto di una riduzione tanto drastica, il suo florilegio si rivelerà estremamente significativo, come dimostra la scelta dei due capitoli trattati: il IX, che si sofferma su una traduzione dall'arabo al castigliano, e il XXXIII, che cela l'immagine di un labirinto (capitoli cui va aggiunto un frammento del XXII, contenente un gioco di parole cabalistico).

Muovendo da questi indizi, Steiner scorge una decisiva affinità tra il compito di Menard (immaginario autore di un trattato sulla *Characteristica universalis* di Leibniz e sulla logica simbolica di George Boole, studioso di Descartes, Wilkins e Lullo, nonché promotore di una serie di ricerche volte alla scoperta di un sistema linguistico universale) e quello di ogni traduttore: ripetere, in una lingua straniera, un libro che già esiste. Dato che chi traduce tende a negare il tempo, cer-

tolato *Placati, mia doglia*: «Placati, mia doglia, dal tuo angolo nascosto / Invocavi l'oscuro: sta arrivando qui, / Un'aria cupa circonda la città, / Portando a chi la calma, a chi l'affanno. // Quando vili moltitudini d'umani, oh, banalità, / Spinti dalla Voluttà, il crudo boia, / Vanno incontro ai rimorsi in putridi baccanali, / Dammi, doglia mia, la mano, stiamo qua, // Lontani da loro. Guarda, affacciati sull'oblio, lassù, / I nostri anni passati, in abiti strappati; / Guarda alzarsi dall'abisso i rimorsi inappagati; // Apollo moribondo assopito sotto un arco, / Poi, come un lungo sudario ch'incontro all'Orsa si trascina, / Ascolta, o cara, ascolta, l'Oscurità s'incammina» (G. Perec, *La scomparsa*, Napoli, Guida, 1995, p. 102).

[18] G. Steiner, *After Babel*, London, Oxford University Press, 1975, p. 70 (trad. it. *Dopo Babele*, Firenze, Sansoni, 1984, p. 68).

cando di ripristinare l'unione pre-babelica delle lingue, l'eroe borgesiano (questo francese che impara lo spagnolo allo scopo di «inventare» il capolavoro della lingua appresa) incarnerà il traduttore per antonomasia. Per questo, come ha suggerito Maurice Blanchot, «quando Borges ci propone d'immaginare uno scrittore francese contemporaneo intento a scrivere, partendo da suoi propri pensieri, alcune pagine che riprodurranno testualmente due capitoli del *Don Quichotte*, questa assurdità memorabile non è nient'altro che quanto si compie in ogni traduzione. In una traduzione, abbiamo la stessa opera in un doppio linguaggio; nella finzione di Borges, abbiamo due opere nell'identità dello stesso linguaggio, e in questa identità, che in realtà non è tale, l'affascinante miraggio della duplicità dei possibili»[19].

Assurdità memorabile: in effetti, se ogni traduzione mostra una stessa opera in un secondo linguaggio, che cosa offre il lipogramma, se non l'analogo dell'impresa compiuta da Menard, ossia la presenza di due opere nell'identità dello stesso linguaggio? Non per niente, come si è giustamente rilevato, «una fra le lezioni della *Disparition* ci dice che la traduzione è scrittura in tutti i sensi»[20].

VI

Ricapitoliamo quanto si è detto finora. Posto che Perec condivise con i suoi amici dell'Oulipo l'idea di «tradurre dei testi all'interno di una stessa lingua»[21], posto che egli stesso si impegnò nell'impresa in vari modi e a partire da diversi autori[22], posto che la sua opera presenta sia citazioni, sia «implicitazioni» (intendendo con questo termine delle citazioni nascoste di altri autori)[23], posto che il lipogramma (come l'autore stesso spiegò lipogrammaticamente) soddisfaceva «son goût,

[19] M. Blanchot, *L'infini littéraire: l'Aleph*, in *Le livre à venir*, Paris, Gallimard, 1971 [1959], p. 142.

[20] J. Lee, *«La disparition». Problèmes de traduction*, in AA.VV., *Parcours Perec*, colloque de Londres, mars 1988, textes réunis par M. Ribière, Lyon, Presses universitaires de Lyon, 1990, p. 120. Cfr. anche J. Lee, *Ce qui dit art maniaque dit oui*, «Etudes littéraires», vol. 23, nn. 1-2, été-automne 1990, pp. 79-86.

[21] Oulipo, *Atlas de littérature potentielle*, Paris, Gallimard, 1981, p. 143.

[22] G. Perec, *Micro-traductions, 15 variations discrètes sur un poème connu*, «Change», *Transformer traduire*, n. 14, février 1973, pp. 113-117.

[23] Cfr. ad esempio, fra i testi disponibili in rete, D. Bertelli, *Du bon usage de l'intertextualité perecquienne (la vie dans les livres)*, «Le Cabinet d'amateur», n. 2, au-

son amour, sa passion pour l'accumulation, pour la saturation, pour l'imitation, pour la citation, pour la traduction, pour l'automatisation»[24] (ossia, in un italiano standard, «il suo gusto, il suo amore, la sua passione per l'accumulo, per la saturazione, per l'imitazione, per la citazione, per la traduzione, per l'automatizzazione») – tutto ciò premesso, ci concentreremo su un unico esempio, costituito appunto dalla riscrittura di *Recueillement* nella *Disparition*.

Alla base della nostra lettura, peraltro ampiamente condivisa dalla critica, sta la convinzione che il libro non si esaurisca nel semplice gioco, ma che, attraverso la pratica della *contrainte*, affondi le sue radici in una lacerante necessità testimoniale. Questa autolimitazione, si è detto, farebbe segno a una mancanza ben più tragica, insieme individuale e storica: la Shoah. La scomparsa della lettera rinvierebbe infatti alla morte del padre, deceduto durante l'infanzia dell'autore, e a quella della madre, scomparsa nei campi nazisti. Emblema di un *tour de force* artistico, la vocale abolita (quella che nutre appunto i sostantivi *père* e *mère*) riguarderebbe dunque qualcosa di profondamente intimo e immedicabile.

Come ha osservato Philippe Lejeune, tutte le strategie autobiografiche di Perec confluiscono in un lavoro di elisione, erosione e derisione della pienezza, per creare dei circuiti obliqui, deviati, intorno a uno spazio che essi designano indicandone gli orli. In tal senso, il lipogramma rappresenta una figura-chiave, indispensabile per consentire a Perec l'emersione del suo «io»[25]. A tale riguardo, risulta illuminante il suggerimento di chi ha proposto di traguardare *La disparition* attraverso alcuni versi montaliani di *Incespicare* (da *Satura*): «[...] bisogna rassegnarsi / a un mezzo parlare. Una volta / qualcuno parlò per intero / e fu incomprensibile»[26]. Di fatto, mentre da

tomne 1993 (dove si parla di «transtestualità verticale»); D. Bertelli, *Une bibliothèque d'éducation et de recréation: les implicitations des «Voyages extraordinaires» de Jules Verne dans la «Vie mode d'emploi»*, «Le Cabinet d'amateur», n. 5, juin 1997; B. Magné, *Perlaine et Verec: à propos des Micro-traductions de Georges Perec*, «Semen», 12, *Répétition, altération, reformulation dans les textes et discours*, 2000.

[24] G. Perec, *Un roman lipogrammatique* cit., p. 91.

[25] P. Lejeune, *Une autobiographie sous contrainte*, «Magazine littéraire», n. 316, décembre 1993, p. 21. Cfr. anche P. Lejeune, *La mémoire et l'oblique*, Paris, Pol, 1991.

[26] L. Barile, *Nota a Ph. Lejeune, «Perec e l'autobiografia obliqua»*, «Il Gallo Silvestre», n. 11, 1999, pp. 73-74.

un lato l'abolizione della vocale conduce Perec all'invenzione di un linguaggio menomato, dall'altro, essa e soltanto essa potrà dar conto della menomazione originaria. In tale prospettiva, la necessità di una ferita alfabetica corrisponde perfettamente alla montaliana insufficienza del parlare «per intero».

Ma se il tema della mancanza in Perec ha ricevuto un'estrema attenzione, è stato forse Warren Motte a individuarlo con più pertinenza, avanzando, come si è già accennato, una lettura incrociata della *Disparition* e di *W ou le souvenir d'enfance*: «Considerando non il grafema 'e', bensì il fonema che gli corrisponde, ci si accorge che questo può rinviare a un altro grafema, il pronome personale della terza persona plurale, *eux* ['loro']»[27]. Con ciò siamo arrivati al cuore del problema, in quanto *pour E*, cioè *pour eux* (vale a dire «per loro»), è la dedica che figura in *W ou le souvenir d'enfance*. La scoperta di questa chiave interpretativa porta Motte a un'immediata deduzione: se la «E», in *W ou le souvenir d'enfance*, si riferisce a «loro» (intesi come genitori, parenti, compagni), è lecito immaginare che lo stesso accada nella *Disparition*. In certo modo, entrambi i romanzi rivelerebbero una struttura biplanare, trasponendo la testimonianza autobiografica a livello di manipolazione alfabetica.

D'altronde, è l'intera vicenda di *W ou le souvenir d'enfance* a collocarsi nel segno di una lettera, anzi, di un'iniziale, come si vede in quella sorta di dichiarazione emblematica che recita: «Une autre histoire, la Grande, l'Histoire avec sa grande hache, avait déjà répondu à ma place: la guerre, les camps». La frase verte su un gioco di parole intorno al termine francese *hache*, che indica la lettera «h» (iniziale di *Histoire*) e insieme il sostantivo «ascia». Sulla base di queste accezioni, anche l'aggettivo *grande* (nella sua seconda apparizione) assume due significati: in un caso «maiuscola», nell'altro «grande». La traduzione letterale, allora, si biforca, per suonare più o meno così: «Un'altra storia, la Grande, la Storia [*Histoire*] con la sua 'acca' [noi diremmo «esse»] maiuscola, aveva già risposto in mia vece: la guerra, i campi», oppure: «Un'altra storia, la Grande, la Storia con la sua grande ascia, aveva già risposto in mia vece: la guerra, i campi». Perec, insomma, istituisce una perfetta equivalenza fra «acca

[27] W. Motte, *Embellir les lettres*, in AA.VV., *Cahiers Georges Perec*, vol. I, colloque de Cérisy, juillet 1984, Paris, Pol, 1985, p. 118.

maiuscola» e «grande ascia»: i due sintagmi, così, fanno tutt'uno, a conferma di come, nella sua poetica, linguaggio e mondo appaiano inestricabilmente collegati.

Uscito nel 1975, *W ou le souvenir d'enfance* contiene numerose somiglianze con *La disparition*, a cominciare dai puntini di sospensione che dividono il suo testo in due parti. Come è stato osservato, una simile ellissi è l'esatto corrispondente sia della scomparsa vocalica, sia della soppressione del quinto capitolo che hanno luogo nel racconto lipogrammatico. Ma *W* nasconde anche un'altra, fondamentale caratteristica: esso rappresenta infatti l'unica opera di Perec che, insieme a *Ellis Island*, contenga un riferimento diretto al tema dell'ebraismo.

È noto lo scarso interesse che egli dimostrò nei riguardi della sua cultura d'origine (pur essendo un lontano discendente dei Peretz appartenenti alla tribù di Giuda). In un certo senso, possiamo dire che, all'assenza di una vocale, anzi, della vocale francese per antonomasia, faccia riscontro un'altra assenza assai più rilevante, ancorché non completa: quella relativa al tema dell'ebraismo. (Su questo punto, Kafka spinse la discrezione ancora oltre, «dato che, nelle sue opere, non appare mai la parola 'ebreo'!»[28]). A conforto di tale lettura, si veda un importante passo dell'intervista concessa a «L'Arc» nel 1976, in cui Perec dichiarò: «Di fatto, [essere ebreo] era il segno di un'assenza, di una *mancanza* (la scomparsa dei miei genitori durante la guerra), e non di una identità (nel doppio senso del termine: essere sé, essere uguale all'altro)»[29].

La dichiarazione non va trascurata, e conferma l'ipotesi secondo cui alla base del romanzo lipogrammatico, proprio come accadrà con *W ou le souvenir d'enfance*, sta la figura segreta della Shoah. Lo ha detto chiaramente Claude Burgelin: «*La disparition* non rappresenta la trasposizione in forma di parabola – fosse pure burlesca – del genocidio degli ebrei. Piuttosto, la finzione inventata da Perec

[28] M. Bénabou, *Perec et la judéité*, in AA.VV., *Cahiers Georges Perec* cit., p. 18. Aggiunge Bénabou: «Non dimentichiamo che una delle prime *contraintes* proposte da Perec all'Oulipo dopo il lipogramma è stata la *liponimia* (abolizione di una parola), e che egli citava volentieri, come esempio, un romanzo d'amore in cui non compariva nemmeno una volta la parola amore» (ivi, p. 29). L'autore del romanzo in questione è Joseph Conrad, che viene menzionato in G. Perec, *Histoire du lipogramme* cit., p. 88.

[29] Citato in M. Bénabou, *Perec et la judéité* cit., p. 23.

disgiunge, spiazza, rielabora degli elementi provenienti da quella storia. Voler eliminare un popolo dalla superficie della terra, costituisce un progetto altrettanto insensato che voler eliminare una lettera dall'alfabeto. La storia del genocidio viene rovesciata»[30].

VII

Alla fine di questo percorso, non resta che raccogliere i vari dati emersi gradualmente, fino a comporre il quadro dell'intera vicenda. Lasciamo la parola allo stesso Motte: «Scrivere in una lingua così mutilata, scriverla in una maniera più o meno coerente, costituisce una scommessa e una vittoria. Considerata come la cronaca della sua propria genesi, *La disparition* offre una lettura centrata precisamente su una simile vittoria. In tal senso, abbiamo davvero a che fare con l'allegoria di una scrittura, ma di una scrittura che è a sua volta l'allegoria di una vita. La scomparsa della 'e' raffigura la morte dei genitori di Perec; così come è potuto sopravvivere a questa perdita essenziale, egli è riuscito a scrivere con un alfabeto privato del suo elemento più importante, un alfabeto mutilato come la sua vita»[31]. Strappando il sonetto di Baudelaire alle *Fleurs du mal* per riproporlo uguale e al contempo diverso, Perec proietta un intento evidentemente ludico sul suo più segreto e sconvolto teatro interiore (non per niente, Burgelin ha descritto il romanzo come immerso in uno scenario di morte). Lo scrittore finisce dunque per trattare la propria verità biografica alla stregua del segno tipografico cassato, cancellando, cioè, per meglio rivelare.

Siamo così arrivati all'analisi testuale del lipogramma di *Recueillement*. Numerosissimi potrebbero essere gli spunti da seguire, a cominciare dal primo verso, che vede la trasformazione del sostantivo femminile (*Douleur*) in maschile (*chagrin*). Si tratta, come è ovvio, di un pegno pagato all'abolizione della vocale, e insieme agli obblighi della sinonimia, ma certo con pesanti ripercussioni sul senso del sonetto. Simmetricamente, si veda la sostituzione del maschile *le Soir* («Sera») con il femminile *la Nuit* («Notte»), dovuta alla necessità di evitare la «e» presente nell'articolo determinativo del primo. Non

[30] C. Burgelin, *Georges Perec*, Paris, Seuil, 1988, p. 105.
[31] W. Motte, *Embellir les lettres* cit., p. 119.

meno proficuo sarebbe esaminare il nuovo sistema di rime, le mutazioni sintattiche o le alterazioni lessicali (come nel caso del passaggio del mondo acquatico da fluviale a marino col verso 11). Ma atteniamoci a un unico fenomeno, relativo ai versi 8-9.

Come si è ricordato, questo luogo testuale appare dotato della massima importanza, dato che proprio in esso si dispiega l'unico *enjambement* del sonetto. Punto nevralgico dell'intera composizione (e tanto più nevralgico in quanto posto nello snodo «vertebrale» tra quartine e terzine), lo sfasamento che qui si realizza tra la struttura metrica e quella sintattica testimonia, in maniera fortemente mimetica, di una frattura al contempo psicologica e ontologica. Attraverso la scissione strofica, il poeta e la sua interlocutrice vengono infatti a essere irrimediabilmente separati dalla sfera degli altri mortali. Ebbene, proprio nel primo emistichio della prima terzina baudelairiana troviamo l'espressione *loin d'eux* («lontano da loro»). Davanti a questa scoperta, viene spontaneo congetturare che, probabilmente, fu proprio la presenza del pronome *eux*, trasposizione fonetica della vocale mancante «e», a costituire il motivo per cui Perec volle includere *Recueillement* nella *Disparition*.

Esaminiamo da vicino il cambiamento operato. L'originale, ricordiamo, recitava:

Ma Douleur, donne-moi la main; viens par ici,

Loin d'eux.

Ovvero (facendo attenzione a conservare lo spazio interstrofico fra quartine e terzine):

Mia Pena, dammi la mano; vieni qui,

Lontano da loro.

Il testo d'arrivo, lipogrammato, suona invece:

Mon chagrin saisis-moi la main; là, pour toujours

Loin d'ici.

Che vale, in italiano non lipogrammatico:

Mio dolore afferrami la mano; là, per sempre,

Lontano da qui.

Secondo John Lee, Perec alluderebbe alla parola *eux* anche in un'altra pagina della *Disparition*, ricorrendo alla designazione di «un pronominal» («un pronominale»)[32]. Ma una cosa è definire un termine, un'altra è individuare il suo sinonimo. La soluzione escogitata in questo secondo caso si rivela assai brillante, allestita com'è a partire da un suggerimento già presente nel sonetto delle *Fleurs du mal*.

Mentre Baudelaire stabilisce un'equivalenza fra il «qui» dell'ottavo verso e il «lontano da loro» del nono, Perec mira piuttosto alla corrispondenza fra il «là» e il «lontano da qui». La coppia protagonista della composizione (formata dall'io narrante e dal suo *Chagrin*) ora non si discosta più dal resto degli uomini (la moltitudine vile dei mortali illustrata nel quinto verso del «vero» *Recueillement*), ma si limita a cambiare luogo, allontanandosi dal posto in cui si trovava. Privata della «e» di *eux* (nel senso di «loro»), la scena si svuota della folla e finisce per descrivere un mondo desertificato, dove, oltre alla coppia, non resta più alcuna traccia degli altri. Potremmo commentare la scena ricorrendo all'immagine concentrazionaria tratteggiata da Beckett nel suo *Le dépeupleur* (*Lo spopolatore*), ossia alludendo a una sorta di evacuazione dell'intero universo, ma forse è preferibile parafrasare un famoso verso di Lamartine, poeta talvolta citato dallo stesso Perec: «Un seul 'e' [o *eux*] vous manque, et tout est dépeuplé» («Vi manca una sola 'e', [omofono di 'loro'], e tutto è spopolato»)[33]...

Dall'enigmistica all'euristica, dunque. Ormai sono evidenti le regole del gioco, ed è facile cedere alla tentazione di tradurre il «lon-

[32] G. Perec, *La disparition* cit., p. 154 (il passo è commentato in J. Lee, *«La disparition»* cit., p. 124). Accanto ai due romanzi dedicati alla terza persona plurale (*La disparition* e *W ou le souvenir d'enfance*), va ricordato il caso di *Un homme qui dort*, tutto centrato sul ricorso alla seconda singolare.

[33] La frase originale suona: «Un seul être vous manque, et tout est dépeuplé» («Vi manca un solo essere, e tutto è spopolato»; A. de Lamartine, *L'isolement*, in *Oeuvres poétiques*, texte établi, annoté et présenté par M.-F. Guyard, «Bibliothèque de la Pléiade», Paris, Gallimard, 1963, p. 3). Fra le allusioni di Perec a Lamartine, cfr. G. Perec, *Je me souviens*, Paris, Hachette, 1978, p. 29 («Un ristorante chiamato Lamartine era celebre per le sue [bistecche alla chateaubriand]»), e G. Perec, *Un homme qui dort* cit., p. 44 («La natura è là, e ti invita e ti ama»). Per il riferimento allo «spopolatore», si veda invece S. Beckett, *Le dépeupleur*, Paris, Minuit, 1970.

tano da loro» di Baudelaire come un «lontano dalla lettera 'e'» di Perec. Certo, nel prediligere il nostro sonetto (facendolo seguire dai due, ben più famosi, di *Correspondances* e *Les chats*, ribattezzati rispettivamente *Accords* e *Nos chats*), molto ha giocato la ricchezza vocalica del titolo, ossia quel *Recueillement* in cui risuona l'identico numero di «e» che, come si è visto, compare nel nome «Georges Perec». Cionondimeno (e il rispetto per l'*enjambement* di cui dà prova la versione lipogrammatica ne è un'ulteriore conferma), questo verso cruciale, che tramite l'esclusione della lettera sembra alludere all'allontanamento del pronome personale, questo verso in cui si realizza lo stesso scambio tra grafema e fonema messo in atto nella dedica a *W ou le souvenir d'enfance*, può indubbiamente aver contribuito a far includere la poesia nel novero di quelle mutilate, o meglio, tratte in salvo proprio attraverso tale simbolica mutilazione.

Post scriptum

Per avere un quadro completo del sistema ludico-autobiografico inscenato da Perec, occorre però menzionare un libro che, della *Disparition*, rappresenta l'esatto contrario. Stiamo parlando delle *Revenentes*, testo in cui, come viene mostrato sin dal titolo, l'unica vocale impiegata è la «e». Ecco l'antidoto a cui si alludeva poc'anzi. Come *La langue maternelle* di Alexakis, anche le *Revenentes*, a modo loro, rappresentano un ritorno alla *langue d'eux*, una «lingua loro» materna e genitoriale, di cui la *Disparition* aveva sancito la brutale rimozione.

Giocando con il termine francese *revenant*, vale a dire «spettro», l'autore crea un'opera in cui la vocale incriminata, la grande esclusa dall'opera del 1969, si ripresenta da trionfatrice, occupando per intero lo spazio verbale da cui era stata ferocemente bandita. Assistiamo insomma alla resurrezione della lettera-fantasma, la quale, nell'altro romanzo, era stata eletta a simbolo della morte stessa, e, conseguentemente, messa a morte.

Ora, anche senza entrare in un'analisi più dettagliata, è facile notare come questo secondo titolo tradisca un'evidente vicinanza con un altro celebre sonetto delle *Fleurs du mal*, ossia *Le revenant*, tutto venato, lo ha ribadito Massimo Colesanti, da un senso di vendetta e ritorsione[34]. A giustificare un simile accostamento sta il fatto che,

[34] C. Baudelaire, *Tutte le poesie e i capolavori in prosa*, a cura di M. Colesanti, Roma, Newton Compton, 1998, p. 174.

sotto forma di ripresa, variazione o parodia, le *Revenentes* potrebbero essere lette come la raffigurazione di un altro spirito, quello della «e», morta vocale del libro precedente, tornata sulla terra per riappropriarsi del potere perduto.

La prova definitiva di tale riconquista alfabetica andrebbe individuata ancora una volta in un sonetto, naturalmente monovocalico in «e», inserito nel volume e così commentato dal personaggio del vescovo (ossia un *évêque* trasformato in *Evêqe* per abolire quella 'u' ora bandita dalla scrittura): «Les vers en 'e' se défendent chèrement, ce me semble»[35]. Tradotta in italiano, la frase suona: «I versi in 'e' si difendono bene, mi pare». Se tuttavia volessimo proseguire nel gioco di Perec, otterremmo qualcosa come: «Le verse delle 'e' se defendene bene, me pere». Con ciò, finalmente, può dirsi lavato l'affronto inferto alla lingua con *La disparition*, lavato, anzi, con quello stesso sangue vocalico dalla cui misteriosa, tragica ed emorragica scomparsa aveva preso avvio lo strepitoso progetto lipogrammatico.

Post post scriptum

Nel 1947 Queneau pubblicò *Exercices de style*, le novantanove variazioni su un unico tema tanto apprezzate da Nabokov. Nel 1973 il libro venne riproposto in una nuova edizione, con cinque titoli chiamati a sostituirne altrettanti apparsi nella prima versione. Ebbene, fra le nuove composizioni ne figura una intitolata *Lipogramme*, composta, in evidente omaggio all'amico Perec, per sottrazione della «e», e tanto accurata da spingere Umberto Eco (traduttore dell'opera in italiano) a definirla come «l'esempio più tipico di 'perfezionismo'»[36] riscontrabile nell'intera raccolta. In verità, Queneau conosceva bene tale procedimento, che aveva anzi già applicato verso il 1948 in *Saint-Glinglin*. A rimarcare le affinità fra i due scrittori, Stefano Bartezzaghi ha ricordato che quest'ultimo romanzo avrebbe addirittura dovuto chiamarsi *La disparition*. Infatti, dall'intero volume era stata cassata la lettera «x», la stessa con cui, nei suoi diari, Queneau usava nominare la persona che era stata oggetto di un suo sfortunato amore adulterino.

[35] G. Perec, *Les revenentes*, Paris, Julliard, 1972, p. 93.

[36] U. Eco, *Introduzione* a R. Queneau, *Esercizi di stile*, Torino, Einaudi, 1983, p. XVIII.

Ma torniamo al lipogramma di *Exercices de style*, per soffermarci su una sua sorprendente caratteristica. Il testo, cioè, viola la sua stessa regola, per esibire, al centro della pagina, la congiunzione «et», ovvero una parola non solo facilmente sostituibile o cancellabile, ma anche sopravvissuta in tutti i manoscritti, le riscritture e le riedizioni. Dovendo scartare l'ipotesi di un refuso o di un errore, non resta che pensare a una sorta di svista deliberata. Il commento più puntuale al riguardo viene ancora una volta da Perec, il quale dichiarò in un'intervista la necessità di contemplare, accanto alla *contrainte*, una simmetrica *anticontrainte*, volta a introdurre, all'interno del progetto compositivo, un margine residuo di libertà. Proprio per questo motivo, egli confessò di aver appositamente lasciato, nella *Disparition*, una «e» superstite, «di fatto introvabile sul piano testuale e probabilmente evocata per via simbolica»[37].

Conclusione: in un caso come nell'altro, si fa appello all'opportunità di una smagliatura normativa che paradossalmente perfezioni il senso dell'impresa (e qui potremmo tornare di nuovo a Montale, questa volta nel segno del famoso «anello che non tiene»[38]...). Nulla di tutto questo, ad ogni modo, accade nella riscrittura di *Recueillement*, che segna anzi uno dei punti più alti dell'avventura lipogrammatica: l'esempio di una perdita collettiva provocata dal venir meno sia della prima persona singolare (il «j*e*» di G*e*org*e*s P*e*r*e*c), sia di quella terza plurale che (nell'equivalenza fra «e» ed *eux*) consente il riconoscimento degli altri, ossia dei nostri simili, in quanto soggetto grammaticale e insieme antropologico.

[37] S. Bartezzaghi, *Come si diventa scrittoranti. Effetti e transizioni negli «Esercizi di stile»*, in R. Queneau, *Esercizi di stile*, Torino, Einaudi, 2005, p. 300. Per un approfondimento di questi argomenti, si veda E. Souchier, *Raymond Queneau*, Paris, Seuil, 1991.

[38] E. Montale, *I limoni*, in *L'opera in versi*, a cura di G. Contini e M. Bettarini, Torino, Einaudi, 1980, p. 9.

11

Houellebecq al liceo (1998): sui rischi di una pausa

Osservando il mare, e il sole che scendeva sul mare,
scrissi una poesia. Già di per sé, il fatto era curioso:
non solo non avevo mai scritto poesie prima di allora,
ma non ne avevo praticamente mai lette,
fatta eccezione per Baudelaire[1].

A volte ho l'impressione che Baudelaire sia stato il primo
a vedere il mondo messo davanti a lui. In ogni caso,
il primo in poesia. Allo stesso tempo, ha enormemente
accresciuta l'ampiezza del campo poetico. Secondo lui,
la poesia doveva avere i piedi per terra, parlare delle cose
quotidiane, conservando però aspirazioni illimitate.
Questa tensione fra i due estremi fa di lui, a mio avviso,
il poeta più importante[2].

I

Abbandonato l'orizzonte tragico della seconda guerra mondiale, l'ultimo capitolo della nostra ricerca si concentra su una pagina del fortunato romanzo edito da Michel Houellebecq nel 1998: *Les par-*

[1] M. Houellebecq, *La possibilité d'une île*, Paris, Fayard, 2005, p. 185.
[2] Intervista a Houellebecq in M. Weitzmann, *Zone dépressionnaire*, «Les Inrockuptibles», Hors série Houellebecq, 2005, p. 53.

ticules élémentaires. Incominceremo cercando di mostrare i rapporti fra il suo autore e Baudelaire, ossia illustrando una linea genealogica che, già sulla base delle citazioni riportate in epigrafe, risulta ampiamente documentata.

Ricordando Baudelaire come colui che Walter Benjamin annoverava fra gli ispiratori di Karl Marx, Olivier Bardolle lo ha definito maestro di collera e *spleen* di Houellebecq, mentre il *flâneur* descritto da quest'ultimo è stato visto da Tomasz Swoboda come un erede lontano e «contrariato» di quello delle *Fleurs du mal*[3]. Probabilmente, però, a stabilire con più decisione tale filiazione è stato Dominique Noguez, secondo il quale, se vogliamo cercare nel XIX secolo un possibile modello del giovane narratore, anche solo per indicare qualcuno verso cui è andata la sua ammirazione, «questi sarebbe Baudelaire»[4]. Noguez si è addirittura spinto fino a scorgere in Houellebecq il «Baudelaire dei supermercati»[5].

Ricollegandosi a questo giudizio, Julia Pröll ha tenuto a precisare come, nella sua opera, il male di vivere ontologico espresso dalle *Fleurs du mal* agisca, sì, ma in maniera diversa, e vada riferito piuttosto alla società dei consumi[6]. Anche se nella produzione in versi del romanziere (presente sin dai suoi esordi) il termine *spleen* non risulta mai menzionato, essa ne riprenderebbe comunque il senso profondo. È il caso dei versi di *Monde extérieur*, nella cui ultima strofa torna il tema della fuga del tempo e della successione monotona degli istanti: «Osservo tristemente lo scorrere delle ore; / Le stagioni si succedono nel mondo esterno»[7]. Con il suo carico di atrocità, con il suo risvolto spiccatamente sadiano, anche il ciclo *Répartition - Consommation*[8] potrebbe essere considerato una rilettura dei bau-

[3] Cfr. O. Bardolle, *La littérature à vif; le cas Houellebecq*, Paris, L'esprit des péninsules, 2004, pp. 75-76. Il testo di Swoboda è in corso di stampa presso l'editore Rodopi, Amsterdam-New York, negli atti del convegno tenutosi ad Amsterdam nell'ottobre 2007, con il titolo *Le Monde Houellebecq*.

[4] D. Noguez, *Houellebecq, en fait*, Paris, Fayard, 2003, p. 30.

[5] Ivi, p. 9.

[6] J. Pröll, *La poésie urbane de Michel Houellebecq: sur les pas de Charles Baudelaire?*, in AA.VV., *Michel Houellebecq sous la loupe*, études réunies par M.L. Clément e S. van Wesemael, Amsterdam-New York, Rodopi, 2007, p. 53.

[7] «J'observe tristement l'écoulement des heures; / Les saisons se succèdent dans le monde extérieur» (M. Houellebecq, *La poursuite du bonheur*, in *Poésies*, Paris, Flammarion, 2004, p. 147).

[8] M. Houellebecq, *Le sens du combat*, Paris, Flammarion, 1996, p. 41.

delairiani *Tableaux parisiens*. Per entrambi questi autori, l'avventura urbana apparirebbe cioè, nel segno dello *spleen*, come «la *conditio sine qua non* di una poesia autentica»[9].

Nella poesia di Houellebecq ricorrerebbe poi con sorprendente frequenza la stessa immagine del mendicante e del diseredato che abita le *Fleurs du mal*. Una presenza simile rispecchierebbe il desiderio di rivendicare, per lo scrittore, lo statuto contraddittorio di becchino (in quanto critico) e cadavere (come vittima) della società[10]. Saremmo vicini a un paradigma identitario riconducibile a quello descritto nei versi del già citato *Héautontimoroumênos*, dove il soggetto, definito come «nemico di se stesso», risulta essere al contempo piaga e coltello, martire e carnefice. Insomma, la poesia costituirebbe una strategia di sopravvivenza scaturita dal dolore, tanto per Baudelaire quanto per Houellebecq. Come dirà a chiare lettere quest'ultimo, «imparare a diventare poeta, significa disimparare a vivere»[11].

In questa stessa linea di indagine, Elisabetta Sibilio si è concentrata in particolare su due testi. Nel più recente, il romanzo *La possibilité d'une île* (2005), vediamo il personaggio di Vincent, alle prese con un progetto di «stanze della morte», confessare al protagonista, Daniel, il proprio debito verso il poeta maledetto: «'È stato un lavoro difficile... disse. Ho pensato molto alla *Mort des pauvres* di Baudelaire; mi ha enormemente aiutato'. Quei versi sublimi mi tornarono subito in mente, come se fossero sempre stati presenti in un angolo del mio spirito, come se la mia vita intera fosse stata soltanto il loro commento più o meno esplicito: *È la morte che consola, ahimè*!»[12]. Per testimoniare la sua devozione verso tanto mentore, l'eroe ne reciterà alcune strofe, ripetendo così, sotto certi aspetti, quella scena delle *Particules élémentaires* che tra breve esamineremo accuratamente al fine di spiare la comparsa di *Recueillement*.

Il secondo saggio considerato dalla Sibilio, *H.P. Lovecraft. Contre le monde, contre la vie*, risale invece al 1991. In questo caso, «la corrispondenza profonda e quasi intima fra Houellebecq e Baudelaire»[13]

[9] J. Pröll, *La poésie urbane de Michel Houellebecq* cit., p. 55.
[10] M. Houellebecq, *Rester vivant et autres textes*, Paris, Librio, 2002, p. 26.
[11] «Apprendre à devenir poète, c'est désapprendre à vivre» (ivi, p. 11).
[12] M. Houellebecq, *La possibilité* cit., p. 409.
[13] E. Sibilio, *«Je ne savais absolument rien de sa vie». Ecrire l'autre: Houellebecq, Lovecraft et...*, in AA.VV., *Michel Houellebecq sous la loupe* cit., p. 86.

si esplicherebbe a livello strutturale, in uno stretto rapporto con le pagine che quest'ultimo dedicò a Poe. Houellebecq, infatti, riprende e sviluppa due fra i temi più cari al suo predecessore: da un lato quello dell'infanzia, dall'altro quello del cosiddetto *guignon* (traducibile con sfortuna, scalogna, iella). Inoltre, egli paragona il maestro della fantascienza sia all'autore delle *Fleurs du mal*, sia al creatore del detective Dupin: «Come Baudelaire, come Edgar Allan Poe, [Lovecraft] è affascinato dall'idea che l'applicazione di certi schemi, di certe formule, di certe simmetrie debba poter permettere di accedere alla perfezione»[14].

Da ciò la conclusione secondo cui Houellebecq avrebbe concepito il suo studio come il moderno equivalente di quello di Baudelaire su Poe, mimando una relazione biografica tanto prestigiosa: «In effetti, proprio come Baudelaire utilizza questo saggio per esporre la sua poetica e la sua visione del mondo, Houellebecq, analizzando la vita e l'opera di Lovecraft, pone le basi della sua futura produzione romanzesca ed espone i principi della sua ideologia [...]. Egli ci sottomette insomma un'equazione, una proporzione matematica i cui termini sarebbero le biografie e i biografati»[15].

II

Fin qui le ricerche tese ad accertare l'esistenza di un legame fra Houellebecq e Baudelaire anche attraverso le rispettive «adozioni» di Lovecraft e Poe. Una volta assodati tali elementi, possiamo esaminare con cognizione di causa la pagina delle *Particules élémentaires* che vede l'apparizione di *Recueillement*. Si tratta della scena in cui uno dei due fratelli protagonisti del romanzo, Bruno, decide di procedere alla lettura del sonetto in una classe liceale. Prima di analizzare il brano, che occupa il quattordicesimo capitolo nella seconda parte del libro, sarà opportuno illustrarne il contesto. Insoddisfatto, frustrato, maniacalmente oppresso dal sesso e dal razzismo, l'io narrante ha già ampiamente confessato il suo risentimento verso Ben, un allievo nero, inconcludente e amato proprio da quella stessa bionda studentessa per cui il docente smania. Ma come pensare di vince-

[14] M. Houellebecq, *H.P. Lovecraft. Contre le monde, contre la vie*, Paris, Editions du Rocher, 1991, p. 35.

[15] E. Sibilio, *«Je ne savais absolument rien de sa vie»* cit., p. 89.

re una sfida erotica nella quale l'insegnamento di Mallarmé si trova a competere con il linguaggio rap? Dietro il suo senso di inferiorità, l'eroe intravede niente di meno che la decadenza della civiltà occidentale, sancita dalla barbarica, anzi addirittura animale prestanza fisica dell'antagonista.

A scatenare simili considerazioni sarà la lettura di un brano tratto dalla *Recherche du temps perdu* e dedicato alla purezza del sangue dei Guermantes. Che cosa potrà mai capire, Ben, di questa citazione? Come parlare dell'aristocrazia francese, a chi conosce solo la musica di Snoop Doggy Dog? Le domande di Bruno condurranno alla decisione di optare per Baudelaire, un autore ritenuto capace di elaborare spunti più comprensibili di quelli affrontati da Proust o Thomas Mann. Ma ecco il passo in questione:

> [...] e ho finito per rivolgermi a Baudelaire. L'angoscia, la morte, la vergogna, l'ubriachezza, la nostalgia, l'infanzia perduta... argomenti indiscutibili, temi solidi. Comunque era strano. La primavera, il caldo, tutte quelle pupe eccitanti; e io che leggevo:
>
> Fa' la brava, o mia Pena, e sta' più tranquilla.
> Tu invocavi la Sera; essa scende; eccola:
> Un'atmosfera oscura avvolge la città,
> Agli uni portando pace, agli altri affanno.
>
> Mentre dei mortali la moltitudine vile,
> Sotto la sferza del Piacere, questo boia senza pietà,
> Va a cogliere rimorsi nella festa servile,
> Mia Pena, dammi la mano; vieni qua...
>
> Ho fatto una pausa. Tutte loro erano sensibili a questa poesia, me ne accorgevo bene, c'era un silenzio totale. Era l'ultima ora del corso; tra una mezz'ora avrei ripreso il treno, e più tardi avrei raggiunto mia moglie. Di colpo, dal fondo della classe, ho sentito la voce di Ben: «Ehi, vecchio mio, hai proprio il principio di morte in testa!...». Aveva parlato ad alta voce, ma la sua non era una vera insolenza, il tono aveva addirittura qualcosa di ammirativo. Non ho mai capito bene se si rivolgesse a Baudelaire o a me; in fondo, come *commento al testo*, non era niente male[16].

[16] M. Houellebecq, *Les particules élémentaires*, Paris, Flammarion, 1998, pp. 193-194.

La scena si conclude con una prova di forza fra i due uomini, da cui il professore uscirà almeno temporaneamente vittorioso, cacciando l'allievo dall'aula. L'invidia per il rivale spingerà Bruno a comporre un *pamphlet* razzista, da sottoporre allo scrittore Philippe Sollers per la rivista «L'Infini». Smagata e accorta, la reazione di quest'ultimo suonerà tuttavia assai poco incoraggiante: «Una pubblicazione su 'L'Infini'? Ma mio caro, lei non si rende conto... Non siamo più ai tempi di Céline, sa. Oggi, su certi temi, non possiamo mica scrivere quello che vogliamo... Un testo del genere potrebbe procurarmi davvero qualche noia»[17]. Il nostro estratto termina così, chiudendosi su un singolare presentimento delle disavventure a cui, di lì a poco, sarebbe andato incontro lo stesso Houellebecq, e per motivi, in definitiva, alquanto simili.

III

Questa, dunque, la sequenza delle *Particules élémentaires* che ci interessa indagare. Malgrado non possegga un particolare interesse ai fini della trama, essa ricopre una notevole importanza, consentendoci di impostare una lettura complessiva dell'autore in chiave freudiana. Al centro di queste considerazioni sta la sorprendente uscita dello studente: «Ehi, vecchio mio, hai proprio il principio di morte in testa!...».

L'esclamazione di Ben, ha mostrato Arrigo Stara, coglie nel segno molto al di là del caso individuale, in quanto non soltanto Bruno, bensì «tutti i protagonisti di Houellebecq sono ossessionati da queste visitazioni improvvise del 'volto della morte': idee di morte, immagini della morte propria e altrui si affacciano di continuo nelle sue pagine; al di sotto del rumore delle macchine, del 'sordo rimuginare' prodotto dalla società, si lascia udire un altro suono, giù in basso, quello di un 'contatore' che gira, come dice Bruno, 'sempre nello stesso senso'. Questo fatale risucchio verso la morte si estende a tutto ciò che è organico: vita animale e morte, sessualità e morte, violenza e morte, umanità e morte»[18].

[17] Ivi, p. 195. Sul razzismo di questo personaggio si veda M.L. Clément, *Houellebecq, sperme et sang*, Paris, L'Harmattan, 2003.

[18] A. Stara, *Il personaggio nell'età di Turing*, in AA.VV., *Studi di letterature com-*

Le tesi trattate nelle *Particules élémentaires*, conclude il critico, sono le stesse che Freud analizzò in *Al di là del principio di piacere*. Non solo. Il fascino, l'impulso, la coazione che Tanathos esercita nella produzione di Houellebecq risultano assai più minacciosi rispetto a quelli dei tanti mostri descritti nei romanzi di fantascienza del suo amato Lovecraft. Mentre l'autore americano immaginava che esistessero formule esoteriche in grado di esorcizzare creature quali Cthulhu, Nyarlathotep o Azathoth, nulla di tutto ciò sembra possibile nel desolato e prosaico mondo del narratore francese.

D'altronde, che Ben avesse ragione a constatare il dominio del principio di morte nel comportamento dell'insegnante, e quindi nelle quartine da lui offerte in lettura, ce lo conferma anche Bernard Weinberg, secondo cui, lo si è visto, sarebbe del tutto lecito proporre una interpretazione di *Recueillement* «come di una poesia sulla morte»[19]. Se questo è vero, la scelta di Baudelaire da parte del professore si spiegherebbe con il desiderio di aderire a quella pulsione profonda che orienta tutta la produzione di Houellebecq. Ma da dove scaturisce la reazione dello studente? Cosa lo spinge, senza peraltro alcuna intenzione provocatoria, a un intervento che lo stesso docente dovrà ammettere di ritenere un commento al testo niente male?

Per tentare di rispondere a questa domanda, occorre rivolgersi all'autore stesso, così da indagare più specificamente la sua concezione del mestiere di scrittore. L'occasione (drammatica ma tanto più significativa) ci viene offerta dalla deposizione da lui resa il 17 settembre 2002 nell'aula di un tribunale. Houellebecq vi era stato convocato per alcune dichiarazioni sull'Islam, rilasciate nel corso di un'intervista apparsa sulla rivista «Lire». Ecco l'inizio del colloquio tenutosi, davanti alla diciassettesima camera del tribunale correzionale di Parigi, tra l'imputato e il presidente della corte: «'Lei è uno scrittore?' interroga quest'ultimo. 'Nel migliore dei casi... sì...', esita Houellebecq»[20].

parate in onore di Remo Ceserani, vol. II, *Letteratura e tecnologia*, a cura di P. Pellini, Roma, Vecchiarelli, 2003, p. 328.

[19] B. Weinberg, *The Limits of Simbolism. Studies of Five Modern French Poets*, Chicago, The University of Chicago Press, 1966, p. 59.

[20] La trascrizione dell'interrogatorio, ampiamente diffusa dalla stampa francese e internazionale, è tratta dall'articolo di D. Demonpion, *Délit d'opinion*, «Le Point», 20 septembre 2002, p. 128.

Non è necessario ricostruire lo scambio nella sua interezza. Basterà soffermarsi su un passaggio cruciale, allorché il romanziere, visibilmente a disagio, dichiara: «Non sono un intellettuale alla Sartre... Non mi sento un autore impegnato, e spesso cambio parere un po' su tutto. Per chi mi conosce, è assurdo chiedermi un parere. Tanto sono bravo, più di chiunque altro, a mettere i punti e virgola, quanto posso cambiare idea sul monoteismo»[21].

Siamo di fronte a un vero e proprio manifesto di poetica, che è stato fatto oggetto di violente critiche. Qui non si tratta di giudicare il comportamento dello scrittore di fronte a un'accusa che, al di là di qualsiasi giudizio in merito, metteva a repentaglio la sua libertà di parola. Ciò che conta è cercare di individuare l'essenza delle convinzioni espresse da Houellebecq. Accusato di aver incitato all'odio razziale per via di alcuni sferzanti giudizi anti-islamici, egli si difende circoscrivendo le proprie competenze a questioni di ordine strettamente espressivo, anzi sintattico-grammaticale, tanto da limitare il proprio terreno d'azione all'arte di utilizzare la punteggiatura. Nel rivendicare la peculiarità della propria professione, anzi nel contrapporla, in quanto specifica forma di *techne* verbale, a ogni tipo di impegno astrattamente etico, ne definisce le prerogative in questi precisi termini: «Sono bravo, più di chiunque altro, a mettere i punti e virgola».

Come vedremo, il riferimento non è affatto legato a ragioni di strategia difensiva, ma corrisponde a un convincimento sincero e ampiamente ribadito. Già in un dialogo con Frédéric Martel, Houellebecq aveva dichiarato: «Noto che impiego spesso il punto e virgola»[22]. Da parte sua, Noguez ha confessato il proprio stupore allorché, pochi giorni prima di un incontro con l'autore, Frédéric Beigbeder gli consigliò di interrogarlo sul punto e virgola: «Aveva ragione», commenterà in seguito, «non ci si pensa mai abbastanza»[23].

Colpito dall'indicazione, Noguez procede a un piccolo esame statistico basato su tre testi, ovvero un saggio (*Approches du désarroi*, da *Interventions*), una raccolta di versi (*Le sens du combat*) e un ro-

[21] *Ibid.*

[22] M. Houellebecq, *C'est ainsi que je fabrique mes livres*, entretien avec F. Martel, «NRF», n. 158, janvier 1999, p. 199.

[23] D. Noguez, *Houellebecq, en fait* cit., p. 151, dove si rinvia a J. Drillon, *Traité de la ponctuation*, Paris, Gallimard, 1991, pp. 366 sgg.

manzo (*Les particules élémentaires*, limitatamente ai capitoli numero 7 di tutte e tre le sezioni che lo compongono). Il risultato mostra che la frequenza di questo segno di interpunzione appare enormemente superiore a quella riscontrabile in altri scrittori, da Proust a Sartre, da Prévert allo stesso Beigbeder. Quanto alle cause di tale superfetazione, esse potrebbero essere indicate nella precisa funzione di ordinare, equilibrare e soprattutto moderare l'empito del discorso. In breve, se da un lato Houellebecq esce dallo scrutinio di Noguez come uno dei maggiori «punto-e-virgolisti» della letteratura francese, dall'altro le sue pagine sembrano confermare l'affermazione di Jean-François Rollin: «Il punto e virgola, come un'imbottitura, soffoca le grida di gioia nella casa chiusa della scrittura»[24].

IV

Costretto a dichiarare in sede giudiziaria le proprie convinzioni letterarie, Houellebecq si spinge fino a un'affermazione di estrema rilevanza: al di là di ogni ipotetico magistero morale, scrittore è semplicemente colui che sa maneggiare la punteggiatura meglio di chiunque altro. Senza entrare nel merito della sua posizione, vale la pena segnalare come un simile interesse per competenze specificamente attinenti alla padronanza dello strumento verbale si ritrovi anche presso altri romanzieri francesi contemporanei. È il caso di Erik Orsenna, il quale, dopo un libro sulla grammatica, uno sul congiuntivo e uno sugli accenti, ha pubblicato un volume consacrato alla punteggiatura[25]. Tuttavia, più ancora di quel punto e virgola tanto caro a Houellebecq, il segno scelto per designare l'elemento infinitesimale del discorso letterario è ovviamente la virgola. Così, mentre Jean Echenoz, in un ricordo di Jerôme Lindon, indica nei criteri del suo impiego l'unica vera divergenza estetica con l'amico editore[26], verso la fine del 2003 vede la luce «Virgule», una rivista mensile delle Editions Faton consacrata al francese e alla letteratura per i giovani dai 10 ai 15 anni.

[24] Citato in D. Noguez, *Houellebecq, en fait* cit., pp. 153-154.

[25] Cfr. rispettivamente di E. Orsenna, *La grammaire est une chanson douce*, Paris, Le Livre de Poche, 2002; *Les chevaliers du subjonctif*, Paris, Stock, 2004, *La révolte des accents*, Paris, Stock, 2007, *Et si on dansait?*, Paris, Stock, 2009.

[26] J. Echenoz, *Jerôme Lindon*, Paris, Minuit, 2001.

È sempre la verga, la verghetta, a essere chiamata in causa per indicare «la più piccola di tutte le pause» (Littré, *ad vocem*). «Senza cambiare una virgola», recita d'altra parte il Grand Robert (*ad vocem*), riportando la formula con cui ratificare la fedeltà di una trascrizione. Tutto ciò suggerisce l'idea di una piccola storia della letteratura francese a partire dal tema della punteggiatura. Viene in mente la pagina in cui Maupassant descrisse il lavoro di Flaubert, intento a cogliere il ritmo della prosa, attento ad afferrare una sonorità fuggitiva, a combinare i toni, a distanziare le assonanze, a disporre le virgole coscienziosamente, come le soste di un lungo cammino... Vengono in mente gli esempi, perfettamente speculari tra loro, di Mallarmé e Apollinaire, tesi a rivoluzionare il concetto stesso di scansione tipografica, uno immaginando una punteggiatura senza testo («una specie di *trace en creux* [traccia cava], un movimento di pensiero che mantiene unicamente il proprio ritmo»[27]), l'altro realizzando, con *Alcools*, il primo testo senza punteggiatura. Ma abbandoniamo la suggestione di un percorso esaustivo, per attenerci ai nomi di Baudelaire e Céline: la loro testimonianza ci racconta della venerazione che poeti e romanzieri tributarono ai segni d'interpunzione in generale, e specificamente alla virgola.

«Le avevo detto: sopprima *tutto un brano*, se non le piace *una virgola* nel brano, ma non sopprima la virgola; essa ha una sua ragion d'essere»[28]. Così Baudelaire, in una lettera a Gervais Charpentier del 20 giugno 1863. L'assunto è chiaro. Per lo scrittore, il corpo tipografico è dotato di una vita propria, che non tollera alterazioni, escissioni, amputazioni di sorta. Baudelaire difende a spada tratta ogni minima componente del testo: «È già in parte paralizzato quando rimprovera la madre per aver scritto 'inquieta' con due 't', e quando pochi giorni dopo, costretto a dettare una lettera per Catulle Mendès, insiste sulla necessità di un trattino che dia l'idea della 'sospensione' nel verso di una poesia»[29].

[27] J. Risset, *Il principio di contaminazione assoluta*, in *Apollinaire e l'avanguardia*, a cura di P.A. Jannini, Quaderni del Novecento francese, n. 1, 1984, p. 78.

[28] C. Baudelaire, *Correspondance*, texte établi, présenté et annoté par C. Pichois, «Bibliothèque de la Pléiade», vol. II, Paris, Gallimard, 1973, p. 307.

[29] G. Montesano, *L'ultima apocalisse di Charles Baudelaire*, in C. Baudelaire, *La capitale delle scimmie*, Milano, Mondadori, 2002, p. XXV. L'osservazione si riferisce all'*explicit* di *Bien loin d'ici* (cfr. anche L. Pietromarchi, *Introduzione e commento*, in C. Baudelaire, *I fiori del male*, trad. di G. Caproni, Venezia, Marsilio, 2008, p. 555).

All'estremo di questa parabola (che certo potrebbe includere molti altri autori) troviamo Céline, con la sua orgogliosa, vociferante rivendicazione di un prodotto stilistico assoluto nella sua perfezione. Una prima, possibile eco di tale interesse si trova nella lettera del 1936 a Marie Canavaggia, insieme a cui lo scrittore attendeva alle bozze di *Mort à crédit*. Si tratta di una confessione appassionata e commovente: «Cara amica, Ma no! ma no! Non esistono piccoli dettagli che possano stancarmi! IO LI VOGLIO TUTTI! LA MINIMA VIRGOLA MI APPASSIONA»[30]. Questa sentita professione d'amore e devozione per il lavoro letterario, esaltata dall'uso delle maiuscole, costituisce la premessa a un'opera nella quale Céline arriverà a tematizzare la sua violenta passione per ogni particolare testuale. Stiamo parlando degli *Entretiens avec le professeur Y*, un testo a metà strada tra *pamphlet* e *ars poetica*.

Partendo da un'esigenza di ordine estetico (il bisogno di rendere nella scrittura «la propulsione emotiva! l'ultra-precisione emotiva!»[31]), il discorso sviluppa la celebre metafora dello *style-métro*, dall'immagine del treno sotterraneo che percorre Parigi. Il problema dell'accuratezza espressiva si tramuta così in un'autentica ossessione: «Ma attenzione! il dettaglio!... lei non si trova su binari ordinari!»[32].

Il ragionamento del professor Y, tanto contorto quanto illuminante, si basa su una tripla analogia: posto che l'atto della lettura corrisponda a un viaggio nella metropolitana, i passeggeri rappresentano i lettori, e la ferrovia il testo stesso. Da qui l'impellente necessità, da parte dell'autore-progettista, di scongiurare eventuali incidenti stilistici dovuti all'alterazione della scrittura. Affinché i vagoni non deraglino, occorreranno binari «lavorati al pelo del micron»[33], poiché basterebbe una minima imperfezione, un «millimetro di

[30] Lettera del 12 aprile 1936, in L.-F. Céline, *Lettres à Marie Canavaggia (1936-1947)*, Tusson, Du Lérot, t. I, 1995, p. 4.

[31] L.-F. Céline, *Entretiens avec le professeur Y*, in *Romans*, édition présentée, établie et annotée par H. Godard, «Bibliothèque de la Pléiade», vol. IV, Paris, Gallimard, 1993, p. 539. A questo proposito, mi permetto di rinviare a V. Magrelli, *Il tema della traduzione nella metafora dello «style-métro»*, Atti del convegno *Tradurre Céline. Giornate di studio*, Università degli Studi di Cassino, Cassino, 10-11 marzo 1997, «Dimore», 2001, pp. 51-63.

[32] L.-F. Céline, *Entretiens* cit., p. 539.

[33] Ivi, p. 541.

scarto»[34], e tutto il treno del racconto, lanciato nel sottosuolo a folle velocità, si rovescerebbe con conseguenze disastrose. Mescolando i termini della grafia a quelli dell'ingegneria, il protagonista della conversazione di Céline afferma infatti che sarebbe sufficiente una cediglia errata, un soffio, o appena «l'ombra di una virgola»[35] fuori posto, per provocare un dramma. Perciò, rivolgendosi al suo interlocutore, dichiara: «Se la sua metropolitana sbagliasse di un pelo piccolissimo!... la sua metropolitana tutta stipata di lettori... tutti quelli stregati dal suo stile... accadrebbe la catastrofe!»[36].

Sui binari della scrittura, insomma, millimetri e micron trovano il loro corrispettivo tipografico nei segni d'interpunzione o in quelli diacritici. E lo vediamo distintamente nel momento in cui Céline, minacciato da tagli, censure, editing (ovvero quell'insieme di interferenze avvertite come una brutale limitazione delle proprie libertà), scongiura Jean Paulhan di non toccare una sola sillaba delle sue pagine: «Io rifiuto nella maniera più assoluta di sopprimere una parola, una virgola»[37].

Come si è visto, negli *Entretiens avec le professeur Y* il paragone fra l'oggetto testuale e i lavorati industriali d'alta precisione viene protratto fino al virtuosismo. Tuttavia, per l'ideatore di un simile delirio, il tema della misurazione microscopica della scrittura conoscerà anche un'altra, sorprendente variante, scaturita dalla necessità di difendere l'integrità degli stessi *Entretiens*. Nel tentativo di persuadere Paulhan, lo scrittore abbandona l'immagine dei binari, per volgersi piuttosto al mondo classico. La nuova similitudine riprende infatti una battuta di Malherbe, secondo cui un buon poeta non sarebbe più utile allo Stato di un buon giocatore di bocce. Da qui un finale vibrante, ai limiti dell'intimidazione: «*Ma* provi a spostare di un millimetro la sfera di un giocatore di bocce! Se lei non è mai stato assassinato... imparerà cosa significa esserlo»[38].

[34] *Ibid.*
[35] *Ibid.*
[36] *Ibid.*
[37] Lettera a Jean Paulhan del 18 novembre 1954, in L.-F. Céline, *Lettres à la N.R.F.*, Paris, Gallimard, 1991, p. 256.
[38] Lettera a Jean Paulhan del 22 novembre 1954 (ivi, p. 258).

V

Dopo queste minacce (che porteranno peraltro alla rottura fra Céline e il responsabile della «Nouvelle Revue Française»), possiamo ritornare al testo di Houellebecq. Ora la sua posizione ci apparirà come quella di un autore che, nel solco della grande tradizione moderna di Baudelaire e Céline, eleva la difesa dei segni d'interpunzione, virgola o punto e virgola, a simbolo della lotta per la libertà espressiva. È dunque sotto tale angolatura che andrà considerata la sfida tra docente e discente narrata nelle *Particules élémentaires*. Abbandonando l'anacronistico Proust per il più attuale Baudelaire, l'insegnante, abbiamo visto, sceglie di esaminare il sonetto da lui ritenuto più idoneo alla dura opera di scolarizzazione. La decisione si direbbe indovinata, ed egli sembra già cedere a una certa soddisfazione, quando improvvisamente uno studente, con un'osservazione cruda ma di estrema pertinenza, spezza l'incantesimo.

Il senso della scena è inoppugnabile: la breve armonia didattica viene infranta per lasciare il posto al consueto gioco di ruoli, equamente ripartito fra insubordinazione e repressione. Per il resto, alla momentanea vittoria del maestro, sul piano dell'autorità, seguirà l'immediata rivincita dell'allievo, a livello di prestanza sessuale. Ma qual è stata la causa di un simile incidente? Eccoci al punto. La mia ipotesi è che occorra sottolineare la distanza fra il comportamento di Bruno, un insegnante distratto, demotivato, superficiale, e le convinzioni estetiche del suo creatore, strenuo difensore del perfezionismo stilistico.

In altri termini, con il suo fare approssimativo, il lettore di *Recueillement*, ossia colui che andava sillabando il sonetto ad alta voce, si rende colpevole di un delitto di lesa maestà, o meglio, di lesa testualità: l'interruzione dell'*enjambement*. I puntini di sospensione alla fine della seconda quartina lo accusano senza possibilità di equivoco, così come l'immediata precisazione: «Ho fatto una pausa». È questo il suo imperdonabile peccato: la violazione di quell'unico, cruciale «a capo» che, all'interno del testo baudelairiano, sancisce l'irrevocabile frattura tra la coppia dell'io narrante e della *Douleur*, da un lato, la folla dei suoi simili, dall'altro.

Chiamati a marcare la sosta, i puntini di sospensione rallentano, anzi, impediscono l'arrivo del cosiddetto *rejet*, vale a dire della seconda parte, più breve e debordante, della frase. Infatti la scena si chiude senza che venga pronunciato l'inizio del verso seguente: *Loin d'eux*. Eppure un osservatore attento avrebbe dovuto terminare proprio su queste ultime parole, poste giusto al di là del punto da «scavalcare» (secondo l'etimo del termine *enjamber*). L'esatta scansione del passo, a cavallo del bianco che separa la seconda quartina dalla prima terzina, richiedeva cioè l'assoluto rispetto dell'intero arco sintattico, indicato, al di là dello spazio di separazione fra le due strofe, dal punto conclusivo:

> Ma Douleur, donne-moi la main; viens par ici,
>
> Loin d'eux.

ossia:

> Mia Pena, dammi la mano; vieni qui,
>
> Lontano da loro.

Invece di «scavalcare» il verso, rimarcando quel fenomeno di sfasamento e rottura della coordinazione fra metro e sintassi che va appunto sotto il nome di *enjambement*, Bruno si interrompe compiaciuto alla fine dell'alessandrino, si blocca, per così dire, a metà strada, si guarda intorno, scruta le allieve e pensa ai fatti suoi: «Ho fatto una pausa. Tutte loro erano sensibili a questa poesia, me ne accorgevo bene, c'era un silenzio totale. Era l'ultima ora del corso; tra una mezz'ora avrei ripreso il treno, e più tardi avrei raggiunto mia moglie». Ebbene, sarà proprio tale atteggiamento, altamente irresponsabile verso le esigenze della poesia, a scatenare, sia pure inconsapevolmente, l'irruzione dell'avversario. Lasciando un varco libero fra le due strofe di *Recueillement*, spalancando un vuoto abusivo nella lettura della poesia, il docente offre il fianco all'attacco del giovane: «Di colpo, dal fondo della classe, ho sentito la voce di Ben: 'Ehi, vecchio mio, hai proprio il principio di morte in testa!...'».

Questa pagina, insomma, sembra enunciare le conseguenze di una lettura indifferente e sprezzante nei riguardi del verso, anzi, per ricorrere a un'espressione già usata a proposito di Beckett, del suo solfeggio. In certo modo, è come se Houellebecq si fosse divertito a rappresentare l'inevitabile punizione cui va incontro un docente incapace di accogliere le istanze dell'opera studiata. Ci troviamo di fronte a un caso di perfetto contrappasso: chi interrompe la corretta lettura di un testo verrà a sua volta interrotto. Ma sembra anche vero l'inverso: la mancanza di ascolto da parte del professore si rovescia in un ascolto sin troppo attento da parte dell'allievo. Tanto il primo si mostra inadatto a comprendere il sonetto, quanto il secondo si rivela acuto nel coglierne l'essenza funeraria.

C'è però un ulteriore elemento da sottolineare. Per rendere la sua sortita ancora più efficace, e insieme prendersi gioco dell'autorità, lo studente attribuisce all'esegeta quel «principio di morte» desunto dalle due quartine della composizione. Da qui la perplessità dell'io narrante: «Non ho mai capito bene se si rivolgesse a Baudelaire o a me». Il dubbio non sarà sciolto, ma la supposizione di Ben si confermerà doppiamente esatta: che essa valga per *Recueillement*, viene detto con estrema chiarezza («in fondo, come *commento al testo*, non era niente male»); che possa poi applicarsi allo stesso Bruno, lo ha già capito *ad abundantiam* ogni lettore delle *Particules élémentaires*.

Queste considerazioni potranno forse apparire troppo capziose, se l'autodifesa effettuata dallo scrittore nel processo del 2002 (cioè quattro anni dopo l'uscita del romanzo) non avesse avvalorato la nostra congettura. Senza forzare troppo l'interpretazione, potremmo ritrovare nella scena analizzata il malizioso zampino dello stilista che punisce il suo personaggio a causa di una inammissibile infrazione. Per quanto differenti, infatti, i due casi (uno reale, l'altro letterario, il giudizio penale da una parte, la sequenza narrativa dall'altra) appaiono esattamente simmetrici: chi ossequia religiosamente i punti e virgola in prosa, come Houellebecq, non può certo ignorare la sacralità del *rejet* in una composizione in versi, come fa invece il suo protagonista. Chi indica il simbolo della propria competenza deontologica in un segno di interpunzione (come si è visto nell'aula di un tribunale), non può davvero transigere sull'importanza dell'*enjambement* in poesia (durante la lettura in un'aula scolastica), tanto più se, come si è ipotizzato, proprio a questa particolare figura può essere fatta risalire la differenza fra i due ambiti letterari.

È stato Giorgio Agamben a ricordarlo, in un saggio nel quale, peraltro, Baudelaire viene fatto oggetto di una speciale attenzione. Alla base delle sue considerazioni sta la celebre definizione del verso proposta da Valéry e chiosata da Roman Jakobson, nei termini di una «esitazione prolungata fra il suono e il senso»[39]. Proprio per descrivere questo fenomeno al di là di ogni risvolto psicologico, Agamben analizza l'*enjambement* in quanto figura caratterizzata da un'opposizione della segmentazione metrica a quella semantica, tale per cui l'assetto della sintassi non coincide con quello del metro, ma, appunto, lo scavalca. A partire da qui, la possibilità di un simile evento testuale viene addirittura indicata come l'unico criterio di distinzione fra poesia e prosa: «Si dirà, dunque, poetico il discorso in cui questa opposizione è, almeno virtualmente, possibile, prosaico quello in cui essa non può aver luogo»[40].

Ma a questo punto si impone una domanda: se la poesia indugia e si sostiene nell'inappagata tensione, nello scarto fra il suono e il senso, fra la serie semiotica e quella semantica, che cosa avviene nel punto in cui il testo finisce? «Con ogni evidenza», risponde lo studioso, «l'opposizione tra un limite metrico e un limite semantico non è più qui in alcun modo possibile: il che consta, senza ulteriore riscontro, per il fatto triviale che non è pensabile *enjambement* nell'ultimo verso di una poesia. Triviale, certo, e che, pure, implica una conseguenza non meno imbarazzante che necessaria. Poiché, se il verso si definisce appunto attraverso la possibilità dell'*enjambement*, ne segue che l'ultimo verso di una poesia non è un verso»[41].

In altre parole, dato che la macchina poetica vive della discrepanza (o meglio, della sua eventualità) fra il flusso semiotico e quello semantico, e dato che il verso esiste solo a patto di sottrargli la possibilità di un accordo durevole fra il suono e il senso, nel luogo in cui tutto ciò viene obbligatoriamente meno, ossia nell'ultimo verso di una composizione, la poesia ricadrebbe nella prosa. Questa sorta di dissesto sarebbe allora indice di una rilevanza sostanziale e non contingente, «come se il poema, in quanto struttura formale, non potesse, non dovesse finire, come se la possibilità della fine gli fosse radicalmente sottratta, poiché essa implicherebbe quell'impossibile poetico che è la coincidenza esatta del suono e del senso. Nel punto in cui il suono sta per rovinare nell'abisso del senso, il poema cerca

[39] P. Valéry, *Tel Quel*, in *Oeuvres*, édition établie et annotée par J. Hytier, «Bibliothèque de la Pléiade», vol. II, Paris, Gallimard, 1957, p. 637.
[40] G. Agamben, *La fine del poema*, in *Categorie italiane. Studi di poetica*, Venezia, Marsilio, 1996, p. 113.
[41] Ivi, p. 116.

scampo sospendendo, per così dire, la propria fine in una dichiarazione di emergenza poetica»[42]. (Ed è curioso osservare, per inciso, come tutto ciò ricordi, sul piano dell'analisi giuridica e politica, quello «stato di eccezione» che è stato a lungo oggetto privilegiato del lavoro di Agamben).

Ora possiamo valutare fino in fondo la gravità del gesto compiuto dal docente delle *Particules élémentaires*. Interrompendosi a metà dell'*enjambement*, introducendo una pausa invece di scavalcare il verso (e scavalcarlo, ricordiamolo, nel luogo più nevralgico del sonetto, ossia a cavallo fra quartine e terzine), Bruno, di fatto, provoca la fine, se non la morte, della poesia. In certo modo, la reazione dello studente suona allora come un'appassionata difesa contro chi sta compromettendo l'impianto testuale. Benché apparentemente orientato a livello tematico, nel segno del dolorismo baudelairiano («Ehi, vecchio mio, hai proprio il principio di morte in testa!...»), il suo intervento rappresenta insieme una risposta d'ordine formale, rivolta a chi ha trasgredito le leggi fondamentali della lettura. Così, mentre la sciatteria del professore spezza l'inarcatura, interrompendo il movimento dei versi nel suo punto più critico, la replica dell'allievo mette letteralmente il dito sulla piaga, la piaga metrica di quell'*enjambement* che della poesia rappresenta l'incontrovertibile stigmate.

[42] Ivi, p. 117.

12

Logiche di inclusione letteraria

I

In una prospettiva assai più ampia rispetto a quella sinora tracciata, la parabola di *Recueillement* porta a interrogarsi sulle logiche che regolano l'inclusione e l'assorbimento, l'assimilazione e la dissimulazione di un testo letterario all'interno di altri. Siamo all'interno del quadro teorico tratteggiato da Julia Kristeva[1], ma prima di procedere in tal senso, si rende necessaria una precisazione: troviamo infatti l'intertestualità realizzata da un lato come scelta stilistica o didattica, dall'altro come pratica almeno parzialmente inconsapevole. Malgrado le inevitabili semplificazioni, tenteremo di illustrare i due ambiti procedendo su due piani distinti.

Per quanto riguarda il primo punto, relativo cioè a un genere di riscrittura programmaticamente perseguita, può essere opportuna una breve integrazione di tipo storico-letterario. Davanti ai nostri occhi si spalanca lo sterminato campo delle indagini sul tema della parodia, del travestimento, del *d'après* e del *pastiches*. E tutto ciò, si noti, trascurando le riscritture autografe. La posta in gioco, cioè, riguarda unicamente le modifiche allografe, vale a dire eseguite da un individuo diverso dall'autore. Abbandonato il campo della varianti-

[1] Cfr. J. Kristeva, *Recherches pour une sémanalyse*, Paris, Seuil, 1968 (dove l'intertestualità viene definita come «un incrocio di enunciati tratti da altri testi», p. 255), e *Semeiotiké*, Paris, Seuil, 1969.

stica e della critica genetica (ossia di quei testi fantasma via via descritti da Julien Gracq o Giovanni Macchia), bisognerà rivolgersi a un tipo di produzione che prevede l'incontro fra due soggetti, il secondo dei quali intervenga sull'opera del primo con intenti vuoi perfettivi (allo scopo di migliorare l'originale), vuoi, viceversa, encomiastici (al fine di provare la sua intangibilità).

Nelle sue innumerevoli forme, questo particolare settore dell'intertestualità spazia dalle correzioni censorie alle imitazioni, dalla «traduzione» in versi di un testo in prosa (il *Dom Juan* di Molière ripreso negli alessandrini di Thomas Corneille), a quella opposta, condotta dai versi alla prosa (la prima scena del *Mithridate* di Racine nella versione di Houdar de La Motte). L'intera letteratura occidentale conosce questo genere di interventi, con Malherbe, intento a esercitarsi su Ronsard e Desportes, o Ezra Pound, che si fa «fabbro» di Eliot ritoccandone la *Waste Land*. Per semplice comodità espositiva, passerò da alcuni cenni sulla storia della critica correttiva in un contesto classicistico, a un recente dibattito sorto in area francese su sollecitazione di Pierre Bayard.

Si colloca nel primo ambito l'esame della riscrittura come intervento sul testo d'autore con modalità parafrastiche. Siamo di fronte a quel tipo di pratiche testuali nelle quali il passo di un autore antico viene condensato, «revisionato», sottoposto a rilievi critici, «rielaborato sulla base di considerazioni grammaticali, retoriche, stilistiche»[2]. Il tutto, secondo i criteri della cosiddetta *quadripertita ratio*: aggiunta, sottrazione, sostituzione, cambiamento d'ordine. Ci troviamo insomma nel cuore di quella *Anstatt-Mentalität* (o «mentalità dell'"invece'»), studiata in particolare da Lars Rydbeck[3]. Senza scendere nei dettagli (come nel caso delle differenze fra metatesi e metafrasi), senza esaminare i differenti obiettivi di tali tecniche (vuoi didattici,

[2] L. Spina, *Riscrivere «Candaule»*, «Rhetorica», XVII, 1999, p. 111. Dello stesso autore cfr. anche *«Gige e Candaule»: un racconto che affascina, ma non convince (riscritture/riletture in Luciano di Samosata, Iris Murdoch, Michael Ondaatje, Mario Vargas Llosa e Bertolt Brecht)*, in U. Criscuolo (a cura di), *Societas studiorum: per Salvatore D'Elia*, Napoli, Pubblicazioni del Dipartimento di Filologia classica, 24, 2004, pp. 611-620.

[3] L. Rydbeck, *Die «Anstatt-mentalität» bei der Erforschung griechischer Syntax*, in AA.VV., *Greek and Latin Studies in Memory of Cajus Fabricius*, a cura di S.T. Teodorsson, Uddevalla, «Studia graeca et latina Gothoburgensia», LIV, 1990, pp. 154-157.

per illustrare usi linguistici da evitare o seguire, vuoi critici, per stigmatizzare le ineleganze di un'opera o sottolinearne il valore), basti dire che, nella manualistica antica, si assiste al trionfo di «uno schema di correzione il quale, come l'omonima figura retorica (*epitimèsis* [...], *correctio*), mette a confronto due possibilità alternative: *ouk* 'a', *allà* 'b' (*non x, sed y*, cioè non 'questo', bensì 'quello')»[4]. In una parola, stiamo parlando di riscritture.

Vasto terreno, non c'è che dire, che va dalla «traduzione» platonica di alcuni versi omerici nella *Repubblica*, alla pratica dei *progymnasmata* (gli esercizi preparatori svolti nelle scuole di retorica), da Aristotele (che incrementa la riscrittura di passi in genere di autore), ai molti tecnografi o scoliasti successivi (come nel caso degli *Scholia vetera* a Sofocle[5]). Tra gli esempi più noti troviamo Demetrio (che almeno in ventiquattro casi, lavorando tra gli altri su Omero e Senofonte, corregge l'efficacia stilistica dei suoi modelli o li esalta[6]), Ermogene (pronto a modificare alcuni brani di Demostene), Plinio (che nella *Naturalis Historia* suggerisce di mutare la disposizione delle parole in un passo di Catullo), Terenziano Mauro (il cui *De litteris, de syllabis, de metris* propone di rettificare versi dello stesso Catullo), lo Pseudo-Longino (anch'egli assorbito da Omero) o Dionigi di Alicarnasso (interessato a spiegare come rendere Tucidide «più chiaro e piacevole»[7]).

Il senso di tanto lavoro, protratto per secoli, emerge dall'opera di Quintiliano, il quale rivendica appunto «la possibilità di trattare un testo, sia in fase di elaborazione che di revisione, come un prodotto *in fieri*, un elaborato non ancora debitamente concluso o rifinito o definito in tutte le sue parti»[8]. Ecco perché si è parlato di un'autentica «operazione chirurgico-analitica che nasce a partire dal prelie-

[4] L. Spina, *Esercizi di stile: riscritture e metamorfosi testuali. Un'introduzione*, «Linguistica e letteratura», XIX, 1-2, 2004, p. 11.

[5] R. Grisolia, *Commentare riscrivendo: gli «Scholia vetera» a Sofocle. Un sondaggio*, ivi, p. 14.

[6] M. Grimaldi, *A proposito dell'esegesi retorico-grammaticale: qualche esempio di metafrasi/riscrittura*, ivi, pp. 21-49.

[7] Dionysius of Halicarnassus, *On Thucydides*, in *Critical Essays*, vol. I, Loeb Classical Library, Cambridge (Mass.), Harvard University Press, London, Heinemann, 1974, p. 535. Ai nomi elencati Luigi Spina aggiunge quelli di Anassimene, Cicerone, Cornificio, Servio ed Elio Teone.

[8] M. Panico, *Riscrivere per analizzare: «Quintiliano, Inst. Or.» IX 4*, «Linguistica e letteratura», XIX, 1-2, 2004, p. 51.

vo di una porzione di testo, per manipolarla con gli strumenti della *techne*»[9]. Il modello si consoliderà nel tempo, lungo il medioevo e l'umanesimo, come tecnica interpretativa vera e propria, e lo dimostreranno, sia pure in un contesto culturale radicalmente differente, gli interventi di Pietro Bembo su Dante. In tutti questi casi, il testo d'autore si presenta come «disponibile – modello o antimodello – a una manipolazione dell'esegeta o del trattatista»[10]. Tale illustre abitudine scomparirà soltanto in epoca moderna, da un lato per il progressivo affermarsi di una sacralizzazione dell'originale, dall'altro a causa delle nuove strategie didattiche adottate dalla linguistica. Tra i pochi esempi superstiti, dopo l'inabissamento di questa autentica Atlantide, quello di Prévost, col suo lavoro di riscrittura a oltranza...

Si arresta qui la nostra veloce carrellata sulla storia della critica correttiva in un contesto classicistico. Sempre restando all'interno delle riscritture programmatiche (rispetto a un'intertestualità di tipo «espressivo»), la seconda area di ricerca si lega invece, come già accennato, al dibattito nato una decina d'anni fa intorno a un *divertissement* di Pierre Bayard, consacrato a come migliorare «le produzioni fallite dei grandi scrittori»[11]. In verità, ha notato Spina, il valore didattico inerente alla manipolazione del testo d'autore torna a imporsi già con l'Oulipo, nonché nei *workshop* di scrittura creativa affermatisi durante gli ultimi decenni in area anglosassone. Tali ricerche dimostrano la stessa spregiudicatezza delle pratiche di riscrittura in uso nei manuali linguistici antichi. Muovendosi nella medesima direzione, Bayard riprende la «possibilità di far agire uno stesso contenuto di pensiero secondo modalità discorsive diverse»[12], introducendo una serie di perfezionamenti all'interno di tredici testi-campione che annoverano, fra le composizioni in versi, *L'Olive* di Du Bellay, *La Franciade* di Ronsard, *Héraclius, empereur d'Orient* di Corneille, *Dom*

[9] L. Spina, *Un uso particolare dei testi nei manuali di retorica*, in AA.VV., *Ars / Techne. Il manuale tecnico nelle civiltà greca e romana*, Atti del convegno internazionale Università «G. d'Annunzio» di Chieti-Pescara, 29-30 ottobre 2001, a cura di M.S. Celentano, Alessandria, Edizioni dell'Orso, 2003, p. 208.

[10] L. Spina, *Esercizi di stile* cit., p. 11.

[11] P. Bayard, *Comment améliorer les oeuvres ratées?*, Paris, Minuit, 2001, p. 15 (si noti che il volume risulta significativamente inserito nella collana «Paradoxe»). Per quanto riguarda l'area italiana, si rinvia a R. Salina Borello, *Testi, intertesto, ipertesto. Proposte teoriche e percorsi di lettura*, Roma, Bulzoni, 1996.

[12] L. Spina, *Un uso particolare* cit., p. 210.

Garcie de Navarre ou Le prince jaloux di Molière, *La Henriade* di Voltaire, *Dieu* di Victor Hugo e *Moulin premier* di René Char.

Rifiutando ogni atteggiamento di deferenza verso gli autori del canone, il suo procedimento mira a intervenire sul corpo delle loro opere in una prospettiva emendativa. Al pari di un terapeuta, «il commentatore non si accontenta di valutare l'ampiezza del male, né di dare un nome alla patologia individuata. Da audace medico dello scacco letterario, egli ingessa le fratture poetiche, seziona quel che gli sembra troppo lungo, smussa le escrescenze sgraziate, e realizza addirittura degli innesti completamente sperimentali»[13]. Un progetto del genere ha ovviamente sollevato molte obiezioni, tutte riconducibili alla mancanza di una dottrina costituita e di una poetica normativa in base alle quali giudicare le correzioni apportate. Nell'animata discussione in rete sorta qualche anno fa intorno alla «teoria dei possibili letterari», Marc Escola ha suggerito di rintracciare il diretto antecedente della metodologia di Bayard nella lettura retorica del XVII secolo, da Valincour sulla *Princesse de Clèves* all'abbé de Villars su *Bérénice*: «La lettura 'classica' non ha nulla a che vedere con l'ermeneutica [...] ma partecipa di una 'riscrittura' che valuta l'opera col metro di ciò che essa avrebbe dovuto essere, riconducendo il testo reale verso un orizzonte di testi possibili»[14].

Non per niente, proprio *I possibili* si intitola il capitolo di un saggio in cui Michel Charles ha affrontato la concezione del testo «reale» come organismo eventuale, fragile, perennemente reversibile: un semplice «possibile» fra infiniti altri. Ciò consente la nascita di un effettivo dialogo con le opere, grazie all'azione di una critica creatrice tanto libera da pensare che le cose avrebbero potuto essere diverse, e che talvolta avrebbero dovuto esserlo: «Una critica che, per esempio, si permette di domandarsi se la principessa di Clèves non avrebbe fatto meglio a non dire nulla a suo marito»[15].

Ecco dunque annullato il concetto di plagio. Una volta relativizzati, i rapporti di appartenenza dischiudono una polifonia di riferi-

[13] A. Wrona, *Sauvetage raté*, in AA.VV., *P. Bayard sur Fabula*, www.fabula.org. Sullo stesso sito, cfr. anche A. Gensen, *Bayard, Boileau, Longin*, e J. Peslier, *De la critique comme perfectionnement* e *L'imperfection essentielle de l'oeuvre*.

[14] M. Escola, *L'eau et le moulin*, in AA.VV., *P. Bayard sur Fabula* cit. Dello stesso Escola, e nel medesimo sito, si veda anche *Récriture, inachèvement, interprétation et possibles textuels*.

[15] M. Charles, *Introduction à l'étude des textes*, Paris, Seuil, 1995, p. 102.

menti in cui le opere rinviano l'una all'altra. Come ha spiegato Hélène Maurel-Indart, l'azione del modello perde allora il suo carattere unilaterale, poiché sono gli stessi predecessori a subire un nuovo sguardo, una nuova lettura. Pertanto, rispetto a quella «angoscia dell'influenza» predicata da Harold Bloom, si tratterà piuttosto di ipotizzare una sua reversibilità, collocando l'originalità all'interno di una complessa rete di filiazioni. Infatti, traendo a sé i propri precursori, ogni artista impone loro un senso e una visione diversi e rinnovati, in base al contesto storico e alla cultura entro cui agisce[16].

Con quest'ultima considerazione ci avviciniamo alle ipotesi di Slavoj Zižek, secondo il quale la virtualità di ogni stato testuale, impostasi con l'uso del computer, condurrebbe a un'incertezza statutaria: in mancanza di una versione definitiva, quello «finale» sarà solo uno stadio arbitrariamente scelto fra infiniti altri[17]. Da qui una serie di possibili pratiche accrescitive dell'originale. Un gruppo di *hacker* californiani, per esempio, ha manipolato al computer diverse puntate di *Star Trek*, aggiungendo al racconto «ufficiale» della tv alcune scene pornografiche. Commenta Zižek: «Perché non dovremmo iniziare a produrre riscritture di capolavori classici ai quali aggiungere, senza cambiare il contenuto esplicito, dettagliate descrizioni riguardanti attività sessuali, sotterranee relazioni di potere, e così via, o semplicemente perché non dovremmo ri-raccontare la storia da un'altra prospettiva, come ha fatto Tom Stoppard nella sua riscrittura dell'*Amleto* dal punto di vista di due personaggi marginali (*Ronsekrantz e Guidenstern sono morti*)? [...] Non sarebbe illuminante anche riscrivere dei classici testi d'amore dal punto di vista femminista [...]?»[18].

Naturalmente, l'interesse del sociologo è soprattutto concentrato sulla produzione narrativa, sia essa letteraria, televisiva o cinematografica. Alla base del suo pensiero resta però pur sempre l'idea di

[16] H. Maurel-Indart, *Du plagiat*, Paris, Presses Universitaires de France, 1999, pp. 222-223.

[17] Circa le imprescindibili osservazioni di Valéry al riguardo, mi permetto di segnalare V. Magrelli, *Frammenti, note, nodi: la forma breve nella scrittura di Paul Valéry*, in AA.VV., *Théorie et pratique du fragment*, Actes de la Società universitaria per gli studi di lingua e letteratura francese, Venise, 28-30 novembre 2002, études réunies par L. Omacini e L. Este Bellini, Genève, Slatkine, 2004, pp. 149-162.

[18] S. Zižek, *The Plague of Fantasies*, London-New York, Verso, 1997 (trad. it. *L'epidemia dell'immaginario*, Roma, Meltemi, 2004, pp. 216-217).

mouvance nel senso indicato da Paul Zumthor, in quanto cioè fondamentale instabilità del corpo testuale, vibrazione incessante che non si arresta con l'atto della pubblicazione, ma continua a percorrere l'opera, ad animarla, appellandosi all'eventualità di una sua ripresa. Appunto verso un simile orizzonte (sia pure sotto il profilo esclusivamente metrico) si dirige il lavoro di Prévost su *Recueillement* che abbiamo analizzato nel quinto capitolo. A questo tipo di riscrittura possono essere fatti risalire anche l'allusione di Queneau, la citazione di Beckett o l'esercizio lipogrammatico di Perec. Ma cosa accade quando il ricordo di un testo letterario agisce come eco, suggestione, ricordo, in forma non del tutto consapevole?

II

Fin qui abbiamo proposto alcuni esempi di pratiche genericamente riconducibili a un tipo di intertestualità «programmatica». Diverso è il caso di quei procedimenti più o meno inconsci che segnano il rapporto fra uno scrittore e i suoi predecessori. In un contesto non tanto letterario, quanto piuttosto mitico, Giorgio de Santillana e Herta von Dechend hanno sviluppato questa ricerca attraverso la nozione di «fraintendimento creativo». Il loro studio sul *Mulino di Amleto* intendeva infatti determinare «in che misura il poeta [dall'antichità fino al mondo classico] comprendesse il materiale tramandatogli»[19]. È stato però Harold Bloom a esaminare con più decisione il processo di trasmissione culturale, studiando l'insieme di «angosce connesse al confrontarsi con potenze anteriori»[20]. A suo parere, ogni forma di poesia va considerata alla stregua di un'insorgenza angosciosa contro la poesia dei Precursori, o Padri Poetici: «L'influenza poetica, o, come più spesso la chiamerò, il fraintendimento poetico, è per necessità lo studio del ciclo di vita del poeta in quanto poeta»[21].

[19] G. de Santillana e H. von Dechend, *Hamlet's Mill. An Essay on Myth and the Frame of Time*, Boston, Gambit, 1969 (trad. it. *Il mulino d'Amleto. Saggio sul mito e sulla struttura del tempo*, Milano, Adelphi, 1983, p. 150).

[20] H. Bloom, *Agon: Towards a Theory of Revisionism*, New York, Oxford University Press, 1982 (trad. it. *Agone. Verso una teoria del revisionismo*, Milano, Spirali, 1985, p. 111).

[21] H. Bloom, *The Anxiety of Influence: A Theory of Poetry*, New York, Oxford University Press, 1973 (trad. it. *L'angoscia dell'influenza*, Milano, Feltrinelli, 1983, p. 15).

La nozione di «angoscia dell'influenza» solleva tuttavia non poche perplessità. Il critico americano, è stato osservato, guarda infatti alla tradizione poetica «nei termini conflittuali di una resistenza che deve essere piegata perché il Nuovo possa imporsi al Vecchio e la letteratura perpetuarsi in una spietata e inarrestabile *querelle des anciens et des modernes*, nella quale tutti gli scrittori interpretano a turno le parti di Laio e di Edipo»[22]. Bloom, cioè, condividerebbe con le grandi esperienze artistiche del Novecento il mito freudiano dell'uccisione del padre, eletto a emblema della rottura con la tradizione. È appunto a tale impiego esclusivistico e assolutistico dello schema edipico, che forse potrebbe essere proficuo contrapporre un diverso modello interpretativo. Per farlo, cercherò di avanzare una rilettura di due classici documenti della letteratura psicoanalitica.

Il protagonista del primo è Sergej Constantinovich Pankeiev, «l'uomo dei lupi» (ovvero Wolfmann) dell'analisi freudiana, il cui leggendario sogno, «colonna portante dell'edificio psicanalitico»[23], venne ripreso nel 1976 da Nicholas Abraham e Maria Torok in *Cryptonimie. Le Verbier de l'Homme aux Loups*[24]. Al centro del secondo libro, *Le schizo et les langues*, sta invece Louis Wolfson, «studente di lingue schizofrenico» secondo quanto recita il sottotitolo[25]. Ad arricchire ulteriormente il quadro teorico, contribuiscono le prefazioni ai due volumi, rispettivamente *Fors* di Jacques Derrida, e *Schizologie* a firma Gilles Deleuze.

Si tratta di due casi clinici profondamente diversi, ma riconducibili a un elemento comune, come dimostra l'indagine avviata da Jacqueline Amati Mehler, Simona Argentieri e Jorge Canestri circa il rapporto tra lingua madre e lingue straniere nella dimensione psicoanalitica. Mi riferisco in particolare alla relazione fra lavoro analitico e traduzione, basata sull'importanza che la parola assume nel processo terapeutico attraverso la rielaborazione del sogno, del la-

[22] G. Pedullà, *L'«operettismo» egotistico di Tommaso Landolfi*, in AA.VV., *Quel libro senza uguali. Le «Operette morali» e il Novecento italiano*, a cura di N. Bellucci e A. Cortellessa, Roma, Bulzoni, 2000, pp. 228-229.

[23] M. Ajazzi Mancini, *La psicanalisi tra creazione e costruzione. Intorno al «Verbario» di Nicholas Abraham e Maria Torok*, in N. Abraham, M. Torok, *Il Verbario dell'Uomo dei Lupi*, Napoli, Liguori, 1992, p. 15.

[24] N. Abraham, M. Torok, *Cryptonimie. Le Verbier de l'Homme aux Loups*, Paris, Aubier-Flammarion, 1976.

[25] L. Wolfson, *Le schizo et les langues*, Paris, Gallimard, 1970.

psus, del motto di spirito o del sintomo nevrotico. Il vero centro di queste ricerche è occupato dal problema della compresenza, in uno stesso paziente, «di una o più lingue in attesa, 'en souffrance', che 'infestano' il discorso monolingue»[26], dischiudendo al suo interno una vertiginosa pluralità di senso.

Proprio di questo parlano le due inestimabili costellazioni analitiche cui si è fatto riferimento, composte di reperti, deposizioni, esegesi e controesegesi. Che cosa unisce infatti i loro due protagonisti? Senza affrontare la sterminata bibliografia sull'argomento, mi limito a una semplice osservazione: Wolfmann da un lato, Wolfson dall'altro (è chiaro che dai lupi, così come dai genitori, non si scappa), lavorano sull'incidenza di una specifica lingua rispetto ad altre, simultanee e parallele. Ebbene, in entrambe le occasioni, tale ruolo cruciale viene rappresentato dall'inglese. Mentre Pankeiev-Wolfmann, di lingua madre russa, aveva una *nurse* inglese e seguiva l'analisi in tedesco, Wolfson, il paziente americano, ricostruisce in francese il suo disperato tentativo di sfuggire alla presa mortale dell'inglese, cioè la lingua parlata dalla propria madre. Egli tenta cioè di «evitare la penetrazione intrusiva, insopportabile, l'iniezione trionfale di parole inglesi, attraverso le quali la voce 'molto alta e pungente' della madre lo possiede»[27]. Non per niente, lo studio di Nicholas Abraham e Maria Torok descrive la scoperta cruciale dell'inglese come lingua criptica, «ossia quella che consentiva l'identificazione di parole attive e nascoste»[28].

Ma torniamo a *Recueillement*. Malgrado l'estrema distanza che separa i casi di Wolfmann e Wolfson dalla poesia di Baudelaire, è forse possibile utilizzare alcune risultanze delle loro analisi per tentare di valutare la ricezione del nostro sonetto così come essa è venuta configurandosi nel corso del Novecento, e dunque per cercare di chiarire il rapporto fra un singolo autore e la tradizione da cui egli proviene. Non bisogna ovviamente dimenticare l'eterogeneità dei materiali in gioco: poesia da un lato, reperto clinico dall'altro. A riprova di ciò, basta partire dalla semplice constatazione che, se ogni

[26] J. Amati Mehler, S. Argentieri, J. Canestri, *La Babele dell'inconscio. Lingua madre e lingue straniere nella dimensione psicoanalitica*, Milano, Raffaello Cortina Editore, 1990, p. 302.

[27] Ivi, p. 222.

[28] Ivi, p. 112.

oggetto letterario vive della propria possibilità comunicativa, il *Verbier* di Pankeiev-Wolfmann appare, giusto al contrario, come uno «straordinario macchinario verbale, poetico e retorico, il cui unico proposito pare essere quello di rendersi inaccessibile»[29]. A differenziare radicalmente il lavoro estetico dalla testimonianza psicanalitica sta poi, più in genere, il fatto che, mentre nel primo gli stessi elementi vengono impiegati deliberatamente (almeno in parte) e per motivi espressivi, nella seconda li ritroviamo usati inconsciamente (almeno in parte) e a scopi difensivi. Come si è già osservato nel capitolo su Perec a proposito di Binswanger, si tratta insomma di domandarsi «in che misura il 'gioco' schizofrenico si distingua concretamente da quello manieristico, dall'*espediente* letterario, dal *gioco* artistico»[30].

Evitando di confondere i due ambiti, estetico e psicologico, mi limiterò a poche note. Dalle pagine di Freud sul caso Pankeiev-Wolfmann traggo questa osservazione: «Il materiale patogeno era costituito da frammenti della sua storia infantile che non erano emersi nell'analisi fatta con me, e che affioravano posticipatamente come fili di sutura dopo un intervento chirurgico»[31]. Passando al commento di Lacan, leggo invece della «cripta» come di una disposizione topica per serbare (conservare nascosto) *in vita* qualcosa di *morto*. E prendo ancora un breve passo in cui ci si interroga su come il nostro spazio abituale possa essere lavorato da un corpo estraneo. Colgo poi verbi come «introiettare» o «incorporare», e concludo chiedendomi: non possiamo applicare queste affermazioni al nostro rapporto con il *corpus*, anzi con la salma, o meglio ancora con l'organismo *non-morto* della tradizione?

Ecco allora in che modo vorrei provare a rileggere il caso dell'«uomo dei lupi». Vedo cioè la citazione (nel nostro specifico caso alcuni versi di *Recueillement*) riemergere in un testo, anche a distanza di decenni, come il filo di sutura rimasto nei tessuti dopo un intervento chirurgico, oppure come un *revenant* che sorga dalla cripta della lingua.

[29] M. Ajazzi Mancini, *La psicanalisi tra creazione e costruzione* cit., p. 39.

[30] L. Binswanger, *Drei Formen missglückten Daseins*, Tübingen, Max Niemeyer, 1956 (trad. it. *Tre forme di esistenza mancata: esaltazione fissata, stramberia, manierismo*, Milano, Bompiani, 2001, pp. 172-173).

[31] S. Freud, *Die endliche und die unendliche Analyse*, in *Gesammelte Werke*, vol. 16, Frankfurt am Main, Fischer Verlag, 1999 (trad. it. *Analisi terminabile e interminabile*, in *Opere*, vol. XI, Torino, Boringhieri, 1979, p. 501).

Diverso, come si è detto, l'atteggiamento di Wolfson. Infatti, a differenza di Pankeiev-Wolfmann, il suo tentativo di distruggere la lingua materna, per impedirle di insinuarsi attraverso gli orifizi del corpo, costituisce un progetto intenzionale, al punto da formare quel che Deleuze, riprendendo l'espressione di Raymond Roussel, ha definito in termini di vero e proprio *procédé* («procedimento»)[32]. Tuttavia, anche l'immagine di questo protocollo può forse essere utilizzata come un corrispettivo dei meccanismi che regolano la trasmissione dei materiali della tradizione. In tal senso, ogni nuovo testo letterario potrebbe essere giudicato alla stregua di un dispositivo concepito per tenere distante l'aggressione di quella lingua madre costituita dal patrimonio ereditato, quasi che ogni scrittore dovesse difendersi dall'invasione di una voce-matrice proveniente dal passato, e decisa a penetrare «non solo [...] dalle orecchie, ma dagli occhi, dall'ano, e chissà da dove altro ancora»[33].

In definitiva, il mio interrogativo potrebbe essere formulato così: gli autori che costituiscono un autore, ossia la comunità di opere da cui nasce un'opera, non agiscono su di lui come una sorta di lingua

[32] G. Deleuze, *Schizologie*, in L. Wolfson, *Le schizo et les langues* cit., pp. 7-10. *Louis Wolfson ou le procédé* è d'altronde il titolo con cui l'autore ristamperà il saggio qualche anno piu tardi (cfr. G. Deleuze, *Critique et Clinique*, Paris, Minuit, 1993, pp. 18-33).

[33] J. Amati Mehler, S. Argentieri, J. Canestri, *La Babele dell'inconscio* cit., p. 223. Rispetto a questo paradigma acustico, ritengo fondamentale la testimonianza di Nadezda Mandel'štam sugli ultimi anni di vita del marito. Il suo racconto si apre con la scoperta delle Voci: «'Ma di chi è quella lingua? Di chi sono le parole che senti?', chiedevo. Non riusciva a rispondermi con esattezza [...]. 'Le voci' mi disse una volta 'sono una specie di citazione composita di tutto ciò che ho sentito'» (N. Mandel'štam, *L'epoca e i lupi*, Milano, Serra a Riva, 1990, pp. 93-94). Nell'universo concentrazionario, la graduale confusione tra incubo e realtà culmina nell'inquietante diceria (un'ulteriore «voce» o forse la pura verità) secondo cui gli aguzzini, per deprimere i detenuti, trasmettevano le registrazioni di alcune voci-tipo appartenenti a madri, sorelle o mogli. Da questa minaccia si sviluppa una reinterpretazione dell'attività poetica come processo di autoascolto: «Mi sembra che per un poeta le allucinazioni dell'udito interiore siano una specie di malattia professionale. La poesia comincia così. Molti poeti lo hanno detto [...]: al loro orecchio risuona ossessiva, prima informe, poi sempre più definita, ma ancora senza parole, una frase musicale. Mi è capitato più volte di vedere Mandel'štam che cercava di liberarsi da uno di questi ritornelli, di scuoterselo di dosso, di sottrarsi al suo potere. Scrollava la testa come per fare uscire una goccia d'acqua penetrata nell'orecchio durante il bagno» (ivi, p. 99). Così, per una sorta di contrappasso, il magico stetoscopio della lirica si trasforma in strumento di tortura.

nella lingua[34]? Non si comportano, cioè, come strutture nascoste ma continuamente presenti nel processo della sua produzione? Non rappresentano cripte per conservare in vita qualcosa di morto, corpi estranei che lavorano il suo spazio, pulsioni che premono per penetrare nel corpo del testo? La mia proposta è insomma quella di considerare la tradizione alla stregua di un disturbo soggiacente, un focolaio d'infezione e di trasmissione. «L'insorgere» di *Recueillement* all'interno dei casi esaminati confermerebbe un'ipotesi simile.

III

Su uno sfondo così delineato, potremmo collocare le acquisizioni della memetica, quella scienza naturale del sociale sorta nel 1976 a opera dello zoologo Richard Dawkins. Fortemente modellata sull'analògia con le dinamiche virologiche, incrociando gli strumenti dell'epidemiologia con quelli del cognitivismo, questa disciplina si impernia sul concetto di meme, chiamato a rappresentare «l'effetto della trasposizione della biologia contemporanea in campo mentale e sociale: in particolare della recente interpretazione che vede nel gene l'elemento fondamentale del codice della vita»[35].

Lasciamo direttamente la parola a Dawkins: «Esempi di meme sono melodie, idee, mode, frasi, maniere di modellare vasi o costruire archi. Proprio come i geni si propagano nel pool genico saltando di corpo in corpo tramite spermatozoi o cellule uovo, così i memi si propagano nel pool memico saltando di cervello in cervello tramite un processo che, in senso lato, si può chiamare imitazione. Se uno scienziato sente o legge una buona idea, la passa ai suoi colleghi e studenti, e la menziona nei suoi articoli e nelle sue conferenze. Se l'idea fa presa, si può dire che si propaga diffondendosi di cervello in cervello»[36].

[34] Penso in particolare alla nozione di «lingua-regina» proposta da Antoine Berman per designare una terza lingua celata, ovvero quella «lingua-di-traduzione» superiore non solo a quella d'arrivo, ma anche a quella d'origine (A. Berman, *La traduction et la lettre ou l'auberge du lointain*, Paris, Seuil, 1999).

[35] F. Ianneo, *Meme. Genetica e virologia di idee, credenze e mode*, Roma, Castelvecchi, 1999, p. 7.

[36] R. Dawkins, *The Selfish Gene*, Oxford, Oxford University Press, 1976 (trad. it. *Il gene egoista*, Milano, Mondadori, 1995, p. 201). Come suggeritomi da Carlo Ossola, alla radice di simili ricerche si potrebbe indicare l'influsso di *Vie des formes*

Malgrado l'enorme distanza rispetto al pensiero di Bloom, c'è almeno un assunto che unisce le loro posizioni: quello secondo cui un processo di trasmissione rappresenta fondamentalmente un processo di trasformazione. Infatti, come è stato rilevato, mentre nel caso degli agenti patogeni, quali virus e batteri, solo occasionalmente si produce una mutazione al posto di una replicazione, le rappresentazioni memetiche vengono invece modificate ogni volta che sono trasmesse. Ritroviamo così le nozioni di *misreading* (fraintendimento, dislettura) o di *clinamen* (deviazione, scarto), che sono appunto alla base di un libro quale *L'angoscia dell'influenza*. Ma le ritroviamo, e questo è ciò che più conta, all'interno di un'economia interpretativa del tutto differente.

Abbiamo adesso due modelli alternativi di intertestualità: uno edipico, l'altro virologico; il primo basato sulla figura autoritaria e isolata del genitore, l'altro su quella plurima e pervasiva dell'inquilino. Alla centralità di un'unica ascendenza risponde una diffusione rizomatica, nella stessa maniera in cui, allo schema paterno, fa riscontro quello parassitologico.

È appunto la seconda prospettiva che si è cercato di seguire attraverso la parabola novecentesca di *Recueillement*. Le suggestioni, naturalmente, sono molte. Potremmo da un lato immaginare la citazione come un uovo, una cisti, che giunge ad annidarsi nella nicchia dei testi altrui; dall'altro vedere l'autore come un agente di trasmissione, intento a covare e incubare la tradizione sotto forma di dono e contagio. *Il contagio delle idee. Teoria naturalistica della cultura* è d'altronde il titolo di uno studio di Dan Sperber a cui mi è venuto spontaneo riandare, partendo dall'assunto secondo il quale la mente umana sarebbe suscettibile alle rappresentazioni culturali così come il corpo lo è alle malattie[37].

di Henri Focillon, o gli studi di Jurgis Baltrušaitis sulla migrazione di certi temi figurativi, a cominciare da *Moyen-Age fantastique*. Tuttavia, rispetto alla memetica, non posso ignorare l'obiezione rivolta da Domenico Scarpa, il quale, notando come essa descriva un fenomeno elementare e universale, ha ricordato l'antico precetto secondo cui «entia non sunt multiplicanda praeter necessitatem».

[37] D. Sperber, *La contagion des idées. Théorie naturaliste de la culture*, Paris, Jacob, 1996 (trad. it. *Il contagio delle idee. Teoria naturalistica della cultura*, Milano, Feltrinelli, 1999). Sulla scia di Foucault, ma in un orizzonte segnato dalla riflessione sul processo di immunizzazione, si situa la ricerca di G. Marano, *La parola infetta*, Varese, Nuova Editrice Magenta, 2003.

Accanto a questo tipo di ricerche può collocarsi la prospettiva dischiusa da Michel Serres in un saggio del 1980, che prende in esame gli effetti suscitati dall'introduzione, più o meno clandestina, di corpi estranei all'interno di sistemi organici o testuali. Al centro della sua riflessione sta la figura del parassita, presentata nei termini seguenti: «Entra nei corpi, li infesta. Il suo potere infettivo si misura in base alla sua capacità di adattarsi a uno o più ospiti. Tale capacità fluttua, e la sua virulenza varia. Così come la sua produzione di sostanze tossiche. Esse sonnecchiano, si esaltano, si esasperano, possono perdersi a lungo»[38].

Serres ha lavorato sul personaggio del parassita nella letteratura classica e moderna. Altri studiosi, invece, hanno ripreso lo stesso concetto per soffermarsi sulla funzione delle citazioni come intrusi installati all'interno di un *corpus*-ospite. Tra questi, Anne Tomiche, in un intervento che ripercorre l'uso dell'aggettivo «parassita» nel dibattito letterario francese dal XVIII al XX secolo, da Jean-Baptiste Rousseau a Rémy de Gourmont. Dopo una rapida panoramica sull'impiego di stili, parole, espressioni o frasi ritenuti parassitari, il suo saggio mette a fuoco due posizioni antitetiche.

La prima, difesa da John Langshaw Austin, afferma che la lingua è normalmente pura. All'interno di questo quadro generale, lo studioso sostiene però che, in alcuni casi, l'enunciazione performativa possa andare incontro a uno scacco, a una «malattia», a una «infezione». Ebbene, tale impiego parassitario, che può condurla fino a un autentico deperimento, non è nient'altro che la citazione. Più precisamente, il teorico degli atti linguistici ritiene che l'elemento parassita consisterebbe nella possibilità dell'enunciato di venire citato. Ciò lo porta ad escludere questo fenomeno dall'insieme delle sue ricerche[39].

Veniamo così all'obiezione di Jacques Derrida, secondo cui tale scelta nasconderebbe una contraddizione. Austin, cioè, espellerebbe dal campo d'analisi del performativo proprio quel che ritiene costituire una possibilità alla portata di qualsiasi enunciazione. Dato che le sue analisi presuppongono la citazione come «spazio generale del-

[38] M. Serres, *Le parasite*, Paris, Grasset, 1980, p. 256.
[39] J.L. Austin, *How To Do Things With Words*, London-New York, Oxford University Press, 1975.

la possibilità di funzionamento della lingua»[40], egli pretenderebbe di eliminare quel male parassitario in cui, al contempo, indica il fondamento della sua stessa teoria. Da qui la recriminazione di Derrida, che si domanda cosa possa significare un linguaggio «ordinario» il quale venga definito dall'estromissione della sua stessa legge: «Ciò che Austin esclude come anomalia, eccezione [...], vale a dire la citazione [...], non è forse la modificazione determinata di una citazionalità generale – o piuttosto di un'iterabilità generale – senza cui non esisterebbe neppure un performativo 'riuscito'? In questo modo – conseguenza paradossale ma inevitabile –, un performativo riuscito è obbligatoriamente un performativo 'impuro'»[41]. Come si vede, l'intento di Derrida consiste nel rivendicare il ruolo della citazione (o meglio, della citabilità) all'interno del processo linguistico. Questione delicata: in conclusione, con la loro apparente innocenza, le citazioni arrivano a turbare addirittura i sogni della teoria...

Ma terminiamo questo veloce *excursus* tornando all'ambito più strettamente letterario. Per chiudere il nostro giro d'orizzonte, va segnalato un articolo di Joseph Hillis Miller sul «critico come ospite». Nel solco del decostruzionismo, l'autore esamina due tipi di citazioni-parassita: da un lato quella del critico (che riprende un testo in un suo saggio), dall'altro quella dello scrittore (che lo inserisce in una propria opera). Limitiamoci a questo secondo caso, rispetto al quale le peripezie del nostro sonetto costituiscono un esempio perfettamente calzante.

Di fatto, ogni testo letterario è sempre, più o meno, parassita di altri testi di cui si nutre, citandoli in modo esplicito o allusivo. Reciprocamente, queste citazioni sembrano essere altrettanti parassiti che abbiano eletto domicilio nel testo che li cita: «Ogni poesia [...] si comporta a turno da parassita nei confronti delle poesie precedenti, o contiene al proprio interno poesie precedenti come parassiti inclusi, in un'altra versione del perpetuo rovesciamento del parassita in ospite»[42]. Se questo è vero, se la letteratura è citazione, citazione

[40] A. Tomiche, *Langues parasites*, in AA.VV., *Figures de parasite*, a cura di A. Tomiche e M. Roman, Clermond-Ferrand, Presses universitaires Blaise Pascal, 2001, p. 239.

[41] J. Derrida, *Signature, événement, contexte*, in *Marges de la philosophie*, Paris, Minuit, 1972, pp. 387-388.

[42] J. Hillis Miller, *The Critic as Host*, in *Deconstruction and Criticism*, New

di citazione, citazione di citazione di citazione, allora, possiamo concordare con Anne Tomiche, secondo cui la letteratura stessa sarebbe il parassita che porta al deperimento della lingua[43].

Con questa affermazione giungiamo alla fine del nostro volume. Durante le dieci tappe del viaggio percorso abbiamo visto che l'azione di *Recueillement* è consistita nella diffusione di particelle esogene, di colonie straniere, di materiali alloctoni, di presenze aliene, ossia, altrimenti detto, di citazioni. Di conseguenza, con i capitoli della nostra rassegna si è cercato di enucleare la cellula poetica baudelairiana come elemento di un'infezione invasiva, descrivendo il lettore-scrittore come portatore sano di virus stilistici. Tirando le fila del discorso, possiamo allora dire che un racconto del genere sarà servito a individuare una serie di manifestazioni corrispondenti ad altrettante, significative insorgenze testuali, a riprova di quanto pervasivo e metamorfico si presenti il processo di trasmissione letteraria.

York, Seabury Press, 1979, p. 225. Cfr. anche A. Tomiche, *Langues* cit., pp. 240-241, e F. Godeau, *Parasites et autres perturbations*, in *Présence de Samuel Beckett / Presence of Samuel Beckett*, colloque de Cérisy, édité par S. Houppermans, Amsterdam-New York, Rodopi, 2006, p. 373.

[43] A. Tomiche, *Langues et autres perturbations*, in *Présence de Samuel Beckett* cit., p. 241.

Nota al testo

Sebbene in forma ridotta, alcuni dei materiali qui presentati sono già apparsi in rivista e volume, come nel caso di *Perec e il numero*, «Nuovi argomenti», aprile-giugno 1982, pp. 17-19; *La proliferazione di un sonetto. «Recueillement» di Baudelaire*, «Micromégas», anno XVIII, n. 1/2/3, gennaio-dicembre 1991, pp. 105-118 (poi, come *La proliferazione di un sonetto*, in AA.VV., *Traduzione e riscrittura*, Atti del convegno internazionale, Misano Adriatico, 17-18-19 settembre 1992, «Koiné», Annali della Scuola superiore per interpreti e traduttori «San Pellegrino», anno II, fasc. 1-2, 1992, pp. 137-146, e infine, come *Se una lettera scompare*, in *Il lettore ferito. Cinque percorsi critici*, Roma, Quaderni del Teatro di Roma, n. 1, 2005, pp. 71-80); *Accogliere «Recueillement». Baudelaire nell'ascolto di Beckett*, in AA.VV., *Ritmologia. Il ritmo del linguaggio. Poesia e traduzione*, Atti del convegno *Il ritmo del linguaggio. Poesia e traduzione*, Dipartimento di Linguistica e Letterature comparate, Università degli Studi di Cassino, Cassino, 22-24 marzo 2001, Milano, Marcos y Marcos, 2002, pp. 337-343; *Henri Michaux nel segno di Baudelaire: «Repos dans le malheur»*, «Rivista di Letterature moderne e comparate», vol. LVII, fasc. 2, aprile-giugno 2004, pp. 217-228; *Un esempio di critica eugenetica: Baudelaire nella riscrittura di Jean Prévost*, in AA.VV., *Les pas d'Orphée. Scritti in onore di Mario Richter*, a cura di M.E. Raffi, Padova, Unipress, 2005, pp. 491-502; *Corollari al Baudelaire «eugenetico» di Jean Prévost*, «Rivista di Letterature moderne e comparate», vol. LIX, fasc. 4, 2006, pp. 449-460; *«Avant que ça soye la nuit par-*

tout»: il Baudelaire di Céline fra parodia e riscrittura, «Il confronto letterario», n. 45, I, 2006, pp. 147-159; *I miei omaggi: logiche di inclusione nella scrittura poetica*, in J. Risset, N. Mann, V. Magrelli, *Tra Petrarca e Leopardi. Variazioni inclusive*, Lezioni Sapegno 2004, Torino, Aragno, 2006, pp. 39-67.

Salvo indicazione contraria, le traduzioni sono dell'autore.

Indici

Indice dei nomi

Indice del volume

442. Canfora, L., *Ellenismo*
443. Yates, F.A., *Giordano Bruno e la cultura europea del Rinascimento*
444. Mammarella, G., *Europa-Stati Uniti. Un'alleanza difficile. 1945-1985*
445. Molinari, C., *Storia del teatro*
446. Simmel, G., *I problemi fondamentali della filosofia*
447. Alessandro di Afrodisia, *L'anima*
448. Molinari, C., *Bertolt Brecht*
449. Attolini, G., *Gordon Craig*
450. Schelling, F.W.J. von, *Criticismo e idealismo*
451. Kezich, T., *Cento film 1995*
452. Bergson, H., *Materia e memoria. Saggio sulla relazione tra il corpo e lo spirito*
453. Volpi, F., *Il nichilismo*
454. Schelling, F.W.J. von, *Lezioni monachesi sulla storia della filosofia moderna*
455. Cherubini, G., *L'Italia rurale del basso Medioevo*
456. Verucci, G., *L'Italia laica prima e dopo l'Unità. 1848-1876*
457. Löwith, K., *Nietzsche e l'eterno ritorno*
458. Pera, M., *Apologia del metodo*
459. Pescosolido, G., *Agricoltura e industria nell'Italia unita*
460. Piretti, M.S., *Le elezioni politiche in Italia dal 1848 a oggi*
461. Detienne, M. (a cura di), *Sapere e scrittura in Grecia*
462. Piaget, J., *Le scienze dell'uomo*
463. Rosa, G., *La narrativa degli Scapigliati*
464. Brentano, F., *La psicologia dal punto di vista empirico*, vol. I
465. Brentano, F., *La psicologia dal punto di vista empirico*, vol. II
466. Brentano, F., *La psicologia dal punto di vista empirico*, vol. III
467. Kezich, T., *Cento film 1996*
468. Musti, D., *Demokratía. Origini di un'idea*
469. Feuerbach, L., *L'essenza del cristianesimo*
470. Timpanaro, S., *La filologia di Giacomo Leopardi*
471. Aliverti, M.I., *Jacques Copeau*
472. Hegel, G.W.F., *Scritti storici e politici*
473. Habermas, J., *Il discorso filosofico della modernità. Dodici lezioni*
474. Alonge, R., *Luigi Pirandello*
475. Tateo, F., *Boccaccio*
476. Frei, N., *Lo Stato nazista*
477. Rodotà, S. (a cura di), *Questioni di bioetica*
478. Ortu, G.G., *Villaggio e poteri signorili in Sardegna*
479. Fichte, J.G., *Saggio di una critica di ogni rivelazione*
480. Cavallo, G. - Chartier, R. (a cura di), *Storia della lettura nel mondo*
481. Kezich, T., *Cento film 1997*
482. Lichtheim, G., *L'Europa del Novecento*
483. Mango, C., *La civiltà bizantina*
484. Wittgenstein, L., *Ultimi scritti. La filosofia della psicologia*

485. Pacca, V., *Petrarca*
486. Pecoraro, A., *Gadda*
487. Finley, M.I., *Problemi e metodi di storia antica*
488. Isnenghi, M. (a cura di), *I luoghi della memoria, Simboli e miti dell'Italia unita*
489. Mosse, G.L., *Le guerre mondiali. Dalla tragedia al mito dei caduti*
490. Ago, R., *La feudalità in età moderna*
491. Joll, J., *Le origini della prima guerra mondiale*
492. Burkert, W., *Origini selvagge. Sacrificio e mito nella Grecia arcaica*
493. Perrella, S., *Calvino*
494. Ario Didimo - Diogene Laerzio, *Etica stoica*
495. Löwith, K., *Il nichilismo europeo*
496. Carchia, G., *L'estetica antica*
497. Colomer, J.M. (a cura di), *La politica in Europa*
498. Corbellini, G., *Le grammatiche del vivente. Storia della biologia molecolare*
499. Curtin, Ph.D., *Mercanti. Commercio e cultura dall'antichità al XIX secolo*
500. Ferguson, A., *Saggio sulla storia della società civile*
501. Elkana, Y., *Antropologia della conoscenza*
502. Filoramo, G. (a cura di), *Islam*
503. Montessori, M., *Educazione alla libertà*
504. Koenigsberger, H.G. - Mosse, G.L. - Bowler, G.Q., *L'Europa del Cinquecento*
505. Fichte, J.G., *Prima e Seconda Introduzione alla dottrina della scienza*
506. Kruft, H.-W., *Storia delle teorie architettoniche. Da Vitruvio al Settecento*
507. Russo, L., *Carducci senza retorica*
508. Casey, J., *La famiglia nella storia*
509. Detienne, M. - Vernant, J.-P., *Le astuzie dell'intelligenza nell'antica Grecia*
510. Gentile, E., *Il mito dello Stato nuovo*
511. Luperini, R., *Il dialogo e il conflitto. Per un'ermeneutica materialistica*
512. Schmitt, J.-C., *Il gesto nel Medioevo*
513. Vovelle, M., *La mentalità rivoluzionaria. Società e mentalità durante la Rivoluzione francese*
514. Luperini, R., *Pirandello*
515. Filoramo, G. (a cura di), *Ebraismo*
516. Mannheim, K., *Le strutture del pensiero*
517. Hegel, G.W.F., *Lezioni di estetica. Corso del 1823. Nella trascrizione di H.G. Hotho*
518. Colarizi, S., *L'opinione degli italiani sotto il regime. 1929-1943*
519. Schmitt, J.-C., *Religione, folklore e società nell'Occidente medievale*
520. Capovilla, G., *Pascoli*

521. Filoramo, G. (a cura di), *Cristianesimo*
522. Löwith, K., *Storia e fede*
523. Ferrone, V., *I profeti dell'illuminismo. Le metamorfosi della ragione nel tardo Settecento italiano*
524. Zunino, P.G., *Interpretazione e memoria del fascismo. Gli anni del regime*
525. Lanzillo, M.L., *Voltaire. La politica della tolleranza*
526. Bravo, A. - Bruzzone, A.M., *In guerra senza armi. Storie di donne 1940-1945*
527. Héritier, F., *Maschile e femminile. Il pensiero della differenza*
528. Terzoli, M.A., *Foscolo*
529. Broszat, M., *Da Weimar a Hitler*
530. Fichte, J.G., *La destinazione dell'uomo*
531. Miglio, B., *I Fisiocratici*
532. Rorty, R., *La filosofia dopo la filosofia. Contingenza, ironia e solidarietà*
533. Surdich, L., *Boccaccio*
534. Bretone, M., *I fondamenti del diritto romano. Le cose e la natura*
535. Marcuse, H., *Davanti al nazismo. Scritti di teoria critica 1940-1948*
536. Plessner, H., *I limiti della comunità. Per una critica del radicalismo sociale*
537. Filoramo, G. (a cura di), *Buddhismo*
538. Frege, F.L.G., *Senso, funzione e concetto. Scritti filosofici*
539. Oestreich, G., *Storia dei diritti umani e delle libertà fondamentali*
540. Alessi, G., *Il processo penale. Profilo storico*
541. Lord Acton, *Storia e libertà*
542. Filoramo, G. (a cura di), *Hinduismo*
543. Savarese, N., *Il teatro euroasiano*
544. Ernst, G., *Tommaso Campanella. Il libro e il corpo della natura*
545. Marshall, T.H., *Cittadinanza e classe sociale*
546. Cambi, F., *L'autobiografia come metodo formativo*
547. Spaemann, R., *L'origine della sociologia dallo spirito della Restaurazione*
548. Hegel, G.W.F., *Lezioni sulla filosofia della storia*
549. Benevolo, L. - Albrecht, B., *Le origini dell'architettura*
550. Jellinek, G., *La Dichiarazione dei diritti dell'uomo e del cittadino*
551. Santoianni, F. - Striano, M., *Modelli teorici e metodologici dell'apprendimento*
552. Fichte, J.G., *Discorsi alla nazione tedesca*
553. Strauss, L., *La critica della religione in Spinoza*
554. Schino, M., *La nascita della regia teatrale*
555. Galetti, P., *Uomini e case nel Medioevo tra Occidente e Oriente*
556. Taylor, A.J.P., *Bismarck. L'uomo e lo statista*
557. Giardina, A., *L'Italia romana. Storie di un'identità incompiuta*
558. Peroni, R., *L'Italia alle soglie della storia*

559. Firpo, M., *Artisti, gioiellieri, eretici. Il mondo di Lorenzo Lotto tra Riforma e Controriforma*
560. Volpi, F., *Il nichilismo*
561. Bedeschi, G., *Storia del pensiero liberale*
562. Fraschetti, A., *La conversione. Da Roma pagana a Roma cristiana*
563. Pontremoli, A., *La danza. Storia, teoria, estetica nel Novecento*
564. Löwith, K., *Jacob Burckhardt. L'uomo nel mezzo della storia*
565. Weber, M., *Dalla terra alla fabbrica. Scritti sui lavoratori agricoli e lo Stato nazionale (1892-1897)*
566. Tessari, R., *Teatro e avanguardie storiche. Traiettorie dell'eresia*
567. Setta, S., *L'Uomo qualunque. 1944-1948*
568. Luperini, R., *Verga moderno*
569. Nietzsche, F., *I filosofi preplatonici*
570. Guarino, R., *Il teatro nella storia. Gli spazi, le culture, la memoria*
571. Fraschetti, A., *Roma e il principe*
572. de Saussure, F., *Scritti inediti di linguistica generale*
573. Fisichella, D., *Joseph de Maistre pensatore europeo*
574. Del Corso, L., *La lettura nel mondo ellenistico*
575. Ghisalberti, C., *Istituzioni e società civile nell'età del Risorgimento*
576. Paduano, G., *Il teatro antico. Guida alle opere*
577. Spaemann, R., *Persone. Sulla differenza tra «qualcosa» e «qualcuno»*
578. Losurdo, D., *Controstoria del liberalismo*
579. Connors J., *Alleanze e inimicizie. L'urbanistica di Roma barocca*
580. Canfora, D., *Prima di Machiavelli. Politica e cultura in età umanistica*
581. Muntoni, A., *Lineamenti di storia dell'architettura contemporanea*
582. Alonge, G. - Carluccio, G., *Il cinema americano classico*
583. Ocone, C. - Urbinati, N. (a cura di), *La libertà e i suoi limiti. Antologia del pensiero liberale da Filangieri a Bobbio*
584. Firth, R., *Noi, Tikopia. Economia e società nella Polinesia primitiva*
585. Comand, M. - Menarini, R., *Il cinema europeo*
586. Givone, S., *Dostoevskij e la filosofia*
587. Bertetto, P. (a cura di), *Metodologie di analisi del film*
588. Fazio, M., *Regie teatrali. Dalle origini a Brecht*
589. La Penna, A., *La cultura letteraria a Roma*
590. Habermas, J., *Il pensiero post-metafisico*
591. Benevolo, L., *L'architettura nell'Italia contemporanea. Ovvero il tramonto del paesaggio*
592. Caroli, R. - Gatti, F., *Storia del Giappone*
593. Alonge, R. , *Il teatro dei registi. Scopritori di enigmi e poeti della scena*
594. D'Angelo, P., *L'estetica italiana del Novecento. Dal neoidealismo a oggi*
595. Böckenförde, E.W., *Diritto e secolarizzazione. Dallo Stato moderno all'Europa unita*
596. Molinari, C., *Teatro e antiteatro dal dopoguerra a oggi*
597. Pastoureau, M., *Medioevo simbolico*

598. Tassi, I., *Storie dell'io. Aspetti e teorie dell'autobiografia*
599. Aristotele, *Le confutazioni sofistiche. Organon VI*
600. Perrelli, F., *I maestri della ricerca teatrale. Il Living, Grotowski, Barba e Brook*
601. Ryle, G., *Il concetto di mente*
602. Cambiano, G., *Polis. Un modello per la cultura europea*
603. Tafuri, M., *Progetto e utopia. Architettura e sviluppo capitalistico*
604. Garin, E., *Rinascite e rivoluzioni. Movimenti culturali dal XIV al XVIII secolo*
606. Aristotele, *Analitici secondi. Organon IV*
607. Bobbio, N., *Dalla struttura alla funzione. Nuovi studi di teoria del diritto*
608. Dworkin, R. - Maffettone, S., *I fondamenti del liberalismo*
609. Castronovo, V. - Tranfaglia, N. (a cura di), *La stampa italiana nell'età della TV. Dagli anni Settanta a oggi*
610. Berti, E., *Aristotele nel Novecento*
612. Ferrone, V., *La società giusta ed equa. Repubblicanesimo e diritti dell'uomo in Gaetano Filangieri*
613. Grazioli, C., Luce e ombra. Storia, teorie e pratiche dell'illuminazione teatrale
614. Goodman, N., *Vedere e costruire il mondo*
615. Sabattini, M. - Santangelo, P., *Il pennello di lacca. La narrativa cinese dalla dinastia Ming ai giorni nostri*
616. Gadamer, H.G., *Il movimento fenomenologico*
617. Rösener, W., *I contadini nella storia d'Europa*
618. Arrigoni, G. (a cura di), *Le donne in Grecia*
619. Cancila, O., *Palermo*
620. Pietrini, S., *L'arte dell'attore dal Romanticismo a Brecht*
621. Allegri, L., *L'artificio e l'emozione. L'attore nel teatro del Novecento*
622. Pappacena, F., *La danza classica. Le origini*
623. Gentile, E., *La Grande Italia. Il mito della nazione nel XX secolo*
624. Redondi, P., *Galilei eretico*
625. Scaraffia, L. - Zarri, G. (a cura di), *Donne e fede. Santità e vita religiosa in Italia*
626. Burke, P., *Il Rinascimento europeo. Centri e periferie*
627. Schino, M., *Alchimisti della scena. Teatri laboratorio del Novecento europeo*
628. Cammarosano, P., *Nobili e re. L'Italia politica dell'alto medioevo*
629. Alpa, G., *La cultura delle regole. Storia del diritto civile italiano*
630. Cascetta, A., *La tragedia nel teatro del Novecento. Coscienza del tragico e rappresentazione in un secolo al 'limite'*